铁营官村志

秦皇岛经济技术开发区地方志编纂委员会 编

方志出版社
Publishing House of Local Records

图书在版编目（CIP）数据

中国秦皇岛经济技术开发区铁官营村志 / 秦皇岛经济技术开发区地方志编纂委员会编. -- 北京：方志出版社，2019.7
ISBN 978-7-5144-3794-2

Ⅰ. ①中… Ⅱ. ①秦… Ⅲ. ①村史—秦皇岛 Ⅳ. ①K292.25

中国版本图书馆CIP数据核字（2020）第068150号

中国秦皇岛经济技术开发区铁官营村志

编　　者：秦皇岛经济技术开发区地方志编纂委员会
责任编辑：梅中英

出 版 者：方志出版社
地址　北京市朝阳区潘家园东里 9 号（国家方志馆 4 层）
邮编　100021
网址　http://www.zgfzcb.cn
发　　行：方志出版社图书经销中心
电话　（010）67110500
经　　销：各地新华书店
印　　刷：深圳华新彩印制版有限公司

开　　本：787 × 1092　1/16
印　　张：18.75
字　　数：344千字
版　　次：2019年7月第1版　　2019年7月第1次印刷
印　　数：001~400册

ISBN 978-7-5144-3794-2　　定价：200.00元

《铁官营村志》编纂委员会

主　任

陈永富　秦皇岛经济技术开发区管理委员会副主任

副主任

高振元　秦皇岛经济技术开发区管理委员会办公室主任

张　兴　秦皇岛经济技术开发区管理委员会办公室副主任

郭　浩　秦皇岛经济技术开发区地方志办公室主任

编　委

程　军　秦皇岛经济技术开发区地方志办公室副主任

李利峰　秦皇岛市抚宁区档案馆馆长

付小伦　秦皇岛经济技术开发区档案局局长

潘德新　秦皇岛经济技术开发区铁官营村党支部书记、村主任

《铁官营村志》编辑部

主　编　郭　浩　程　军　李利峰

副主编　杨　静

资料提供

李庆雨　林尚齐　潘　瑞　李彦吉　马保安　林尚坡　周秉成
潘德新　周兆兴　潘庆荣　马俊英　王金良　潘作祥　潘少华
周秉政　潘庆章　马俊雨　潘作生　李和平　马俊江　马文同
李国政　潘占伟　马立宾　马俊祥　李春兰

编　辑　丁飞宇　杨　静　刘晨虹　李　娜

摄影者　丁飞宇　程　军　刘景峰

设计制作　李　娜

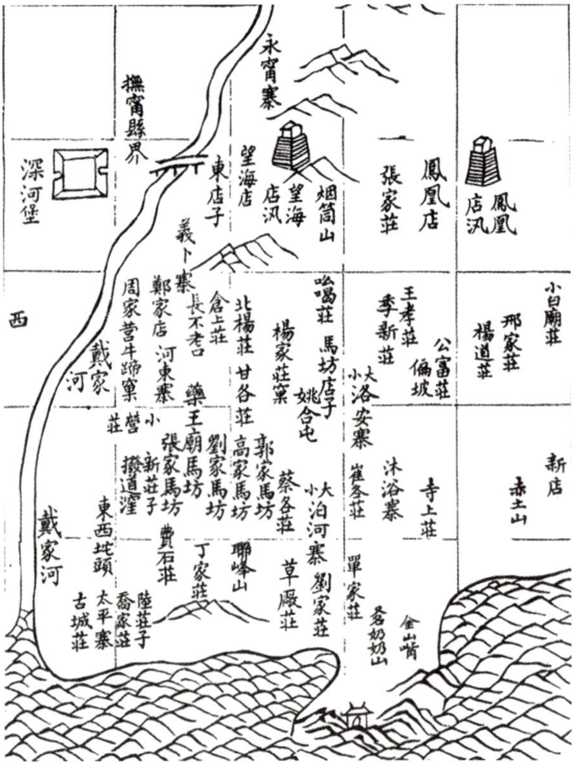

清光绪四年(1878年)《临榆县志》小营庄示意图

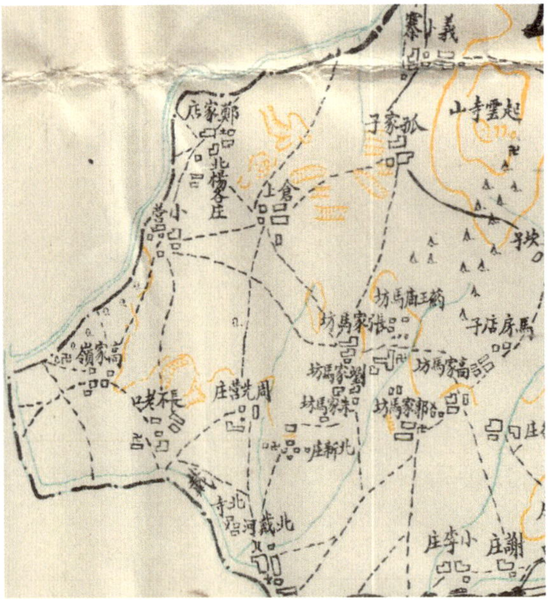

民国时期临榆县地图中第二区小营庄村位置图

秦皇岛经济技术开发区铁官营村征地图

俯瞰铁官营村

2010年铁官营村道路状况

2020年铁官营村道路硬化后现状

2010年铁官营村委会外景

2020年铁官营村委会改造后现状

2010年铁官营村西河道

2020年治理后的村西河道

2010年铁官营村磨米厂

2020年改造后的文化活动广场现状

2010年铁官营村部分村民居住的老房

2020年铁官营村部分村民住上新居

2010年第一村民小组稻田地

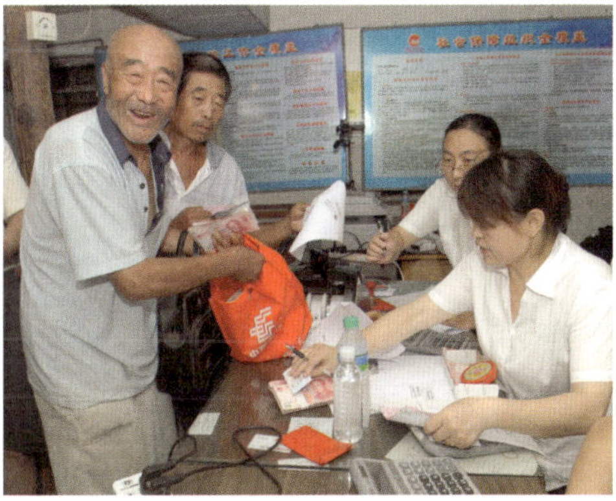

2013年8月铁官营村发放征地补偿款

2020年11月，开发区工委书记刘学彬（左一）到铁官营村慰问老党员

2020年9月，开发区管委主任苏景文到铁官营村调研冬季农村清洁取暖工作

2020年9月，开发区管委主任苏景文（左一）、管委副主任郝凤斌（左二）到铁官营村视察

2020年11月，开发区管委副主任陈永富（左三）到铁官营村视察

2020年村西米河景色

目 录

CONTENTS

001/序
003/凡例
005/综述
011/大事记
032/自然地理
历史沿革 /032
区位 /033
耕地 /034
丘陵 /038
自然地名/039
河流 /044
气候 /048
049/村居•交通
民居 /049
桥梁 /053
道路 /054
057/姓氏•人口
姓氏 /057
人口 /057
计划生育 /064
耄耋之人 /065

067／村级组织
中国共产党组织　/067
行政组织　/075
历任党支部书记名单　/082
历任村级行政领导名单　/083
生产队　/083
民兵连　/084
土地制度改革　/085
农业合作化、集体化　/089
参军情况　/091
拥军优属　/094
095／农业•经济
经济发展　/095
粮食生产　/105
经济作物　/120
蔬菜作物　/122
物产　/124
粮油征购及纳税　/126
133／工副业
林果业　/133
养禽业　/135
养猪业　/136
养羊业　/140
大牲畜　/142
渔业　/147
其他工副业　/148

152/农田•农具
农田水利建设 /152
农业学大寨运动 /155
农具 /156
农业现代化 /157
164/村民生活
服装 /164
饮水 /165
饮食 /166
住房 /167
商业供销 /169
村容村貌整治 /170
信息通信 /170
生活保障 /172
173/文教卫
文化设施 /173
文娱活动 /174
教育 /179
卫生 /186
187/文物古迹
石刻 /187
庙宇 /190
古民居 /190
老物件 /191
197/人物
人物传记 /197

人物简介　/204
下乡知识青年　/207
209/宗族
清末“四大家族”　/210
民国初期两大家族　/214
民国以来大家族　/215
248/民俗•方言
民俗　/248
方言　/253
259/艺文
民间故事　/259
散文　/266
诗词　/272
275/附录
铁官营村名考　/275
铁官营建村时间考　/276
马举人考　/278
铁官营村更名文件 /280
铁官营村碑文　/281
铁官营村简介　/281
283/编后记

序

铁官营村始建于清顺治年间至今已有300多年，占地1600多亩，人口470人。该村地理位置比较偏僻，距离榆关、深河、牛头崖等集镇较远，交通不发达。然而就是这样一个平凡小村庄，在各个朝代、社会的各个时期，有着不平凡的经历，也有着值得记述的地方。虽然大自然给予铁官营人的自然禀赋并不优越，但是铁官营人却依靠自力更生，艰苦奋斗，走出了一条独特的发展之路。

一是爱国爱乡，邻里互济。铁官营人有家国情怀，每当国家邻里有困难时，都会挺身而出，伸出援助之手。正当抗日战争进行的如火如荼的时候，潘庆珠参加八路军，投入抗日洪流中去。1947年正当国共激战之时，杨守国、马仲林等8名青年报名参军，为全国的抗日和解放战争贡献了力量。1949年以后，铁官营人积极发展农业生产，每年全村21～37%以上的粮食交售给国家。2008年，四川汶川大地震发生以后，全村男女老少踊跃捐款，向灾区人民献上绵薄之力。二是与时俱进，拼搏奋进。铁官营村人有着吃苦耐劳，勤俭持家，迎难而上，逆境生存的品质。“一方水土养一方人”，解放前，就有村民背井离乡，到东北艰苦创业。解放后，铁官营人积极响应党的号召，大力发展经济，组织村民走农业合作化、集体化的道路；平整土地，养猪积肥，改良土壤，推广新品种、新技术，提高粮食产量，实现了粮食自给有余；打井修渠，种植水稻、小麦，改善了膳食结构。在计划经济年代里，铁官营人购置车马，通过卖河沙，增加了副业收入。20世纪80年代，铁官营人又建起了砖厂，拓宽了本村剩余劳动力的就业渠道，还增加了集体收入，兴办了一批集体公益事业，方便了群众的生产生活。三是崇文重教，村风淳朴。铁官营村一直重视教育发展，清朝出过一名举人。新中国成立后，有37人考入大学本科，3人硕士研究生毕业，2016年秦皇岛市高考理科状元周健就出自该村，被北京大学录取。

2010年铁官营村划入开发区后，村民获得了更多的工作就业机会，2013年全村土地实现征收，失地村民得到了更多的社会保障，享受到了开发区带来的各种实惠。同时开发区工管委围绕着辖区村民学有所教、劳有所得、病有所医、老有所养、住有所居的目标，实施了一揽子民生和民心工程，取得了前所未有的成效。到2020年，铁官营村人的生活和生产方式今非昔比，乡村美丽、和谐稳定、村民安居乐业。但随着开发区城市进程的加快，村庄必然要变成社区、农民变成居民，部分村庄已经或正在消失。留得住乡愁，抢救性地挖掘乡村记忆、编纂村志，已是迫在眉睫。盛世修志，志载盛世，恰当其时，事在当前，功在千秋。

历史警示现实，也昭示着未来。《铁官营村志》的出版发行，既为铁官营村保存了300余年的历史，成为人们了解过去的重要参考书籍，又对于划入秦皇岛开发区以后铁官营的发展，特别是如何迎接“农村”向“城市”转型、“农民”向“市民”转变等方面都起着重要的启迪作用。

2021年1月7日

凡 例

一、本志以马克思列宁主义、毛泽东思想、邓小平理论、“三个代表”重要思想、科学发展观、习近平新时代中国特色社会主义思想为指导，坚持辩证唯物主义和历史唯物主义的立场、观点和方法，本着实事求是的原则，客观记述铁官营村的自然、政治、经济、文化、社会的发展与变迁，力求思想性、科学性和资料性的统一。

二、本志上限起于清顺治年间铁官营村建立，下限迄至2020年12月31日，重点记述新中国成立以来、特别是改革开放以后铁官营村的发展历程。视记述事项的需要，少数记事内容适当下延。

三、本志采用类目体，一般设类目、分目两个层次。类目设置，依村庄实际设置，坚持有则记、无则略的原则。首设综述、大事记，末尾为附录、编后记，主体志依次设自然地理、村居•交通、村级组织、农田•农具、农业、工副业、村民生活、文化卫生、人物、宗族、民俗方言、杂文。

四、本志采用述、记、志、传、图、表、录等体裁。大事记采用编年体，辅以纪事本末体。图（照）随文收录，力求图文并茂。

五、本志人物分为传记和简介两个部分。其中，“人物传记”遵循“生不立传”的原则，立传者以卒年为序；“人物简介”所录人物以生年或任职时间为序，收录长期担任村干部且有有较大贡献者。因历史原因，个别人物的姓名写法不一，所录人物姓名以2020年村户籍登记姓名为准。

六、本志数字，遵循国家质量监督检验检疫总局、国家标准化管理委员会2011年7月29日发布、同年11月1日实施的《出版物上数字用法的规定》（GB/T15835–2011）；标点符号，遵循国家质量监督检验检疫总局、国家标准化管理委员会2011年12月30日发布、2012年6月1日开始实施的（《标点符号用法》GB/T 15834–2011）。

七、本志计量单位遵从历史原貌和人民生活实际，使用市制，表示面积的使用“亩”，表示重量的使用“斤”。

八、铁官营村名遵从历史，以当时称呼为准。1982年3月以前称为“小营”，1982年3月地名标准化以后称为“铁官营”。1961年至1983年名为“大队”或“生产队”，1984年以后称“村民委员会”（简称“村委会”）或“村民小组”。

九、本志“宗族”部分主要参考“1965年小营大队阶级成分登记簿”、清嘉庆四年（1799年）《林氏家谱》，及采访笔记。本村女儿嫁本村的仅注明所嫁者姓名，嫁外村的仅注所嫁地的村庄名称。

十、本志资料主要来源于秦皇岛市抚宁区档案馆所藏抚宁县委组织部、县统计局、县民政局、榆关镇和铁官营村等单位的历史档案，以及《抚宁县地名志》《抚宁县志》《抚宁县党史大事记（1938—1990）》、部分村干部、村民个人保存的资料等。

综 述

铁官营村位于秦皇岛经济技术开发区泰盛商务大厦西北1千米处，紧邻宁海大道、戴河生态园、抚宁区榆关镇、深河乡政府。南与北戴河区牛头崖镇周营村、长不老口村接壤，东与深河乡仓上村毗连，北与榆关镇北杨各庄村相接，西与榆关镇东甸村隔河相望。村中心位置东经119.24′ 12.62″，北纬39.53′ 53.23″，海拔高度16米。铁官营村北近燕山山脉，南临渤海，属于暖温带半湿润大陆性季风型气候，气候温和，四季分明。春季干旱多风，夏季炎热多雨，秋季天高气爽，冬季寒冷少雪。年平均降雨量620毫米左右，主要集中在7月、8月、9月三个月。村内大部分为平原，仅东南部为丘陵，约占总面积的五分之一，是一个以农业为主的传统村落。

清朝顺治年间（1644～1661年），汪、温、袁、马四姓由山东大柳树、林姓由乐亭县迁此地落户，因村南河岸曾有铁匠铺，取庄名为“铁官营”，属直隶省永平府抚宁县管辖。乾隆二年（1737年）改山海卫为临榆县，以村西沙河（因古时候用船运米，又称米河）为界，河东铁官营、北杨各庄、郑家店划属临榆县，河西紫草坞（包含东甸、腰排、西岭三个村，1982年地名标准化后将“腰排”改称“紫草坞”）属抚宁县管辖。乾隆二十一年（1756

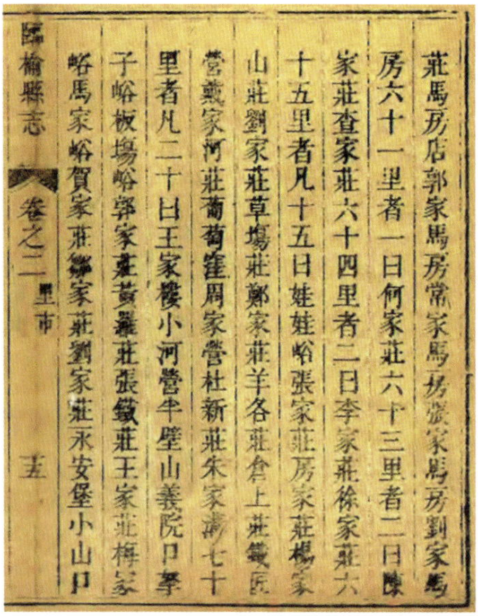

臨榆縣志 卷之二 里市

莊馬房店郭家馬房常家馬房賈家馬房劉家馬房六十一里者一曰何家莊六十三里者二曰陳家莊查家莊六十四里者二曰李家莊徐家莊六十五里者凡十五曰娃娃峪張家莊房家莊楊家山莊劉家莊草場莊鄭家莊羊各莊倉上莊鐵匠營戴家河莊喬莊崔周家營杜新莊朱家溝七十里者凡二十曰王家樓小河營牛壁山義院口拳子峪板場峪郭家寨黃義莊張鐵莊王家莊梅家峪馬家峪賀家莊鄒家莊劉家莊永安堡小山口

清乾隆二十一年知县钟和梅修《临榆县志》记载村名为“铁匠营”

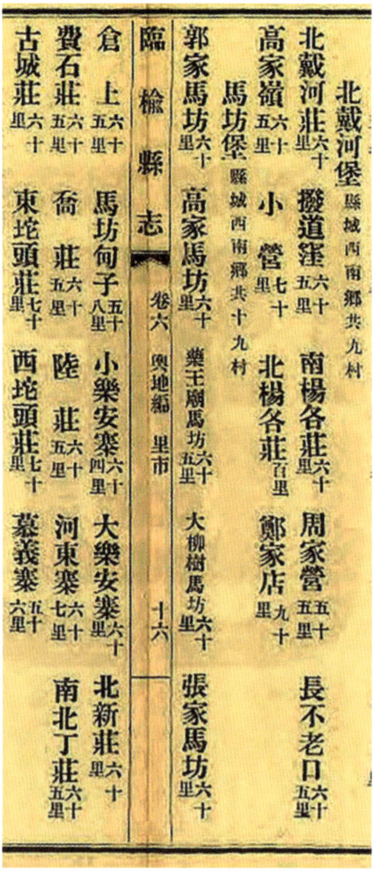

北戴河堡 縣城西南鄉共九村

北戴河莊六十里 撥道窪六十五里 南楊各莊六十里 周家營五十五里 長不老口六十五里

高家嶺六十五里 小營七十里 北楊各莊百里 鄭家店九十里

馬坊堡 縣城西南鄉共十九村

郭家馬坊六十里 高家馬坊六十里 欒王廟馬坊六十五里 大柳樹馬坊六十里 張家馬坊六十里

臨榆縣志 卷六 輿地編 里市 十六

倉上六十五里 馬坊句子五十八里 小欒安寨六十四里 大欒安寨六十里 北新莊六十里

費石莊六十五里 喬莊六十五里 陸莊六十五里 河東寨六十七里 南北丁莊六十五里

古城莊六十里 東坨頭莊七十里 西坨頭莊七十里 蓁義寨五十六里

民国十八年《临榆县志》记载村名为“小营”

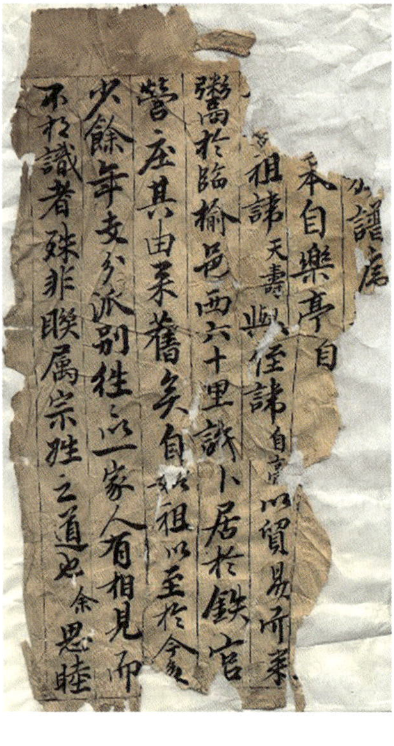

譜序

本自樂亭自祖諱天壽與姪諱自富以貿易而來營於臨榆邑西六十里許卜居於鐵官營在其由來舊矣自始祖以至於今百餘年支分派別往往一家人有相見而不相識者殊非聯屬宗姓之道也余思睦

清嘉庆四年《林氏家谱》记载村名为“铁官营”

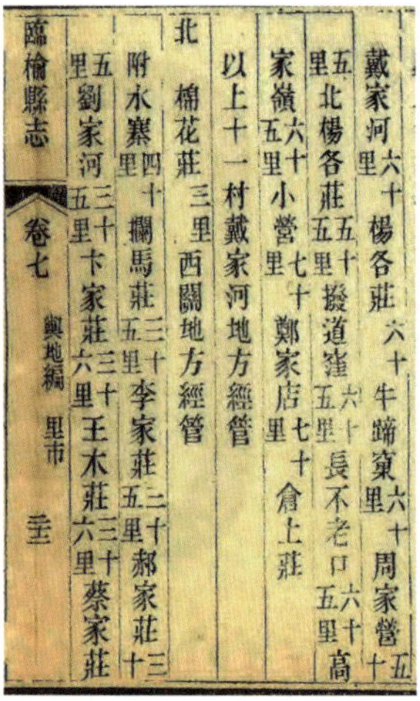

臨榆縣志 卷七 輿地編 里市

戴家河六十里 楊各莊六十 牛蹄窠六十里 周家營五十五里 北楊各莊五十五里 撥道窪六十五里 長不老口六十五里 高家嶺六十五里 小營七十里 鄭家店七十里 倉上莊

以上十一村戴家河地方經管

北 棉花莊三里 西關地方經管

附水寨四十里 攔馬莊三十五里 李家莊三十五里 郝家莊三十五里 劉家河三十五里 卞家莊三十六里 王木莊三十六里 蔡家莊十

清光绪四年《临榆县志》记载村名为“小营”

年）《临榆县志》载村名为“铁匠营”。嘉庆四年（1799年）《林氏家谱》称村名为“铁官营”。后来由于面积小，人口少，光绪四年（1878年）《临榆县志》称之为“小营”，时属临榆县北戴河地方管辖。民国18年（1929年）《临榆县志》记载，“小营”属北戴河堡管辖。民国25年（1937年）3月，成立北杨各庄乡（下辖北杨各庄、小营、郑家店3个村），小营划属抚宁县第五区（驻地榆关）管辖。1958年9月，北杨各庄乡撤销，小营划属抚宁县榆关人民公社郑家店生产大队。是年11月抚宁县建制撤销后，属秦皇岛市榆关公社管辖。1961年5月，恢复抚宁县建制后，建立小营生产大队，下设2个生产队，仍属榆关公社管辖。1982年3月，因与留守营镇小营村重名，经地名标准化处理，复称“铁官营”。2010年10月，划入秦皇岛经济技术开发区，隶属于开发区榆关管理处。

全村人口总体上呈稳步发展态势，总人口从民国37年（1948年）的48户、223人增加到2020年192户、470人，人口翻一番。中华人民共和国成立以前，铁官营村经济条件差，文化水平低，穷人家的孩子上不起学，大多数人不识字，仅清代出过1名举人。民国时期，只有少数富裕家庭的孩子能够上学。中华人民共和国成立初期，一般孩子上到小学三年级就辍学了。村里开始举办扫盲班，组织适龄儿童上小学，20世纪70年代以后，大多数人都具有初高中文化水平。从1953~2020年，全村先后有60人考入大中专院校，其中硕士研究生3名，大学本科37人，1958年潘庆兰考入吉林工业大学，开辟了铁官营村高考的先河；2016年秦皇岛市理科高考状元周健以701分的好成绩考入北京大学，又把铁官营村的教育水平提升了一个新高度。铁官营村人口数量虽少，但也不乏成功人士，到2020年，累计出过革命烈士1人，师级干部1人，县团级干部3人，科级干部4人。

全村土地总面积1600多亩，耕地面积1150亩，其中水田、水浇地700亩，旱地650亩。随着人口的逐年增长，人均耕地面积从1955年的4.58亩减少到2020年的2.48亩。主要种植玉米、水稻、白薯、高粱、小麦、花生、大豆、蔬菜等作物，年粮食总产470吨，人均占有粮食1100多千克；养殖业以养牛、养猪、养鸡等为主，建有蒙牛集团奶牛养殖基地，奶牛存栏800~900头，年产奶量1200～1500吨。村内建有砖厂，年产机制砖2000多万块，产值70多万元。还有牛羊屠宰业，年宰杀牛羊几百头，产品销往秦皇岛市区和海阳果蔬批发市场。2013年8月，铁官营土地被秦皇岛经济技术开发区征用以后，青壮劳力大多都是外出务工，原有的以农业为主的产业结构发生了根本性的改变。

中华人民共和国成立前，由于实行封建土地私有制度，土地贫瘠，加之科学技术水平低，铁官营村经济发展十分缓慢，广大农民过着衣不遮体、食不果腹的贫困生活，许多青壮年跑到东北谋生（俗称“住地方”）。民国22年（1933年）春，日本侵略军占领临榆、抚宁等地，苛捐杂税多如牛毛，

俯瞰铁官营村

铁官营村内景色

老百姓不堪重负，不少村民逃到东北，依靠出卖苦力维持生计。由于周边北杨各庄村、北戴河村、榆关村、深河村都有日军驻扎，铁官营村属于敌占区。民国31年（1942年）12月，中共临（榆）抚（宁）凌（源）青（龙）绥（中）联合县工委和办事处在背牛顶脚下宏量寺成立，从民国32年（1943年）2月起开始秘密建党建政，党政人员经常到铁官营一带活动，潘庆珠、潘作霖（化名李文成）等先后参加八路军。民国34年（1945年）8月15日，日本投降后，国民党军队在美军的支持下，从秦皇岛登陆，在北戴河、榆关、深河建立据点，时常对铁官营村进行袭扰。民国34年（1945年）5月12日，潘作芝（化名李文光）全村第一个加入中国共产党。1946年夏，铁官营村解放，建立农会，实行和平土改，广大贫苦农民翻身解放，获得了土地。1947年4月，铁官营村建立党支部。

中华人民共和国成立以后，在党和政府的领导下，铁官营村人发扬自力更生、艰苦奋斗的精神，大力发展农业生产，改善群众生活。特别是开展农田水利基本建设，推广作物新品种和新型农机具，普及农业科学知识，使农村生产力得到了长足发展。

党的十一届三中全会以后，推行了家庭联产承包责任制，极大地激发了广大农民的生产积极性，铁官营村经济实现了快速发展，农产品产量大幅增加，农民生活水平逐步提高，年人均纯收入从20世纪60～70年代的70～90元增加到2012年的4500元，解决了温饱问题，并向全面小康生活目标迈进。

2010年10月14日，铁官营村正式划属秦皇岛经济技术开发区，由开发区榆关管理处管理。近年来，开发区管委重点围绕着辖区村民关心的利益问题，瞄准辖区村民学有所教、劳有所得、病有所医、老有所养、住有所居的目标，实施了一揽子民生和民心工程，取得了前所未有的成效。2020年，全村有小轿车100辆，电动汽车5辆，摩托车10辆，电动自行车130辆，群众出行以小汽车和电动自行车为主要交通工具。

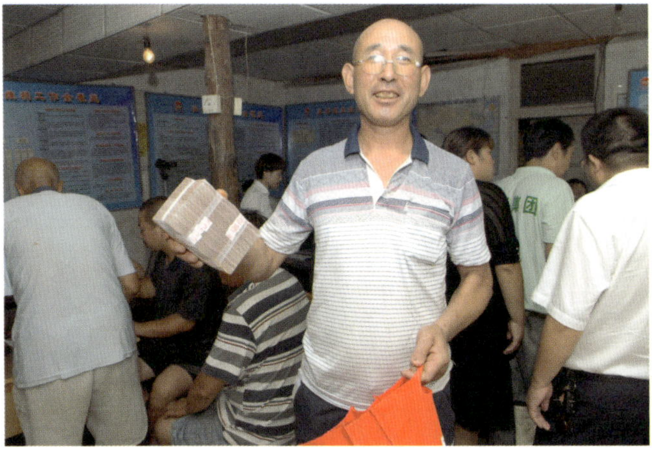

铁官营村民领到征地款

2013年8月，全村土地被征用，村民领到了征地补偿款，开发区为村民办理了养老保险，解决了失地村民的后顾之忧。开发区从2010年之后大力投资改善村居环境，硬化村内道路，安装太阳能路灯，改善照明条件，开展村容村貌治理，路旁栽花种草，村内配备了保洁员，及时清理垃圾处理，建立图书室，开展丰富多彩的群众性文化生活，村民生活质量有了较大改善，已经过上了城市化的生活。

大事记

清顺治年间（1644～1661年），铁官营建村，汪、温、袁、马四姓由山东迁此地定居，乐亭县林天寿与林自亮叔侄二人到临榆县做买卖，迁居此地，取庄名铁官营，当时属直隶省永平府抚宁县管辖。

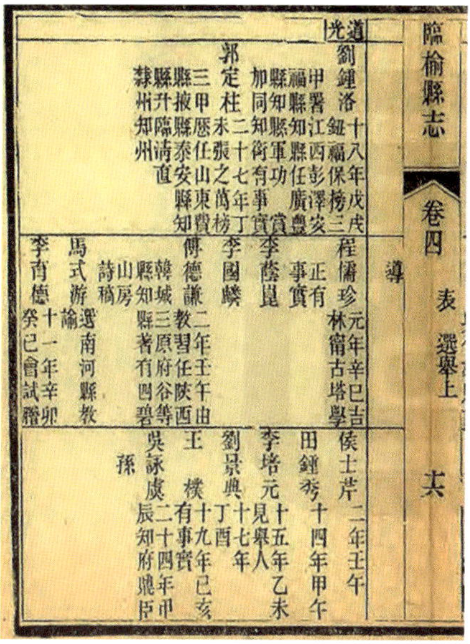
臨榆縣志 卷四 表 選舉上 夫

道光

劉鍾洛十八年戊戌鈕福保榜三甲署江西彭澤安福縣知縣任廣豐縣知縣軍功賞加同知銜有事實

郭定柱二十七年丁未張之萬榜三甲歷任山東費縣掖縣泰安縣知縣升臨淸直隸州知州

導

程儒珍元年辛巳吉林甯古塔學正有事實

李蔭崑

李國麟

傅德謙二年壬午由教習任陝西韓城三原府谷等縣知縣著有四碧山房詩稿

馬式游選南河縣教諭

十一年辛卯

李甯德癸巳會試[illegible]

侯士芹二年壬午

田鍾秀十四年甲午

李培元十五年乙未見舉人

劉景典十七年丁酉

王樸十九年已亥有事實

二十四年甲辰

吳詠虞辰知府鼎臣

孫

清光绪四年（1878年）《临榆县志》道光二年马式游中举记载

乾隆二年（1737年），山海卫改为临榆县，以村西米河为界，河西紫草坞（辖东甸、腰排、西岭3个自然村）属抚宁县，河东小营、北杨各庄、郑家店改属临榆县管辖。

道光二年（1822年），马式游在顺天乡试中考中举人，成为铁官营村历史上唯一一位举人，选授顺德府（今河北省邢台市）南和县教谕。

民国22年（1933年）1月3日，日本侵略军攻占山海关后，4月攻占北戴河、深河、榆关，临榆、抚宁等县沦陷，小营村被日本侵略军势力控制。9月下旬，东北“老耗子”土匪武装（匪首张魁元，外号老耗子）进入临榆、抚宁县地界抢劫，一股土匪从北戴河闯入小营村，抢劫南街一位潘姓大户人家，财产被劫掠一空。

民国24年（1935年）11月25日，大汉奸殷汝耕在通州成立伪“冀东防共自治委员会”（同年12月25日改称“冀东防共自治政府”），由他控制的蓟密和滦榆2个行政督察区22个县沦入日寇魔爪，每个县派1名日本顾问，小营村也随之沦陷。

民国25年（1936年），日本侵略军在北戴河车站、榆关、深河设立据点，日伪军经常到小营村催粮要税，抓民夫修工事，民无宁日。

民国26年（1937年）3月，北杨各庄乡成立，小营、北杨各庄、郑家店3个村从临榆县北戴河堡划属抚宁县第五区北杨各庄乡。

民国31年（1942年）8月，八路军冀东军分区十二团一营副营长马骥率一营和以宋国祥、张仲三为首的第三远征武装工作队先后东渡滦河，到小营村北十余千米远的抚宁县背牛顶脚下宏量寺、猩猩峪、平市庄、蚂蚁沟（1982年改称马驿沟）一带活动，宣传抗日救国道理，开展武装斗争。小营村因邻近深河、榆关、北戴河等日伪军据点，成为八路军和武工队的主要活动范围。

民国32年（1943年）年初，日本侵略军为了运兵方便，强迫民夫修建了杨东公路（俗称“东大道”），南起南杨各庄村，经北戴河、周家营村、小营村、北杨各庄村、郑家店村、华义庄村、毛义庄村、深河镇，北至东甸子村。2月，临（榆）抚（宁）凌（源）青（龙）绥（中）联合县党政人员开始发展地下党组织，秘密进入小营村宣传抗日思想。7月，临（榆）抚（宁）昌（黎）联合县成立，八路军和抗日民主力量到小营村活动，开始出现“两面政权”。9月，潘庆珠（潘殿卿长子）奔赴平市庄，参加八路军马骥第七区队，成为全村第一位八路军战士。是年，日军侵占榆关地区，经常对小营村进行骚扰。

民国33年（1944年）11月，日军一个小分队（共13人）进驻北杨各庄村（在小营村北500米）南街，设立据点，日伪军经常到小营村催粮要款，征召民夫。

民国34年（1945年）5月12日，潘作芝（化名李文光）加入中国共产党，成为小营村历史上第一名中国共产党党员。8月15日，日本宣布无条件投降，日本侵略军从北杨各庄村撤出。10月，国民党军队在美军的支持下，从秦皇岛登陆，占领北戴河车站（在小营村南5千米），国民党军队在北戴河、榆关、深河等地设立据点，小营村被划入国民党势力范围。

民国35年（1946年）春，小营村实行“二五减租”政策，减轻了贫苦农民的生活困难程度。是年6月，小营村成立了农会，在农会的领导下，进行和平土改，按照“耕者有其田”的要求，按人口平均分配土地，没收富农（小营村没有地主，只有几户富农）多余的土地、房屋、财产，分给贫苦农民。根据剥削量划分阶级成分，穷人从此拥有了土地和房产，彻底消灭了几千年的封建土地剥削制度。民国35年（1946年）冬至民国36年（1947年）春，国民党军队先后占据深河、戴家山头和榆关地区，对小营村进行骚扰。在八路军的打击下，国民党军队主要集中在榆关、北戴河、深河等重要集镇和交通干线，小营村成为八路军活动范围。

民国36年（1947年）4月，小营村成立党支部，周兆龙担任第一任党支部书记（此时未公开，中华人民共和国成立后才公开）。7月1日，中共冀东十二军分区司令员李道之率部队攻占北戴河车站，国民党守军大部被歼灭。7月，杨守国、马仲林、李庆先、马德林、李庆峰、林茂荣、周鸣鹤、张永贵8人响应中国共产党的号召，踊跃参加八路军，成为小营村历史上参军人数最多的一年。8月，中共军队收复榆关、深河国民党军据点。10月，对土改进行了复查。

民国37年（1948年）6月24日，解放军攻克北戴河车站。11月24日，解放军入关，小营村彻底解放。

1949年7月24日，连雨一周。8月13～15日，遭受台风袭击，暴雨成灾，三分之一庄稼倒伏，粮食平均亩产25千克。西河发大水，村内积水，无法通行，庄稼受淹，粮食严重减产。

1950年4月，小营村颁发土地房产所有证。5月，落实中华人民共和国第一部《中华人民共和国婚姻法》有关规定。

1951年，小营村群众响应中共抚宁县委的号召，踊跃参与向志愿军捐献物资活动。3月8日，小营籍志愿军工兵十七团战士马仲林在朝鲜战场上壮烈牺牲，成为小营村历史上唯一一位革命烈士。

1952年，李文光（潘作芝）、李庆先、潘振起、周兆龙、杨润身等人响应党中央的号召，开始兴办农业生产互助组。

1953年5月，建小乡试点，成立北杨各庄乡，小营、北杨各庄、郑家店、紫草坞、华义庄、毛义庄、深河、西场、后营（后5个村1954年7月划属深河乡管辖）、往子店（1954年后属上徐各庄乡）10个行政村划属抚宁县北杨各庄乡管辖。8月4日，大雨，西河水猛涨出槽，沿河农田被冲毁。10月，国家实行农村粮食、棉花、油料统购统销政策，推行“三定”（定产、定购、定销），从翌年起小营村每年向国家交售粮油征购任务。

1954年7月，临榆县撤销，大部分划归抚宁县，北杨各庄乡辖小营、北杨各庄、郑家店、紫草坞4个村，属抚宁县第五区（驻地榆关）管辖。8月9日夜，降大暴雨，降雨量180多毫米，西河水位上涨出槽。

1955年，在农业合作化运动中，小营村兴办初级农业合作社。

1956年1月，榆关东片紫草坞（辖西岭、腰排、东甸3个自然村）、小营、北杨各庄、郑家店6个村兴办旭光高级农业合作社，小营村全部加入高级社。完成对私营工商业和手工业的社会主义改造，实行公私合营。8月，北杨各庄乡撤销，所属小营、北杨各庄、郑家店、紫草坞并入榆关乡。

1958年9月，榆关人民公社（大公社）成立，小营村设2个生产队，属郑家店生产大队管辖（西街为第7生产队，南街为第8生产队），每个生产队建一个集体公共食堂，各户不做饭，吃公共食堂。11月，抚宁县建制撤销，改设秦皇岛市抚宁区，小营村划属秦皇岛市抚宁区榆关人民公社（大公社）郑家店生产大队管辖。是年，潘殿卿次子潘庆兰考入吉林工业大学，成为小营村历史上第一位大学生。是年，小营村粮食生产大丰收，榆关公社奖给一辆胶轮大车。是年，小营大队安装摇把式电话。是年，小营大队在长垄地、横头子打第一眼机井。是年，安装有限广播，大队架设高音喇叭，各户安设舌簧式纸喇叭。

1959年7月13日，日降雨量达到190多毫米，村内积水，水深至膝盖。7月22日，再降暴雨，降雨量高达300多毫米，山洪暴发，西河水暴涨，冲毁河岸田地庄稼20多亩，300多亩农田被淹。村内农户院内积水数尺。

1960年3月，秦皇岛市抚宁区撤销，小营村属秦皇岛市榆关人民公社郑家店生产大队管辖。是年，从东北购进榨油机1台。

1961年5月，恢复抚宁县建制，小营村成立生产大队，属抚宁县榆关人民公社管辖，不再隶属于郑家店大队。小营大队设2个生产队（小桥以西为第一生产队，桥东为第二生产队）。

1959～1961年，铁官营村连续遭受历史上罕见的水、旱和虫等自然灾害，村民食不裹腹，吃草根树皮，出现浮肿，饿死10余人。

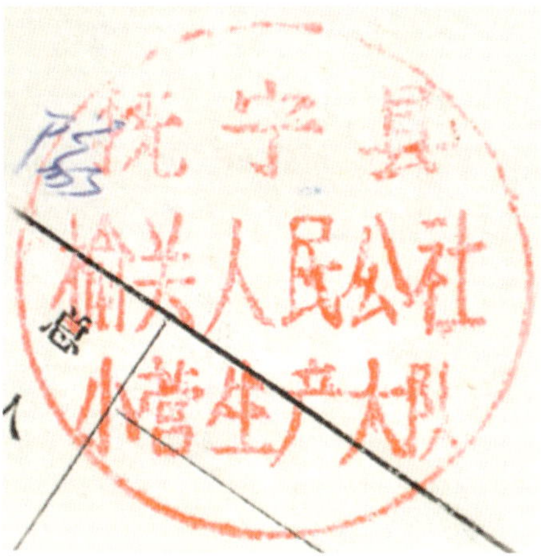

原小营生产大队印模

1962年7月24日、8月28日，连续遭受大风、大雨、冰雹灾害，庄稼倒伏、水淹，粮食严重减产。

1963年3月，榆关工委撤销，改建榆关区，小营村属榆关区榆关公社管辖。是年，几位大队干部和2户富裕家庭开始安装电灯。是年，小营庄开始试种水稻，获得成功。是年，潘庆荣家第一个购买电子管半导体收音机（俗称戏匣子）。

1964年7月15日夜，遭受冰雹袭击，雹大如鸡蛋，受灾严重。8月13日，又遭到暴风雨袭击，农业损失严重。12月3日，唐山地委“四清”工作团第六分团进驻榆关公社，向小营大队派出工作组，开始“四清”工作。成立贫下中农协会，潘振起任贫协主席。是年，“四清”运动中办电，打机井，县里奖给变压器1台，安装在南街大队部西北。是年，在南街大队西北、李庆云家西侧新盖6间房，兴建大队磨米厂。

1964年，杨润身家全村第一家购买手表，周秉政家全村第一家购买缝纫机。是年，周秉政、潘静慧自制了一台晶体管收音机、一架幻灯机，是当时最为先进的文化娱乐设施。

1965年4月25日，小营大队进行阶级成分复议，重新核定各户阶级成分，1户地主降为上中农，1户富农改为贫农，9户中农降为下中农，3户成分不明的定为贫农。9月2日，小营大队细线条“四清”工作结束，工作组撤出。9月8日，重新调整了大队领导班子。

1966年1月，宋稳、杨树声（二队）和陈喜峰（一队）三户在洋河水库库区第二次移民搬迁中从台营镇北台庄搬迁到小营村。是年，将村南小港（读“蒋”，jiǎng，第二生产队50亩）、村西南大块地（第一生产队50亩）改造成水稻田，小营开始种植水稻，获得丰收。7月，“文化大革命”运动波及小营村。

1967年春，东岭、南岭等各户祖坟全部平掉，改造出耕地20多亩。从翌年起，村中人死亡后埋葬在东岭南沟北坡、南坡、西坡。是年冬，在秦皇岛市电厂的支持下，架设从榆关变电站至小营大队的低压线路2.3公里，配备变压器2台、70KVA，电灌面积达到290亩。

1968年3月初，榆关公社小营大队革命委员会成立，实行党的一元化领导，张永贵任大队党支部书记、革命委员会副主任，大队长李庆雨任革委会主任。是年春至8月中旬未降大雨，遭遇百年不遇的大旱（7月中旬降41.5毫米，8月初至17日降雨21.2毫米）。是年，农业受灾面积300亩，成灾面积300亩。是年，从抚宁县城购进脱粒机1台。是年，建大队卫生所，杨成吉担任“赤脚医生”（因农忙时还参加农业生产劳动，又称“半农半医”）。是年，在大队部西北兴建知青点6间。是年，李文光（潘作芝）家全村第一个购买自行车。

1969年2月，孙桂琴等9名唐山社会知识青年响应党中央和毛泽东主席“上山下乡”的号召，到小营大队集体插队落户，参加农业生产劳动，“接受贫下中农再教育”。

1970年7月21日，天降暴雨，遭受狂风冰雹袭击，受灾严重。是年，从天津、沈阳购进磨米机2台。

1971年，从秦皇岛、张家口购进磨面机2台；从抚宁购进粉碎机3台。

1972年春季，小营大队遭受严重旱灾，西河河水断流，成灾面积1086亩，减产3～5成面积589亩，5成以上面积497亩，受灾人口341人（其中减产3～5成的172人；5成以上的169人）。7月26日，遭受7～10级台风袭击，持续10个小时，庄稼倒伏，农田被冲毁，受灾面积1150亩，其中粮食855亩；因灾减产粮食151300斤，棉花1499斤。是年，开始“农业学大寨”运动，在村东南东岭坡地修建“水平梯田”20亩。是年，每个生产队购买一台小手扶拖拉机。是年，民兵副连长张会珍（女）获评1972年抚宁县农业群英会先进个人；小营大队第二生产队荣获榆关公社群英大会先进集体，李庆雨（大队党支部书记）、周秉政、张会珍、周秉恒、潘森、马俊芳、马秀文、陈祥、潘庆成荣评榆关公社群英大会先进个人。

1973年2月23日，马胜林当选为抚宁县第四次贫下中农代表大会代表，2月30日出席抚宁县第四次贫下中农代表大会。7月5日~6日，连降暴雨，西河超过历史最高洪峰，冲毁河岸农田。8月7日晚11时半，再降大暴雨，伴有大风，风力达9级以上，持续30分钟，农业损失严重。9月22~23日，遭受风雹袭击，降雹时间30分钟，作物受灾严重，粮食歉收。是年，五保户王柏山迁出后，将其三间住宅建成供销合作社，供应农药化肥种子以及日用百货，以后成为榆关公社东片的中心供销社。是年，小营大队在南岭建果园189亩，栽种苹果、桃等。是年，开始实行遗体火化。是年，张会珍（民兵连副连长）被评为出席抚宁县农业学大寨群英会先进个人，马俊芳（一队队长）、潘森出席榆关公社农业群英会荣评先进个人。

1974年6月2日12时许，遭受冰雹袭击，降雹时间15分钟，农作物损失严重。7月22~25日，降大雨，河水漫溢，沥涝成灾。是年，杨守先长女杨志华被推荐到唐山地区昌黎师范学校上学，成为小营村“文革”期间唯一一位大中专学生。

1975年7月11日16时20分，遭受冰雹灾害。7月29~30日，降雨300多毫米，洪水成灾。7月，黄作贵等13名秦皇岛市高中毕业生集体到小营大队插队落户。

1976年2月7日，杨成吉（赤脚医生）、张会珍（广播员）被榆关公社革命委员会评为全公社农业学大寨先进工作者。7月28日凌晨3时42分，唐山、丰南一带发生里氏7.8级大地震，小营村震感强烈，房屋剧烈晃动，部分房屋墙体出现倾斜、裂缝，墙皮脱落，墙壁倒塌，家具损毁，为小营村历史上有记载以来第一次大的地震。晚6时50分又震，有强烈震感，幸无人员伤亡。各生产队向社员群众发放塑料布，搭建临时帐篷。大雨，村民躲进帐篷。以后各户纷纷搭建简易防震棚，一连数月，余震不止，社员躲避在防震棚里。震前，村南趴桥子机井水满外溢，村内井水浑浊，无法饮用。12月，民兵连长、共产党员潘瑞被中共抚宁县委授予抚宁县抗震救灾先进个人称号。

1977年1月底，马俊魁（一队队长）、王克俭（一队饲养员）、潘作祥（二队队长）、潘素霞（二队饲养员）被榆关公社评为1976年度农业学大寨劳动模范。是年，李彦吉第一家购买摩托车（本田70）。

1978年，小营大队获得粮食大丰收，全大队共有77户，361人，耕地面积1036亩，农作物播种面积1150亩，其中粮食作物856亩，亩产663斤，总产567500斤；花生180亩，折粮63843斤，粮食206000斤，共总产269843斤，平均每人做贡献747斤，在全榆关公社人均向国家贡献500斤以上粮食的12个大队排行榜上排名第二名（第一名驸马寨大队人均820斤）；在全公社人均向国家贡献600斤以上的23个生产队中，第一生产队、第二生产队荣登榆关公社光荣榜。第一生产队40户，183人，耕地518亩，播种粮食428亩，总产278600斤；花生90亩，总产14000斤，花生折粮27381斤，粮食94800斤，共计122181斤，平均每人做贡献667斤；第二生产队，37户，178人，耕地518亩，播种粮食425亩，总产321000斤；花生90亩，总产15000斤，每人平均做贡献831斤，花生折粮36762斤，粮食111200斤，共作贡献147962斤。小营大队和第一生产队、第二生产队被授予1978年抚宁县农业学大寨先进集体和出席1978年唐山地区农业庆丰收劳模大会先进单位；小营大队、第一生产队、第二生产队被榆关公社革命委员会授予榆关公社1978年度农业学大寨先进集体称号；杨守先、马俊芳、陈祥、马丽华（女）、李庆雨、潘森被授予榆关公社1978年度农业学大寨先进个人称号。

1979年春，推行以“两统一包”（生产队统一播种、统一收获，社员包田间管理）为主要形式的农业生产责任制，极大地调动了社员群众农业生产积极性，农业获得了大丰收。3月份，全村进行地主、富农分子摘帽和地富子女改定成分工作，原来的地主、富农成分改称“社员”，入党、参军、上学等与贫下中农一律平等。是月，小营大队革命委员会分设，分别成立支部委员会和革命委员会。4月，王永芝、吴淑娥最后一批下乡知青返回城市。12月，落实县委农村劳动生产管理经验交流会议精神，开始推行包工到组、联产计酬、超产奖励生产责任制。

1980年3月，榆关公社革命委员会改称榆关公社管理委员会后，小营大队隶属榆关公社管理委员会。9月，李润林之子李利峰以总分数359分的成绩（是年大学本科录取分数线340分）考入河北农业大学，成为1977年恢复高考制度后小营村第一位大学生。是年，风调雨顺，获得农业大丰收。粮豆占地856亩，亩产787.2斤，总产673844.7斤。是年，在大队磨米厂北侧新建五间村大队部办公室。

1981年8月10日下午，遭受风雹灾害，农作物损失严重。

1982年3月25日，榆关公社小营大队因与留守营公社小营大队重名，经抚宁县地名办公室批准，起用清初村名“铁官营”。是月，国家对粮食征购、销售、调拨实行包干、一定三年的办法。夏秋，大旱，年降雨量380毫米，为常年雨量的50%。全村380亩作物受灾，成灾面积220亩，粮食大幅减产。是年，粮豆占地933亩，亩产611斤，总产569241斤，比1980年分别减少22.38%、15.52%。是年，杨守先（大队党支部书记）、陈祥（一队队长）、潘作祥（二队队长）被榆关公社党委评为1982年度全公社两个文明建设先进个人。

1983年春，根据中共抚宁县委《统一经营包干到户生产责任制试行办法》和榆关公社党委的要求，实行以“大包干”为主的农业生产责任制。6月16日，民政部为马仲林烈士亲属颁发革命烈士证明书。9月14日，遭受特大雹灾。是年，粮食获得历史性大丰收，全村粮食占地920亩，亩产911.5斤，总产达到838500斤，比70年代最高总产（1974年）增产91.33%。12月，林尚齐被榆关公社党委评为1983年度优秀共产党员。是年，养牛大户李庆雨家全村第一家买彩色电视机（14英寸索尼牌）。

1984年3月，榆关公社管理委员会改称榆关乡人民政府后，“铁官营生产大队”改称“铁官营村民委员会”，结束了“三级所有、队为基础”的人民公社核算体制，“大队长”改称“村民委员会主任”（简称“村主任”，俗称“村长”）；“第一生产队”“第二生产队”分别改称“第一村民小组”“第二村民小组”；“生产队队长”改称“村民小组组长”。7月15日凌晨2时，遭受严重风雹灾。8月9日凌晨至10日上午，再次遭受雹灾，阵风达8级，降雨量200～300毫米。8月，经村民李彦吉牵线搭桥，引进河北省第四建筑公司投资60万元，在东岭兴建占地50亩砖厂1座，翌年6月投产，年产机制砖2000万块，年实现产值70万元，创利润15万元。10月，村集体投资6万元，在村南拉河地架设变压器1台，架设低压线路5000米，解决全村300亩稻田浇水用电问题。是年冬，木匠李润林家全村第一个买黑白电视机（14英寸长城牌）。是年，铁官营村被榆关乡党委、政府评为人均生活水平较上年增加150元以上的村；王克志被榆关乡党委、政府评为全乡年收入5000～10000元的户，马俊令、李秀芹、马俊英被评为全乡向国家交售生猪5头以上的养猪户。

1985年4月1日，国家取消粮食统购，实行合同定购，将超购加价改为按比例加价，同时调整农村粮食油料销售价格，实行购销同价。8月8日晚、19日下午遭受两次风暴灾害，农业歉收。是年，潘少华家第一个购买小四轮拖拉机。是年，铁官营村被榆关乡党委、政府评为全乡两个文明建设先进村、人均生活水平超600元村；杨守先、林尚齐、马俊坡被评为全乡优秀农村干部，马素芹被评为全乡计划生育工作先进个人，周丽杰被评为全乡优秀教师，张永贵被评为全乡劳动致富先进个人。

1986年1月20日，林尚齐被榆关乡党委、政府评为1985年度先进工作者。5月，榆关乡政府在村东头竖立水泥村碑，介绍铁官营村的来历。7月22日，遭受暴风和冰雹袭击，农作物损失严重。9月1日，连降暴雨，持续时间12小时，降雨量达到154毫米。砖厂因水泡坏土坯100万块，经济损失2万元。是年，粮食获得历史性大丰收，全村粮豆占地面积920亩，亩产912斤，总产达到839040斤，超过1983年。是年，铁官营村被榆关乡党委、政府评为1986年度两个文明建设先进集体、文明村建设达到县规定的验收标准村、生活水平超过700元的村；李庆雨、潘占伟、周秉成3户被评为人均生活水平达到1500元的双文明户；周兆昌被评为1983年以来新发展果园人均收入达到300元以上的户；陈祥被评为粮油菜每亩总收入超过1000元的农户；林尚齐、马俊坡被评为优秀农村干部。铁官营村被评为榆关乡计划生育先进单位，杨守先、马素芹被评为乡计划生育工作先进个人。

1987年1月，铁官营村村主任林尚齐被榆关乡党委、政府评为优秀干部。从春播到6月底，日最大降雨量不足15毫米。7月14日~8月25日，持续干旱，四分之三农作物受灾。8月26日，降大暴雨，并伴有7~8级大风，庄稼倒伏，粮食歉收。是年，将原大队部卖给周兆兴家。是年，王克志家全村第一位购买汽车。

1988年，铁官营村开征农林特产税，苹果税率为12%，桃税率为10%。是年，林尚齐、陈祥、马俊坡等7家第一批安装程控自动拨号电话，电话开始进入农户。是年，遭受风灾，粮食作物受灾面积达540亩，成灾面积减产5~8成150亩，减产粮食10.8万斤，成灾人口（重灾民）60人。

1989年7月18日至8月21日，遭受历史上罕见的旱灾，粮食严重减产。11月，完成农村第一轮土地承包工作，确定10年一大调、5年一小调的原则，全村土地全部承包给农户经营。是年，全村村民办理居民身份证。

1990年春节，大雪，积雪厚度达20~30厘米。

1991年4月，村投资10万元，在村南拉河地打深水井一眼，修建自来水房，铺设地下自来水管道1万延长米，家家户户免费使用自来水。7月1日，林尚齐被榆关镇党委评为模范党支部书记。

1992年6月，在村东南东岭砖厂东侧兴建占地30亩的养鸡场一座。6月30日，林尚齐被榆关镇党委评为优秀共产党员。是年，榆关镇政府投资8万元，铁官营和东甸村联合投资7万元，在村西河与东甸交界处兴建一座钢筋混凝土大桥，解决出行难问题。是年，458亩农作物遭受旱灾，成灾面积90亩，造成粮食减产3～5成的60亩，5～8成的15亩，8成以上的15亩，减产粮食19万斤，减产油料8000斤。

1993年8月25~26日，遭受风雹灾害，持续时间30多分钟，风力7、8级，冰雹直径1.5～2厘米，农作物、果树受灾严重。9月23日，再次遭到风雹袭击，狂风持续时间30分钟，风力达8～9级，降雹时间15～20分钟，农业受灾惨重。全村受灾面积210亩，成灾50亩；其中，旱灾130亩，风雹灾80亩，成灾50亩。粮食作物减产3～5成的50亩，减产粮食1.5万斤。从1993年起，村民建房占地面积每户由原来的0.3亩改为0.25亩。

1994年4月1日，根据河北省政府“全省统一放开粮食定购价格”的决定，铁官营村粮油定购改为合同定购；是年9月，秦皇岛市放开了粮食销售和食油销售价格。7月9~18日，连续降大到暴雨，降雨量235毫米，农业受灾严重。8月份，连续降雨5天，降雨量180毫米，比常年多100毫米。9月29日，再次遭受风雹袭击，农作物、果树损失严重。是年，全村受灾面积250亩（水灾），粮食作物减产3～5成面积250亩，减产粮食4万斤，成灾人口201人（轻灾民）。

1995年，李彦吉全村第一个购买“大哥大”手机。

1996年6月17日，遭受大风、冰雹袭击，农作物、果树受灾严重。是年，李河、徐云两户从青龙桃林口库区搬迁到铁官营村。

1997年，引进燕山大学高科技开发部资金200多万元，在东岭兴建占地

90多亩肉鸡场，年出栏肉鸡3万只。

1999年11月，完成第二轮土地承包，承包期限30年。

2000年5月下旬至7月12日，连续干旱少雨，总降雨量仅55毫米，不足常年雨量180～200毫米的三分之一。

2001年初春到6月，持续干旱无雨，总降雨量不足50毫米。8月7日、27日，又遭受大风、冰雹袭击。秋季又持续一个半月干旱少雨，农作物生产受到严重影响，粮食大幅减产。10月1日，经河北省政府批准，秦皇岛市玉米、稻谷退出保护价，收购价格一律由市场调节，铁官营村结束了1953年以来实行的粮食征购、定购任务的历史。

2002年3月，实行村民委员会“两推一选”选举。是年，实行税费改革，取消乡统筹费、农村教育集资等收费，取消屠宰税，取消劳动积累工和义务工，停征农林特产税。

2003年4~5月间，抚宁县出现第一例非典型性肺炎病例，为防止非典型性肺炎的传入和扩散，铁官营村开展非典型性肺炎防控工作，村党支部、村委会派人把守村头，严密检查过往人员，村中发放预防性药物，全村未出现非典型性肺炎病例。是年，小学教师张淑英家全村第一家购买电脑。

2

总编室电话:3063275 E-mail:rbzbsh@163.com

责任编辑:王 莹 郜国华

驻千村 访万户 帮民富 解民忧

铁官营围着经济“唱戏”

本报讯（记者刘钧 通讯员田小军）驻抚宁县榆关镇铁官营村工作队把着眼点放在帮助农民增收上，把重心放在扶持经济发展上，在很短时间内为该村经济发展打下了较好基础。

铁官营村的特点是资源好、产业弱，位置好、交通差。由东北大学秦皇岛分校的陶澜和抚宁县畜牧局、榆关镇组织部的同志组成的工作队入村后，经过广泛调查和精心谋划，为铁官营村制作了第一个“发展规划图”。工作队队长陶澜的爱人是搞美术的，村里制出草图后，陶澜就让爱人先绘出彩图，然后再扫描进电脑，最后喷绘成大的规划图，制作费用全部由工作队承担。规划图首次明确了居民区和生产区的位置，确定了蔬菜种植区和养殖区的选址。

铁官营曾发生过客商因道路坑洼而放弃投资的事。工作队进村后认为“要致富先修路”，配合道路“村村通”工程，积极协调村里各种关系，终使该村酝酿十多年的修路计划得以实施。现在，村里6条主要街道全部铺上石渣，并用山坯土封了面。村党支部书记、村主任林尚奇的一番话道出了村民的心声：“路通了，劲足了，大伙致富不远了！”

2004年6月29日《秦皇岛日报》
铁官营村报道

2004年6月，“村村通工程”实施，修建榆关镇至铁官营村建5000米水泥路。6月29日，《秦皇岛日报》刊发《铁官营围着经济“唱戏”》的报道。11月，村党支部书记、村委会主任林尚齐被中共抚宁县委授予2004

年度“脱贫致富带头人”称号。

2006年，国家取消了农业税、“三提五统”，为保护农民种粮的积极性，维护国家粮食安全，国家对农民种粮实行补贴，铁官营村结束缴纳农业税费的历史。是年，有线电视网络铺设到村中，家家户户可以观看有线电视节目。是年，推行新型农村合作医疗制度，全村90%以上农户踊跃参保。是年，因经营不善，东岭肉鸡场改建为养牛场。

2007年3月，铁官营联村供销合作社卖给潘庆章个人。9月19日，铁官营渤基畜牧养殖专业合作社成立，法定代表人柴永秋，注册资本500万元。

2008年1月18日，村党支部书记潘瑞被中共抚宁县委授予2007年度“小康建设先锋党员”称号（抚字〔2008〕3号，中共抚宁县委《关于表彰“五个好”示范村和“富民书记”“脱贫致富带头人”“小康建设先锋党员”的决定》）。5月12日，四川汶川特大地震后，全体村民踊跃为灾区人民捐款，少则几十元，多则数百元，马保安捐款3000元。8月，投资2000万元，存栏100头现代化养牛场主体部分已建成。9月6日，《工人日报》以《抚宁免费“托牛所”壮大牛产业》为题对铁官营村兴办渤基畜牧养殖专业合作社情况进行了报道。

2009年12月，抚宁县被确定为国家首批新型养老保险试点县之后，铁官营村推行新型农村养老保险制度，广大村民积极购买保险。是年，粮食生产创历史最高纪录，全村粮食占地面积980亩，亩产达到958斤，总产达到936500斤。

2010年1月3日，暴雪，积雪厚度达30多厘米（降水量10毫米），气温下降到历史最低点，达到零下26℃，大约一半以上的桃树、柿子树冻死。9月2日，铁官营村被河北省精神文明建设委员会办公室列为文明生态创建村（冀文明办〔2010〕19号《关于印发列入2010年度文明生态村创建规划行政村名单的通知》）。9月3日，铁官营村被河北省精神文明建设委员会办公室列入

2010年度村级公益事业建设“一事一议”财政重点奖补范围的文明生态村名单（冀文明办〔2010〕20号《关于落实好村级公益事业建设“一事一议”财政奖补政策的通知》）。9月19日，秦皇岛市党政联席会议决定，由秦皇岛经济技术开发区与抚宁县合作开发深河新区，抚宁县深河乡（7个村）、榆关镇（18个村）、牛头崖镇（15个村）共40个村划入开发区，由开发区统一规划、统一管理，从即日起，冻结40个村所有人员调动、户口迁入和新的宅基地审批。20日，市委、市政府召开秦皇岛经济技术开发区扩区专题会议，宣布抚宁县40个村划入开发区管理。10月14日，铁官营村正式划属秦皇岛经济技术开发区（榆关管理处成立，驻韩义庄村）管理，村党支部、村委会启用新的公章。10月22日，开发区工委副书记陈永富到铁官营村进行调研。是年，潘占伟、马文同家全村第一批安装宽带。

2011年9月初至10月10日，投资58万元，修建村内水泥路210延长米。是年，开始为年满60周岁以上的老人发放养老金，每人每月55元。12月，秦皇岛开发区为年内毕业、尚未找到工作、家庭困难的高校毕业生发放失业补助金，失业补助金标准为毕业生户籍所在地失业保险金最低标准的90%，每人每月522元，领取6个月。是年，秦皇岛开发区为铁官营村村民发放“五好家庭”奖金，每人200元。

2012年3月，实行村委会由村民直接选举。4月，维修村内自来水井到大汀（读“庆”，qìng）的排水渠。8月，马立勇子马欣慰考入长春理工大学硕士研究生，是为铁官营村第一位硕士研究生。8月3日凌晨3点至4日早晨7时，受台风“达维”的影响，降大雨转暴雨，降雨量达到250毫米左右，村庄积水深度40厘米，庄稼全部被淹，道路无法通行，民房普遍进水，积水深度30～40厘米，四~五日积水方退去，村西西河洪水漫过水泥大桥。是年，粮食、油料严重减产。

2013年7月9日凌晨降雨90毫米。8月3日～8月10日，持续高温，日最高气温达到30摄氏度～34摄氏度，8月4日、9日、10日达到34℃，8月5日、8日达到33℃。8月11日夜间大雨，12日气温降至28℃，13~15日持续桑拿天，空气相对湿度达75%～80%，13日33℃，14日30℃，15日32℃，16日4:20~5:15降雨，气温下降至28摄氏度；下午四五点钟，电闪雷鸣，下一场暴雨，至是日晚天气始凉爽。7月底，秦皇岛开发区完成铁官营村土地征收工作。8月10日，开发区向村民发放占地补偿款，补偿标准为48000元/亩，人均18万元左右，并为失地村民办理了失地保险。

2014年5月13日，村党支部书记周秉成、村主任潘德新被开发区工委、管委授予2012—2013年度秦皇岛经济技术开发区“优秀农村干部”荣誉称号。是年，秦皇岛经济技术开发区为村民办理了生活补助和养老保险，全村失地人员60岁以下有生活补助费每月180元，60岁以上根据年龄的大小，金额各有不同。是春，开发区开始修建戴河生态园，村北、村西河道得到治理，石砌堤坝，河岸栽树。

2015年9月，因修建宁海大道占地，村南沟90多个坟头迁到秦皇岛经济技术开发区望海陵园东南山坡。是夏，开发区城市发展局干部孟繁星任铁官营村党支部第一书记（2017年3月，任职期满，调回）。是年秋，实施“一事一议”工程，村委会广场得到硬化，村内安装太阳能路灯30多盏，路旁栽植樱花树等。

周健在北京大学留影

2016年2月，铁官营村被开发区工委政法委、社会管理综合治理委员会评为2015年度平安村；村主任潘德新被开发区工委政法委、开发区社会管理综合治理委员会评为2015年平安建设先进个人。3月28日，北京大学第三医院北戴河国际医院项目签约仪式在秦皇岛经济技术开发区举行，市长张瑞书、副市长张锋、开发区管委主任苏景文、市政府秘书长李忠田等与北大三院院长乔杰、党委书记兼副院长金昌晓、副院长李树强、余力伟、副书记刘东明等出席了签字仪式。铁官营村地处该项目的核心区域。6月23日，高考成绩公布，铁官营村人、秦皇岛市第一中学学生周健以701分（语文124分、数学139分、英语146分、理综292分）荣获秦皇岛市2016年度高考理科状元，被北京大学录取。8月29日，经开发区城发局挂职村党支部第一书记孟繁星协调，臻鼎科技公司为铁官营村购置了100多件文化体育活动用品，丰富了村民业余文化生活。9月1日，中国经济网转载了《秦皇岛日报》刊发的《秦皇岛：方寸之地种葫芦，庭院经济拓富路》，报道了村民王志国种葫芦的事迹。是年12月，宁海大道竣工通车。

●权威 ●影响 ●公信 ●亲和

秦皇島日報

1日 2016年9月

习近平会见加拿大总

努力开创

一村一品留美丽 美丽乡村入画来

方寸之地种葫芦 庭院经济拓富路

2016年9月1日《秦皇岛日报》报道村民王志国在庭院种植葫芦的事迹

2017年1月12日，为迎接传统节日春节的到来，秦皇岛经济技术开发区城市发展局为铁官营村送来800个大红灯笼，村委会、主要街道、树木上和家家户户都挂起了红灯笼。2月6日20：43，秦皇岛电视台《今日报道》栏目播发消息《铁官营村：告别牌桌舞起来》。2月，铁官营村被秦皇岛经济技术开发区工委政法委、社会管理综治委评为2016年度“平安村”。3月7日，秦皇岛经济技术开发区举办“最美家庭”专题片展播，铁官营村杨国娟家庭以“不离不弃，患难与共，辛勤撑起一片天”从178个候选家庭中脱颖而出，被评为十大“最美家庭”之一，受到表彰。4月13日，《秦皇岛日报》以《用辛劳和坚持撑起一片天——记开发区“最美家庭”杨国娟一家》为题报道了杨国娟照顾生病丈夫王金余四十年的感人事迹。5月，铁官营村被秦皇岛市妇女联合会、秦皇岛市综治办授予秦皇岛市“平安家庭”创建工作示范单位称号。5月，铁官营村被秦皇岛市妇联、市综治办评为秦皇岛市“平安家庭”创建示范单位。7月5日，开发区管委主任苏景文到铁官营村慰问建国以前老党员李庆雨，送去党组织的关怀和诚挚的祝福。

2018年4月28日20时40分，村南园林发生火灾，中国电信秦皇岛分公司宽带中心6名员工加班路过此地，将大火扑灭，避免了更大的损失。10月8日，铁官营村第十一届村委会选举大会举行，潘德新以211票当选第十一届村委会主任。10月，根据开发区和榆关管理区的统一安排，第十一届村两委（党支部、村民委员会）换届工作如期举行。在此次换届选举中，榆关管理区推行党支部书记、村委会主任“一肩挑”。通过选举，产生了第十一届两委班子，潘德新当选村党支部书记兼村委会主任，马立勇、陈志强、杨冬杰当选支委，王春荣（计生专干）、李国政（村文书）当选村委。12月，全村主要道路安装监控摄像头，增加路灯20多盏。

2019年1月24日，市委常委、秘书长、开发区工委书记李国勇、副市长廉茹艳、市政协副主席郑泉等到铁官营村慰问1947年前入党的老党员李庆雨。2019年春夏之交，开发区水务局组织力量对村南河道进行了清淤疏浚，确保了安全度汛。2019年夏，秦皇岛经济技术开发区被列为全域禁煤区后，村两委成员积极做群众思想工作，推广使用洁净1号煤50多吨。

2020年1月23日，根据开发区工委、管委，榆关管理区党、工委关于新型冠状病毒肺炎疫情防控工作的安排部署，村成立了由村两委组成的疫情防控小组，并迅速开展工作，分三组入户给村民测量体温并汇总上报管理区防控办，村两委开始值班。1月29日，村党支部、村委会召开村民代表会议，研究新冠疫情防控值班工作，决定在村南和村西设立两个疫情防控检查点。2月1日，根据上级关于疫情防控的工作安排，铁官营村以村民小组为

2020年1月在村南设立疫情防控检查点

单位划分为6小片，施行网格化管理。2月8日晚上，村两委成员、全体党员开始新冠疫情防控值班工作。2月9日，村党支部、村委会召开全体党员、两委班子成员、村民代表会议，研究部署新冠疫情防控工作。2月13日上午，开发区管委副书记郝凤斌、榆关管理区办事处书记李英军、包村干部韩伟、孙瑜到村检查指导新冠疫情防控工作。下午，榆关管理区办事处主任龙津津、纪检书记孙从文带队到村卡点检查防控工作。2月17日下午，榆关管理区办事处书记李英军、副书记刘树堂等人到村全面检查疫情防控工作的落实情况，并随机入户走访。榆关管理区办事处副主任栾明强带队到村检查“十小场所”（小餐饮、小娱乐、小商店、小运输、小旅店、小加工、小仓储、小康疗、小托教、小维保）疫情防控工作。2月26日下午，开发区纪委书记王立新、纪委监察室主任孟繁星等到铁官营村检查新冠疫情防控情况。4月，根据中央、省市有关要求，秦皇岛开发区对所属乡镇、街道进行撤并，铁官营等7个村归并船厂路办事处管

2020年铁官营村改为太阳能＋生物质颗粒锅炉取暖

理。6月，根据船厂路办事处的部署，铁官营村开展了人居环境整治百日攻坚活动，通过10余天的奋战，村容村貌焕然一新，村内街道两边增铺了连锁块，拓宽了马路，方便了群众出行。8月22日，根据开发区统一部署，铁官营村取缔土炉取暖，改为太阳能＋生物质颗粒锅炉取暖，开始收缴群众家中散煤。10月5日下午，船厂路办事处副主任姚佳、司法所所长李飞到铁官营村检查太阳能＋生物质颗粒锅炉安装情况。11月6日，开发区管委主任苏景文、副主任郝风斌、开发区建设局局长王满成、船厂路办事处书记王征等到铁官营村检查太阳能采暖设备安装和使用情况。12月17日，管委副主任陈永福、船厂路办事处书记王征到村视察太阳能＋生物质采暖炉安装情况。

自然地理

历史沿革 明朝天启初年，明朝军队在铁官营村南河一带建有铁匠铺，打造兵器，崇祯初年因山海关战事需要而荒废。清顺治年间，汪、温、袁、马四姓从山东大柳树，林天寿、林自亮叔侄从乐亭县迁居此地建庄，取名铁官营，属直隶省永平府抚宁县管辖。嘉庆四年（1799年）《林氏家谱》称“铁官营庄”“其由来旧矣”。乾隆二年（1737年），山海卫改为临榆县后，铁官营村属临榆县北戴河地方管辖。乾隆二十一年（1756年）《临榆县志》称庄名为“铁匠营”。后因村子小、人口少改叫“小营庄”。光绪四年（1878年）《临榆县志》称之为“小营”，戴家河（2020年北戴河村）、杨各庄、牛蹄窠（今具体位置不详）、周家营（2020年周营村）、北杨各庄、拨道洼、长不老口、高家岭、小营、郑家店、仓上庄11个村，由戴家河地方经管。

民国18年（1929年）《临榆县志》记载，北戴河庄、拨道洼、南杨各庄、周家营、长不老口、高家岭、小营、北杨各庄、郑家店，属北戴河堡管辖。民国22年（1933年）1月3日，日军攻占临榆县城山海关城。5月8日，攻占抚宁县城。5月31日，《塘沽协定》签订后，中国军队从滦东地区撤走，小营一带被日伪势力控制。民国24年（1935年）11月25日，大汉奸、蓟密区、滦榆区行政督察专员公署督察专员殷汝耕在日本特务头目土肥原贤二等人策动下，在通州宣布成立伪“冀东防共自治委员会”（同年12月25日改称伪“冀东防共自治政府”），冀东抚宁、临榆、昌黎、卢龙等22个县沦为日本的殖民统治，小营村随之沦陷。民国26年（1937年）3月，北杨各庄乡成立，管辖小营、北杨各庄、郑家店、紫草坞、仓上等10个村，小营村由临榆县北戴河堡划属抚宁县北杨各庄乡。

1949年7月，小营村属抚宁县第五区（驻榆关街里）北杨各庄乡人民政府管辖。1953年4月1日统计，北杨各庄乡下辖紫草坞、郑家店、北杨各庄、华义庄、深河、西场、后营、往子店、小营9个行政村，总户数1038户，土地面积20391.36亩，总人口4519人，其中，男2210人，女2309人。1954年7月，北杨各庄改建小乡后，下辖小营、北杨各庄、郑家店、紫草坞4个行政村。1956年9月，抚宁县第五区北杨各庄乡撤销，小营村划属榆关乡。1958年9月，榆关人民公社成立后，小营村划属榆关公社郑家店大队。1961年3月，榆关公社联村划分后，郑家店大队下辖郑家店、紫草坞、北杨各庄、小营4个村（郑家店91户，284人，土地1781亩；紫草坞213户，891人，土地3007亩；北杨各庄93户，385人，土地1685亩；小营63户，242人，土地1152亩）。1982年3月，榆关公社小营大队因与留守营公社小营大队重名，改称铁官营。1984年3月，榆关公社改称榆关乡后，铁官营生产大队改称铁官营村民委员会，属榆关乡管辖。1996年1月，榆关乡改为镇，铁官营村属榆关镇管辖。2010年10月，抚宁县与秦皇岛经济技术开发区实施战略合作，成立深河新区，抚宁县属铁官营等40个村由秦皇岛经济技术开发区托管。2013年8月，铁官营村土地被秦皇岛经济技术开发区征用。

区　位 村东南处有媳妇儿地、双沿儿地、柳树底下与深河乡仓上村接

2017年铁官营区位图

壤，东岭、一骨朵坟儿与张家马坊村相连。村北以北后坑为界，与北杨各庄村接壤，东有长垅地与北杨各庄村土地接壤；西街第一村民小组北以北河为界，北河至小桥水渠为界，渠东为北杨各庄村地，渠西地名北后院，属铁营营村第二村民小组地，与北杨各庄村交界。村西以米河为界，村西大桥正南有条水渠和通往长不老口村土路，路西属东甸村地界。村正南吴家山、南岭属第一、第二村民小组，其南土丘称王八盖儿，属长不老口村。2016年修建宁海大道时，南岭、南沟及东岭少部分土地被征占。吴家山西、南河有条通往长不老口村的土路，路西为山子西，再西属东甸村。大碱地西侧靠近东甸路边为顺稻子，属第二村民小组地，路西属东甸。大碱地属第二村民小组，大碱地至南河为界，河南属东甸。砖厂南沟沟南属牛头崖镇周营村地界，沟北属铁官营村。

耕　地　铁官营村耕地面积较少，大片是平原，仅村南南岭和东南部东岭属丘陵。全村土壤类型属淋溶褐土类，通透性强，适合玉米、水稻、高粱、白薯、花生、蔬菜以及果树等多种植物生长。

以村庄东南长垅地、山子北、媳妇地、双沿儿等土质好，为上等地。东岭（属第二村民小组）、南岭（属第一村民小组）处属丘陵，种植白薯。村东、村北土质较好，种植玉米、高粱、花生等。砖厂路西至吴家山东侧叫杈子沟，属第一村民小组地。趴桥子东侧有个大水坑，坑南为第一村民小组地，地名拉河地；坑北、南街东侧为第一村民小组、第二村民小组地，因垅比较长，地名叫长垄地。村正南（从趴桥子去长不老口路有条土路为东西分界线，路东为第一村民小组地，因位于吴家山东北侧，地名叫山子北；南北以趴桥子机井、倒虹吸槽为界，路西以南至南河北岸属第二村民小组地，地名叫小港（音“蒋”，读jiǎng，原为盐碱地，泥泞不堪）、西南（从大汀至南坑，地名叫大碱地，属第二村民小组）为盐碱地30亩，原种植玉米、高粱，亩产量50～100千克左右。打机井以后，改种水稻，产量才逐步提高，达到300～400千克。

20世纪50年代初，全村土地面积不足1200亩地，都是各户私有。1946年，小营村和平土改后，将6位富农多余的土地没收，分给贫苦农民。1953年搞互助组，各户农民以土地加入互助组。

据抚宁县委组织部1951年第五区党员清册，1951年底统计，全村53户，260人，土地852.15亩，人均土地3.28亩。

据1954年5月28日统计，村原有土地1195.553亩，由临榆县仓上村买入17.01亩，由临榆县仓上村典入7亩，村典外村9.68亩。以上村原有土地加上买入和典入，去典出土地，1954年该村播种面积是1209.85亩。

据1954年7月21日“北杨各庄乡人民政府”人口耕地定期报告表统计，小营有土地1209.85亩，拥有农业劳动力46户，有劳动力92人。

据1955年6月23日统计，小营村共有耕地1210.33亩，全部为旱地。当时全村有264人，人均耕地面积4.58亩。

1956年，小营村属榆关东片旭光高级农业社，各户全部加入高级社，各户的大牲畜、土地、农机具等财产折价入社，所有土地划归集体所有，所有村民成为高级社社员。为满足社员日常生活需要，高级社抽出一部分土地留给社员自己耕种，称为“自留地”，一般不超过当地人均土地总数的5%。自留地数量，根据村内人口变化情况有所调整。

1958年9月，榆关人民公社成立后，小营村建一个生产队，为郑家店生产大队第三生产队（据村民回忆，当时设2个生产队，西为第七生产队，东为第八生产队），土地归生产队集体所有。实行吃大锅饭制度，村里办起了2个公共食堂，设炊事人员2人，全村人每天到食堂去打饭，各户不再做饭。每天由生产队长派活，带领社员下地干活。

1958年，郑家店大队第三生产队（小营村）土壤改良面积105亩，其中倒沙换土面积105亩（粘土换沙70亩）。

1959年6月统计，郑家店大队第三生产队（小营村）有耕地面积1057亩，旱田1057亩，其中，社员自留地35亩。无水田、水浇地。

1959年12月，郑家店大队第三生产队（小营村），土地总面积1252亩，耕地面积1152亩（其中社员自留地58亩），水浇地面积41亩（其中社员自留地4亩），沙荒面积21亩，村庄及建筑物面积50亩，河流面积29亩，耕地面积中当年减少面积20亩（水冲沙压减少20亩）。

1961年2月24日统计，小营村有耕地1152亩，其中集体经营1071.4亩，社员自留地80.6亩（其中，食堂留用23亩，社员自耕57.6亩），全村244人，人均土地4.72亩。

1961年5月，恢复抚宁县建制后，小营村成立生产大队，根据当时人口数量，将全村土地一分为二，划分为2个生产队，每个生产队土地相等，基本上以北街潘庆荣家西南侧小桥为界，桥西属第一生产队，桥东属第二生产队。因当时第一生产队户数不够，就把北街西侧潘庆章、潘庆荣、马俊峰三家划属一队；北街东侧杨守先、张万林、张祥来、徐金志家属二队（西侧杨守先家原本划属第一生产队，东侧马俊峰家原本划属第二生产队，因马氏家族都在西街，故将马俊峰家划属第一生产队，杨守先家划属第二生产队）。

20世纪60年代，小营村耕地面积1152亩，没有变化。其中社员自留地80.6亩，其余为集体经营，第一生产队、第二生产队均为576亩。

1970～1988年，全村耕地面积保持在1150亩的水平，其中，水田、水浇地由1971年的180亩（水田100亩，水浇地80亩）增加到1974年的420亩（水田170亩，水浇地250亩），占总耕地面积的比例从1971年的15.65%提高到1974年的36.52%；其中集体经营1086亩，社员自留地64亩；梯田20亩，台条田70亩，盐碱地500亩，旱涝保收稳产高产田200亩。

1979年，实行家庭联产计酬生产责任制，将土地承包各户，将每年公社下达的征购任务按土地面积分给各户，秋后各户到榆关粮站交征购任务。

1980年，全村社员自留地64亩，旱田600亩，水田250亩，水浇地300亩。

1982年，社员自留地173亩，旱地700亩，水田250亩，水浇地200亩。

1983年，土地承包给各户，仍按照征购任务向国家交售粮食。

1983～1988年，全村旱田700亩，社员自留地173亩。有效灌溉面积450亩，水田面积因年度有所变化：1983年水田250亩，水浇地200亩；1985年水田面积200亩，水浇地面积250亩；1986年，旱地700亩，水田水浇地450亩（其中水田200亩，水浇地250亩）；1987年，旱地900亩，水田水浇地250亩（其中水田200亩，水浇地50亩）；1988年水田200亩，旱地950亩（其中水浇地50亩），果树占地120亩。

1992～1994年，全村耕地面积维持在1148亩左右，均为中低产田，水田水浇地500亩（水田从200亩减少到100亩）。1992年全村共111户，392人，人均耕地面积2.93亩。旱涝保收田面积200亩；有效灌溉面积500亩，实际灌溉面积200亩，林地及果园灌溉面积100亩。

1999年11月，进行第二轮土地承包，承包期限30年。

2010年，全村集体所有农用土地总面积1503亩（卫星遥测数据），其中耕地面积1146亩，园地面积251亩，林地28亩，养殖水面28亩，其他50亩。

2013年8月10日，村民领取征地补偿款

2013年春，秦皇岛经济技术开发区国土局到铁官营村勘测土地。7月1日，开发区管委副主任郭晓城到铁官营村就征收土地进行调研。7月底，秦皇岛开发区完成全村土地收购工作。8月10日，开发区发放北大科技园占地补偿费。第一村民小组每人2.25亩；第二村民小组每人2.01亩。每亩补偿标准4.8万元。

1954—1994年部分年份铁官营村耕地变化情况表

表1　　单位：亩

年度	耕地面积	水田	水浇地	旱田
1954	1195.55			
1955	1210.33			
1959	1152		41	1057
1961	1152		10	1142
1963	1152			1152
1969	1150.41		40	1110.41
1970	1150.41	100	80	970.4
1971	970.4	80	100	970
1973	1150	80	100	970
1974	1150	170	250	730
1983	1150	250	200	700
1992	1149	200	300	649
1993	1148	200	300	648
1994	1148	100	400	648

丘　陵　铁官营村南河南岸有一座土丘，人们称之为“吴家山”，海

吴家山

拔只有18米。此地原来乱石丛生，土质瘠薄，根本不利于耕种，而且石头没有平面，石质松软，不能用于建房垒墙之用，古人认为毫无价值，因此称之为“无价山”，后来讹称“吴家山”。历史上，铁官营村并无吴姓的传说。清朝嘉庆四年（1799年）《林氏家谱•丘垄说》称之为“无价山”，吴家山南侧称为南岭，原为北杨各庄林氏家族墓地。1967年改为耕地，1972年改为果园。

村东南与张家马坊村接壤处是一片丘陵，俗称东岭，20世纪50年代、1967年改作耕地，面积120多亩，当时种白薯。1984年，在东岭下坎弯垄地兴建砖厂，占地50多亩。1997年在东岭建养鸡场，占地30多亩，2006年改建为养牛场。

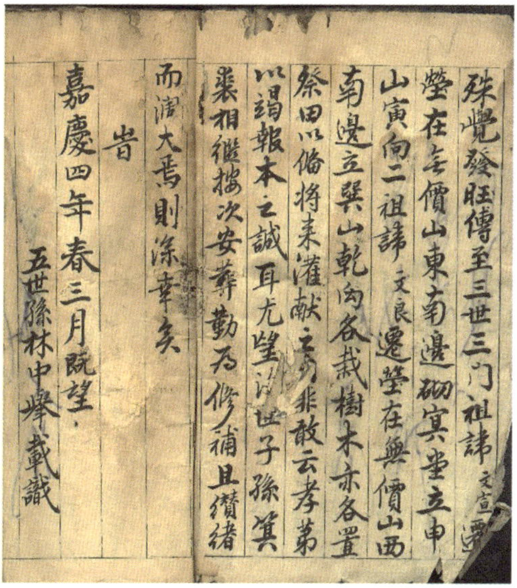

殊覺發旺傳至三世三門祖諱文宣遷
塋在無價山東南邊砌寘坐立申
山寅向二祖諱文良遷塋在無價山西
南邊立巽山乾向各栽樹木亦各置
祭田以備將來灌献之資非敢云孝弟
以竭報本之誠耳尤望後世子孫箕
裘相繼按次安葬勤為修補且纘緒
而滬大焉則深幸矣
旹
嘉慶四年春三月既望
五世孫林中舉載識

清嘉庆四年（1799年）《林氏家谱》中“无价山”的记述

自然地名 中华人民共和国成立以后几十年间，铁官营村发生了巨大变化，就连地名也有较大改变。

一骨朵坟儿。位于东岭南沟东南，有一小片地，地势最高，东与张家马坊村地界接壤，西与周营村土地接壤。因该地原有一个坟骨朵儿而得名，后开垦为耕地。2016年修建宁海大道时，一骨朵坟儿被占用。

东岭。位于村东南，东侧与张家马坊村地界接壤，地势比其他地方高，属于丘陵地带，因地处村东而称东岭。

域地。小营庄主要墓地。《诗经•唐风•葛生》云：“葛生蒙棘，蔹蔓于域。”“域”，坟地。东岭东部坟场，俗称坟圈子，为小营庄马氏（马俊峰家族）、李氏（李金象、李文德家族）、潘氏（潘作芝家族）、周氏（周鸣春、周鸣贺家族）、林氏（林国秀、林茂荣家族）、杨氏等家族墓地。1967年改为耕地，第二生产队种植白薯、花生。

保长坟。“域地”路东北为马胜林家族墓地，占地约6亩。因其祖先当过保长，故称“保长坟”。

东切坡。东岭路北斜坡，称“东切坡”。“切”，“斜”的讹音。

弯垄地。东岭下边，砖厂东侧，原来是西街马氏家族的墓地。垄南北走向，因垄比较弯曲而得名。弯垄地西侧有一条从北杨各庄通往周营、北戴河的大道，俗称东大道。1985年修建砖厂以后，该条路从砖厂西侧通过，整个地段被砖厂占用。

西切坡：弯垄地西斜坡称西切坡，亦“斜坡”的讹转，1985年修建砖厂后被占用。其西为山子东。

山子东：东大道路西，西为杈子沟。因该地块位于吴家山东侧而得名。到2020年大部分

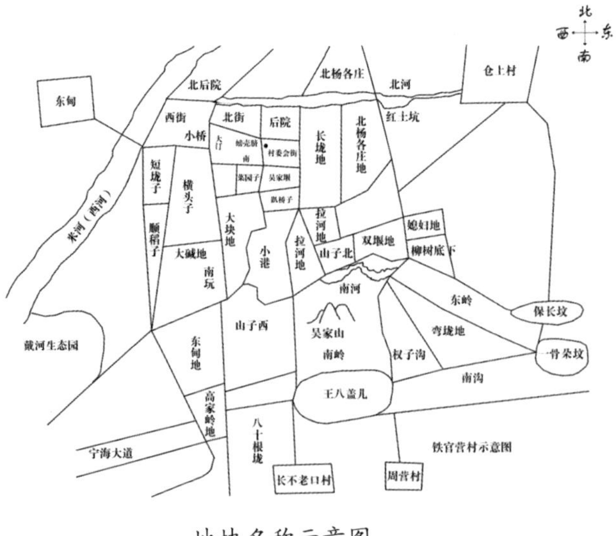

地块名称示意图

被砖厂占用。

杈子沟。吴家山东侧与山子东有一片地，因地中间有条从南沟通向西北南河的小水沟，将地分为两片，因而称杈子沟。20世纪60～70年代，这里曾经种过杂交高粱（九股分杈）。修建砖厂以后，长年在此取土，挖出一个大坑，形成一个鱼塘。

柳树底下。位于东岭北侧，东与仓上村地块接壤，因此地原有一颗歪脖儿大柳树而得名。

媳妇儿地。北杨各庄去北戴河之路东大道路东，柳树底下西侧，属第二生产队地。其地名来源有三种说法：第一种说法是此地埋着一位孝顺媳妇；第二种说法是该地原来由一个婆婆和一个儿媳妇种着，叫婆媳地。后来婆婆死了，由儿媳妇耕种，改称媳妇地了；第三种说法是媳妇地邻近东大道，因北边大闺女、小媳妇到北戴河、牛头崖赶集经常从此地经过而得名。

双堰儿地。也作双雁、双沿儿。东大道路西，分南双雁、北双雁两块地，与媳妇地东西相对。因东大道西侧地势低，每到连雨季节，由仓上南沟和东岭雨水漫流而下，造成庄稼倒伏，且三五天水流不断。清末民国时期，村民为了保护下面农田免遭洪水危害，就修筑两道土堰。20世纪50～60年代，由集体统一经营，加大治理。小营庄段筑有一米多高的土堰，仓上村和北杨各庄村因地相连，联合修筑一米多高的土堰，土堰迄今尚存。故应叫“双堰地”。

南岭。位于吴家山与王八盖儿（属牛头崖镇长不老口村）之间，清朝时期东侧为林氏家族（北杨各庄林氏）墓地，西侧为马殿元家族墓地，有许多墓碑。因位于村南，又是岭地而称南岭，平整出100亩土地。20世纪70年代栽种果树。2016年修建宁海大道时被占用。

赵家坟儿。位于吴家山正北与南河南岸之间，1949年以前为北杨各庄村赵氏家族墓地，相传有位叫赵玉的人死后埋到此地，叫赵玉坟，后来赵氏家族人死后，都埋在此地，改称赵家坟。

八十垄。位于吴家山西南侧，地势比较高，南与长不老口地接壤，西与东甸地接壤。位于路西，垅南北走向，正好八十根垄。

山子西。在八十垅北侧，与东甸地块接壤，因地处吴家山以西而得名。原为小营北街潘氏、东甸潘氏和高家岭潘氏家族墓地。

短垄子。在山子西西南侧，与高家岭村地块接壤，因垄比较短而得名。

山子北。位于吴家山北侧，南河北岸，路西拉河地属第一村民小组，路东山子北属第二村民小组。1970年代这里曾种过小麦。

山子北稻田

拉河（láhér）地。位于趴桥子南侧、南河北，变压器道西，小港东侧，属第一村民小组。原来老路由趴桥子斜穿拉河地，到南河上岭，受雨水冲刷，路面较低，两边田地高，连雨季节，岭上土地吃足水分，不断下渗，下边河道狭窄，水流受阻，故此河水沿老路像小河一样，向下边小港沟流来。时间一长，老道形成河。此路又经过多年冲刷，雨过天晴后，3～5天水流不止，像小河一样，故有拉河一称。此道为便于耕种，于1972年改道，由趴桥子向南到南河边再向东，过河再上岭。拉河地东北有个水坑，水坑西侧原有一座地势低洼的小桥，人称“趴桥子”。20世纪70年代修建倒虹吸槽时，“趴桥子”被埋在路基下。河水经过趴桥子流向吴家堰南侧水沟。

小港（jiǎng）。读作“小蒋”。位于拉河地西侧，趴桥子南侧。因地势低洼，常有积水，泥泞不堪而得名。属第二村民小组。起初，这里属于盐碱地，种植高粱、玉米，产量低下，亩产100 ~ 150千克，后来改种水稻。

吴家堰。村南街正南至趴桥子，与小港之间有条水沟相隔，河水从爬桥子向西流去，再往南流入南河，属第一村民小组。相传过去老吴家在这里修过堰坝挡水而得名。

长垄地。位于村正东，因南北垅比较长而得名。南北长约400米，4根垄即一亩地。1949年前属北杨各庄大地主王东阁家。最东侧属第一村民小组，东与北杨各庄村土地接壤；西侧靠近庄头也叫长垄地，属第二村民小组。

大碱地。位于南坑（南沟、官沟）东西两侧，坑西称大碱地，属第二村民小组，占地约100亩。大汀至南坑东侧地块称为大块地，属第一村民小组，与大碱地东西对应。因早年这片地冬季里起一层白色盐碱而得名。过去种植高粱、玉米，产量不高。后改种水稻，把盐碱压下去了。习惯上把南坑西侧的碱地称为大碱地。

顺稻子。原称顺道地、顺道子，位于村西南侧大碱地西侧，南北顺着东甸村去长不老口村的大道而得名。此地紧靠道边，此道是早期去北戴河车站和牛头崖最近的一条道。村里把近道叫近便，也叫顺便，故称“顺道地”，属第二村民小组，因20世纪70年代这里曾经种过粳子，垄南北走向，与东甸至长不老口大道平行，故而称顺稻子。

横头子。位于西街南侧、大碱地北侧，东至大汀（qìng），西至东甸大道，因垄是东西走向而得名。

螃壳脐儿。南街西侧、北街南侧，村委会办公室西侧、大汀（qìng）东侧，原属第一村民小组地。因东侧宽、西侧窄，地形像母螃壳（螃蟹）肚脐一样而得名。原来种过玉米，后改种水稻。1990年代以后10多数户在此建民房，整块地被占用。

后院。南街北侧至北后坑之间，属第二村民小组。过去这里种过高粱、玉米、小麦等，因位于南街宅院后边而得名。1990年代以后这里新建民居，大部分被占用。

北后院。西街北侧至北河之间，属第二村民小组，东有一条南北走向的水渠，渠东属北杨各庄地界。因位于西街宅院北侧而得名。

河　流 铁官营地处平原，地势低洼，水源条件比附近的村要好的多。村境内主要有三条河流。

第一条南河。季节性河流。分为两支流。从村东南张家马坊、东岭、周营北岭一带下来的水，向养牛场、砖厂南流过，俗称南沟。南沟主要是第二生产队（2020年第二村民小组）坟地，野草丛生。河水从南沟向西流去，穿过北杨各庄至北戴河公路，向西北流去，到吴家山东北，与仓上村下来的水流会合；另一条支流是从仓上村西南经过媳妇儿地、双沿儿南侧，西南向砖厂北奔来，形成一个水坑，再向正西流去，俗称南河。河南岸杈

大汀

南坑

村东的长垄地

子沟，为第一生产队地，河北岸山子北，为第二生产队地。流经吴家山东北与南沟下来的水在此汇流，向西流去，河南北都是第一生产队地，再向西，沿着河沟，经吴家山北侧，河南北岸均为第一生产队地，再向西北流去，穿过铁官营村至长不老口村土路，河南岸即东甸村地，河北岸为第二生产队稻田地，地名叫小港（jiǎng）；沿河沟再向西流，与从北边大汀流过来的南坑水汇流，南坑西侧为第二生产队稻田，地名大碱地（种水稻以前，冬季里地表面起一层白色盐碱，故名。原来种玉米，产量不高，后改种水稻，将盐碱成分压入地下）；经大碱地南向西南流去，入米河。庄正南和西南大碱地为水稻田，其他为旱田。大碱地西侧地块叫顺稻子，为第二生产队地，南北垄，与东甸至长不老口土路平行，过去曾种过粳子，故称顺稻子。

第二条北河、西河。常年性河流。村西北有一条河流叫米河，发源于深河乡马驿沟村北清河塔寺一带，从深河下来，经华义庄、郑家店、北杨各庄村西，流向铁官营村北，俗称北河。从李国彬家正北至北河有一条渠，渠东为北杨各庄村地，渠西为第二生产队地，地名叫北后院，过去种白薯。北河再向西南流去，经村西马胜林家西侧，与东甸交界，称为西河。过去西街主要街道，经此可通往东甸村和榆关镇。1992年西河大桥修好后，此路荒废。西河向西南流，流入小米河头村地界（戴河生态园），经大米河头村再折向东南流到北戴河村、东坨头村、西坨头村、西古城村西，经戴河口入海。北河、西河常年有水，夏季洪水暴发，从上游冲下来很多河沙，砂质优良，是上等的建筑用沙。生产队时期，2个生产队用马车、骡子车往北戴河车站运送，主要卖到天津、唐山一带。1983年实行家庭承包责任制以后，由于雨水渐少，河道破坏，可用的河沙越来越少。

第三条北沟。季节性河流。村北有一条从北杨各庄村东南和仓上村岭坡下来的河流，经过北杨各庄村东南、仓上村西交界处的红土坑，水面约有3亩，坡上正东丘陵属仓上，北部属北杨各庄村，因土呈红色而得名。20世纪60～70年代，红土坑南岸原有一棵歪脖老柳树。河水从红土坑向正西流，流到长垅地北，再向西形成若干个大大小小的水坑，距南街约100米有一个水坑，由北杨各庄村南大柳树旁大水坑西南流之水于此处会合，向正西流至张祥来家院墙后又形成一个大的水坑，俗称北后坑，这条水沟俗称北沟，经潘庆章家院北，又形成一个大坑，叫北坑。北沟中有鲶鱼、鲫鱼、鲤鱼、草鱼，岸边有蒲草、菱角，蒲草穗花棒叫乌米，能食。20世纪60～70年代，坑边低洼地种植红麻、白麻，秋后收割，泡到大坑里，第二年取出，剥出麻线，制成麻绳（比较细，用于衲鞋）、傻绳（比较粗，捆绑东西或拉拽东西用）。潘庆章家院北大水坑西侧原有一座小庙，过去村里人去世后，家人在庙前哭祭，俗称吵庙。大坑水向南流，约有20米，潘占伟

砖厂西侧南河水塘

家西南侧有一座低矮的、用条石搭成的石桥，俗称“小桥”。一到雨季，下大雨时，河水漫过小桥，两岸不能通行。坑边长有蒲草，每到秋末割蒲草，晒干，编草鞋、蒲垫、床垫等。从小桥向正南流又形成一个大坑，叫“大汀”（qìng）。20世纪60~70年代冬季经常挖河泥积肥，水多时有一人深，大人孩子经常在此洗澡（游泳）、摸鱼，冬季在此溜冰、划冰车。大汀中有鲫鱼、泥鳅、鲤鱼、嘎鱼、白票子、河虾、螃蟹、王八（甲鱼）等，每年夏季王八爬上坑西第一生产队白薯地下蛋，俗称王八蛋。夏季里，坑水较多，浇灌稻田。未发水前，在河里洗澡，皮肤上长疙瘩，一般发两三次水后，再下河洗澡就不长疙瘩了。20世纪80年代以来，由于冬季不再挖河泥了，加之村中垃圾倾倒到坑内，坑越来越浅了。大汀西侧地名叫横头子。大汀东侧地块称螃壳脐儿，原是第一生产队的一片稻田，20世纪90年代以后，第一村民小组、第二村民小组部分村民在此盖房。从大汀再向南流200~300米，流入一个水面5~6亩的大水坑，最深处2~3米，叫南坑（其实原本叫“官坑”，过去由于村民常年都到此地取土垫猪圈，后称作“光坑”。因位于村西南现在大家都称之为“南坑”），是铁官营最大、最深的水坑。20世纪60~70年代冬季农闲时节，生产队组织社员下河挖淤泥积肥。坑边长着蒲草。夏季男孩子们在这里洗澡、捉鱼。南坑西侧即第二村民小组稻田地，因冬季里地皮表面出一层白色盐碱，俗称大碱地，20世纪70年代以前种植玉米，产量不高，后改种水稻。南坑东侧即第一村民小组稻田地，叫

村西米河治理后景观

大块地。20世纪60～70年代，稻田地、水坑中常见到野鸭子、刁鱼郎等水鸟，不时地飞上坑边的树上，到2020年早已无踪迹。南坑向西南流200～300米，抵达东甸村地界，与南河汇流，向西南流入米河（2020年戴河生态园上游）。

气　候　铁官营村北有高山（距抚宁县背牛顶10余千米）阻挡，南邻渤海湾（距北戴河海滨12.5千米），冷暖气流交会于此，属于暖温带半湿润大陆性季风型气候，四季分明。1949～1985年，年平均降水量在740毫米左右。后由于大气环境变化，降水量有所减少。1979～2002年，年平均降水量达到620毫米。春季干燥少雨多风，年平均降雨70毫米左右，春旱几乎连年发生。夏季炎热、潮湿，雨量充沛。北部背牛顶、祖山一带形成的冷空气流与南部渤海形成的热空气流交汇于此，有较大的降雨过程，夏季3个月形成的降雨量占全年降水总量的四分之三左右，时常造成洪涝灾害。1969年降雨量达到历史最高水平（1165毫米），1982年降雨量下降到历史最低水平（390毫米）。秋季，天高云淡，冷暖适中。冬季寒冷多风，干燥少雪。

铁官营村光照充足，年平均日照时数2740小时，平均每天日照7.5个小时。该村地处中温半湿润气候区，雨量和热量条件适中，春季回暖缓慢，秋季气温高，作物生长季节长。全年平均气温10摄氏度左右，最高气温达到38摄氏度～39摄氏度，最低气温达到零下24摄氏度。1月气温最低，平均气温在零下6摄氏度左右；7月气温最高，平均气温25摄氏度左右。初霜期在10月14日前后，终霜期在4月22日前后，1949～1985年无霜期平均174天，1979～2002年增加到187天。适合玉米、白薯、水稻、小麦、高粱、谷子、土豆、花生等多种作物生长。

村居•交通

民　居　铁官营村落较小，有三条大街，错落分布为南街、北街、西街，口头称南头、北头和西头。村落街道东西长400米，南北宽200米。20世纪70年代以前，老民宅分布如下。

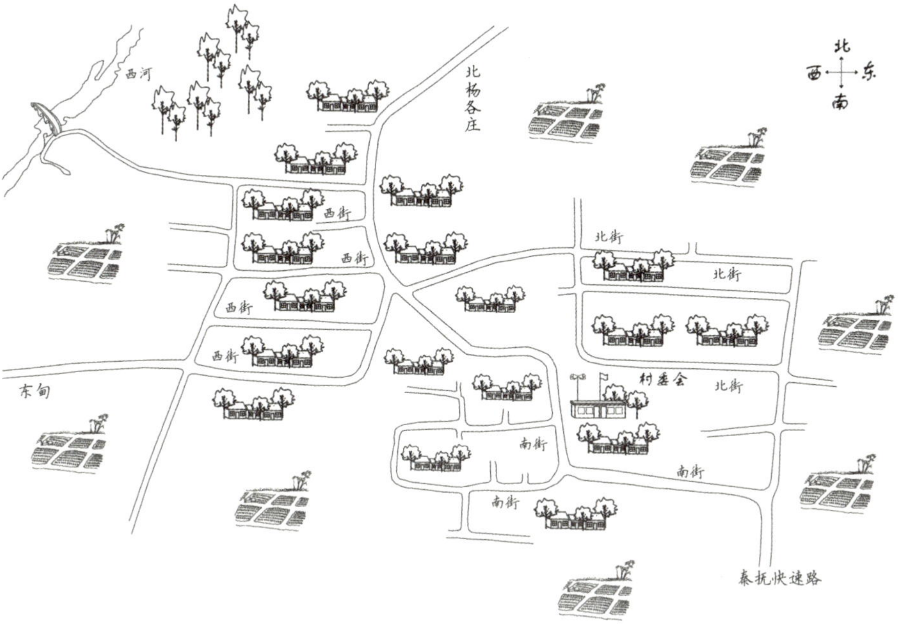

2020年铁官营村落街道分布图

南街远眺

南街，主要分布林氏、周氏、李氏、潘氏四大姓。

东边数第一家林茂荣家（正房三间）、第二家李润林家（正房五间）、第三家马殿元家（正房三间，今李彦吉家）、第四家老周家（周兆祥正房三间、周兆龙东厢房三间）家，第五家李文光（潘作芝）家、第六家李庆峰（南院三间，南为大车门）李庆先（北院三间）家、第七家大杂院（大队部五间，南排；周鸣鸾、周兆兴家，东偏房三间；潘振起家，西偏房三间；北排李庆云家，北院五间）一条街。

20世纪70年代以后，林茂荣（今林尚柱）家往东南排为李彦明（今李文革）家、周秉政家，周秉成家，最东为潘德明（今潘树彤）家；北排有周秉武家、周秉田家。20世纪90年代以来，村部、磨米厂道西螃壳脐儿新建有林尚东、潘占伟、李文佐等10余家。道南东为潘森家，西为周鸣鹤（今周兆昌）家。

北街，主要分布王氏、徐氏、张氏、宋氏、杨氏、潘氏。

东数第一家迁建户宋稳（今宋有安）家，第二家迁建户杨树声（今杨纯怀家），第三家王廷顺家，第四家供销社，第五家第二生产队队部、饲养处。20世纪80年代以后新建部分：宋有安家往东有林尚齐家、王金良家、王金海家、李彦吉家（李文权）、周秉华家、杨纯思家、宋喜家、最东为周秉

北街南侧街道

申家。2006年以来，后院又建起两排二层住宅、25户人家。

道北东数第一家徐金志家（正房一间半，属第二生产队），第二家（张祥来家，北边正房三间；张万林家，东偏房三间，均属第二生产队），第三家马俊峰家（正房三间，属第一生产队），第四家杨守先家（正房三间，属第二生产队），第五家（潘庆荣，南边西偏房三间；马俊华，南边东偏房三间；北边潘庆章家正房五间，均属第一生产队）。20世纪70年代以后，徐金志家东侧王金良、潘作臣等建有民宅。

西街，主要分布马氏、张氏、杨氏、潘氏、王氏、李氏，以马姓为主。

东数第一家李国彬家，第二家（张永贵家，北边正房一间半，租李树荣弟弟李树棠房一间半；潘庆成家，南边西偏房三间），第三家（马云庆家，中间正房三间；南边西偏房三间三子马兆林家；东偏房三间长子马杰林家；北边西偏房马逢顺家；饲养队，后王洪志家买下），第四家（正房三间，东边马印家，西边马义家。门口有

西街街道

铁官营村委会西侧水泥路

棵大柳树，树上悬挂着一段铁轨，第一生产队上工时敲钟之用），第五家（马德林家正房东屋二间；南边东偏房三间马德林次子马俊甫家；马永林家正房西屋二间及南边西偏房三间；马国林家北边东偏房三间；马仲林家北边西偏房），第六家杨润身（正房五间，王克俭家租住南边西偏房三间）家，第七家马和林家（正房三间），第八家（马成林家东正房四间；马兴林家南边东偏房三间；马云廷、马胜林家西正房三间）。20世纪70年代，烈属温桂兰家、潘庆芳（潘占甫）家、马俊秋家在李树荣家东侧各建房屋三间，北部王克俭、王克志家建房三间。

道南一个大院内住着马正林家（今马俊才、马俊令家，东边正房4间；马俊英家，西边正房4间）。其东侧为搬迁户刘长春（子刘连甫）家（原在紫草坞小学对面西侧居住，1957年从东北搬到小营）。西侧为迁建户陈信峰（李玉、陈玉、陈祥）家。路西为第一生产队队部及饲养处，1983年生产队散伙后卖给个人。

其他建房都是1983年生产队散伙前后建的。

1961年成立小营生产大队时，按照全村土地、人口数量划分2个生产队，2个生产队土地、人口平分，基本上是以小桥为界，小桥东为第二生产队，小桥西为第一生产队（小桥东、道北仅有马俊峰家、马俊华家、潘庆章家、潘庆荣家属第一生产队）。20世纪90年代以来，新建住宅第一村民小组和第二村民小组界限就不明显了。

清末南街李润林家老宅

1949年后盖的老院

2011年以后村民盖的二层楼房

2011年以后村民盖的二层楼房

中华人民共和国成立以前，农村建房都是砖瓦房；此后改建为平顶土心房（房顶为粘黄土）；20世纪70年代，民房都是砖木结构，焦子顶，一般为三大间，一铺炕能睡4个人，一大家子6口左右人挤在三间房内，人口多的家庭不得不搭南北两铺炕，屋内空间狭窄。20世纪80年代以来，多是钢筋混泥土结构；进入2000年以来，民房多为2层小楼，有卧室、厨房、卫生间、洗澡间、客厅、餐厅等，与城里人居住条件相差无几。大多数家庭都是老人一处房，孩子一处房。

桥　梁　村南百米有一条小河，从东部仓上村岭坡地下来的河水经过长垄地南头向西流去，形成一个水坑。1949年以前在水坑西侧建一座小石桥，由于地势低洼，俗称“趴桥子”。20世纪70年代左右，打机井，种水稻，修建引水渠，在此建倒虹吸槽，趴桥子被埋到地下。趴桥子东侧大水坑内有蒲草，有鱼、虾、青蛙等。20世纪90年代改为水田。

原村南趴桥子现状

庄西第二生产队与第一生产队交界处有一条从北后坑流来的河流，经过潘庆章、潘占伟家西侧大水坑向南流入大汀，河水将西街与北街、南街隔断。早些年曾在这里建一座简易小石桥，人称“小桥”，河水经过小桥向南流入大汀、南坑。

村西大铁桥

庄西西河与东甸交界处为米河，过去老百姓去榆关，都需要从马胜林家西侧趟河而过。1992年，榆关镇政府、铁官营、东甸三方共投资15万元，在村西南侧建一座长30米的水泥大桥，村民从此不再饱受趟河之苦。

道　路　铁官营村位于宁海大道路北1千米，戴河生态园东北1.5千米处。过去，铁官营村距离北戴河、深河、榆关大约4～4.50千米，南距北戴河车站（南杨各庄）5千米，海滨刘庄12.5千米，东南至秦皇岛17.5千米，西至抚宁县城17.5千米，都是土路，交通十分不便。早年形成的三条主路：一条是从庄南到东大道，经周营或长不老口到北戴河村的土路；一条是从庄北，经北杨各庄、郑家店、华义庄、大小毛义庄，通往深河；一条是从庄西，经紫草坞、沙河或韩义庄，通往榆关。1943年，日本侵略军为加强北戴河与深河之间的军事联系，到沿线各村抢抓民夫，强迫民工修建了北戴河车站至深河镇之间的简易公路，途经北戴河庄、周家营、小营、北杨各庄、郑家店、华义庄、毛义庄等村，铁官营村人称之为东大道。

村西小桥（原第一生产队、第二生产队分界线）

早期富裕人家都是骑驴赶集上店，一般人家都是靠步行。20世纪70年代以前，交通工具骡马车、洋车子（自行车）。20世纪80年代开始出现摩托车、小四轮、小手扶，20世纪90年代开始出现三马车和汽车。2000年以来，群众赶集上店乘坐面包车。到2012年，全村共有拖拉机10余辆，三马车30余辆，汽车20余辆，摩托车100余辆、自行车100余辆。到2020年年底，全村共有轿车78辆、卡车2辆、农用三轮车10多辆、电动自行车200多辆。现在村民出行近途骑电动自行车、摩托车，远途开汽车，去抚宁城区、秦皇岛市中心可乘45路、906路、49路公交车。

2016年5月修建中的宁海大道（南沟一骨朵坟段）

过去的道路都是土路，一遇雨季，道路泥泞不堪，行走不便。2004年，村村通工程实施以后，修建了榆关至铁官营村水泥路。2011年，村内各主要街道修建了水泥路。

孟繁星任铁官营村党支部第一书记(上)
为民讲解种植技术

2015年，开发区城市发展局干部孟繁星任铁官营村党支部第一书记（2017年3月，任职期满，调回）。是年秋，实施“一事一议”工程，村委会广场得到硬化，村内安装太阳能路灯30多盏，路旁栽植樱花树等。2016年，秦皇岛开发区对村内大小街道的垃圾进行了全部清理。投入资金2万余元，出动7台工作车辆清理村内的杂草、路障、土堆、粪堆及杂物，切实解决了村里白色垃圾、乱堆乱放、侵街占道等问题。同时，进行了道路绿化、亮化。道路两旁栽种樱花树200余棵，并在道路两侧栽种卫茅等景观植被，共计绿化街道600多平方米，安置太阳能路灯30盏，实现了村主要道路全部亮化，为美丽乡村建设增添了一道靓丽风景。

改造后的街景

道路实现硬化

姓氏·人口

姓　氏 铁官营村始建于清顺治年间，民族皆为汉族。据1983年12月抚宁县地名办公室编《抚宁县地名志》记载，清顺治年间，汪、温、袁、马四姓由山东迁此地落户。1981年，经村民马世林、马云庆介绍，汪氏、马氏从山东大柳树迁入。清同治、光绪年间，村内有林、马、李、杨、郑、刘、石、潘、徐、陈、赵、张、何、程等姓。300多年来，由于人口流动较大，如今铁官营村汪、温、袁、郑、刘、陈、石（1949年以后迁入者和外村嫁入者不算在内）等姓已经不复存在。到2020年，村内以马姓最多，潘姓、李姓次之，王姓、周姓又次之，杨姓、张姓、徐姓、林姓略逊之。

人　口 铁官营村人口规模较小，发展比较缓慢。村民均为汉族。1948年4月18日抚宁县委组织部抚宁县第五区党员登记表显示，小营村共有48户，223人，其中，男112人、女111人。据1951年小营村收支账记载，全村共有53户：马云廷、马云起、杨润身、马和麟、马成麟、马德麟、马中麟、马逢春、马云庆、李廷栋、张永贵、潘殿勋、马逢山、李树荣、王洪志、马正麟、马祥麟、杨守俭、潘殿魁、潘占林、潘殿卿、杨毓（玉）秀、杨守先、杨守国、马世麟、刘桐林（五保户王柏山女婿）、张万林、张柱、马庆麟、徐振才、王廷顺、潘振江、周鸣贺（鹤）、周鸣鸾、李印福、潘振雨、刘克明、潘殿云、周鸣春、李庆山、李贵（桂）清、李文光（潘作芝）、潘振起、潘振东、周鸣山、马刘氏、马荫（印）、庞玉安、林国秀、周兆祥、周兆隆（龙）、李文德、林国富。（以后马氏“麟”字辈均写成“林”）。

1951年12月，抚宁县委组织部党员清册记载，1951年年底，全村共有53户，260人，其中，男127人，女133人。据1954年5月5日统计，小营村共有52户，总人口246人，其中，男117人，女129人。1956年4月4日统计，小营村1955年有人口258人。1958年12月统计，全村有57户，总人口259人，其中，男128人，女145人。1959年，有58户，258人，其中，男133人，女125人。1961年2月24日统计，小营大队共有62户，总人口244人，其中，男123人，女121人。1961年6月底，有62户，265人，其中，男130人，女135人。1962年，共有63户，人口267人，其中，男133人，女134人。1963年12月底，有62户，272人，其中，男138人，女134人。1964年，共有62户，270人，其中，男、女各135人。1965年，共有62户，272人，其中，男138人，女134人。1966年，共有64户，总人口276人，其中，男女各138人。1969年，有67户，330人，其中，男174人，女156人；农业人口329人。1970年，共有73户，总人口337人，其中，男176人，女162人。1971年，总户数67户，总人口341人，其中，男176人，女165人。1973年，总户数73户，总人口343人，其中，男171人，女172人。1974年，共有73户，341人，其中，男170人，女171人。1976年，共有77户，358人，其中，男173人，女185人。1981年，总户数87户，377人，其中，男185人。1981年10月31日统计，全村96户，373人。原统计数据户数为77户，经核查为96户，其中，人户分离9户，有户口无人数9户，其中，人在外市县居住一年以上的（合同工、临时工）7人；人在秦皇岛市县居住半年以上的2人，其中，搬家户口未迁的1人，结婚户口未迁的1人。1982年7月31日人口普查时，全村总户数100户，总人口381人（第一生产队182人，第二生产队199人；男195人，女186人），其中，出生12人（男5人，女7人），死亡2人（女2人）。人口的文化程度：高中32人，占总人口的8.40%；初中62人，占总人口的16.27%；小学180人，占总人口的47.24%；不识字或识字很少的60人，占总人口的15.75%（其中，12周岁以上的52人）。其中，0～5周岁47人。到1982年底统计，全村87户，378人，其中，男性186人。本年出生3人，死亡3人；本年迁出6人，本年迁入7人（其中省外2人）。1983年12月30日统计，有87户，386人。1992年12月12日统计，全村总户数111户，总人口392人。1993年，112户，396人。2009年，123户，419人。2012年，159户，451人。2018年，191户，464人。到2020年，全村共192户，470人，其中，男237人，女233人，男女比例101.7:100，大致平衡。18周岁以下共85人，占村人口总数的18.09%；19～60周岁的265人，占村总人口的56.38%。

1946年以后，铁官营村人口发展呈现如下特点：

户均人口规模逐年减少。中华人民共和国成立以前，群众观念中以“四世同堂”“五世同堂”为美，是一个家族和睦相处的象征，一个家族为一大户，因而每户人口较多。据1965年4月25日调查，1946年土改前，全村10人户有4户，5～9人户21户，3～4人户9户，1～2户6户。1965年4月调查，全村10人以上户2户，最多的1户12人（包括在外人员1人），5～9人户29户，3～4人户13户，1～2户12户。20世纪60～70年代以后，大多数年轻人结婚后，都与父母分家另过，单独立户，户数越来越多，每户人口数量越来越少。全村总户数从1948年的48户增加到2012年的159户，总人口从1948年的223人发展到2012年的451人，每户人口数从4.65人减少到2.84人。2020年，470人，每户平均2.45人。

性别比例基本平衡。1948年，全村223人，其中，男112人，女111人，男女比例：1.01：1，基本平衡。1951年男少女多，男女比例为0.95：1，接近平衡。1954、1955年，持续下滑，男女比例为0.9：1。1959年，出现男多女少趋势，男女比例发生逆转，为1.06：1。1961年，男女比例接近平衡，为1.02：1。1962年，0.99：1；1963年为1.03：1。1964～1966年，达到1：1。1969年，1.12:1，再次出现男多女少现象。1970、1971年男女比例为1.06～1.09：1。1973、1974年，男女比例0.99：1。1976～1981年，男女比例为0.96：1。1982年7月31日人口普查时，全村人口381人，其中男195人，女186人，男女比例为1.05:1。1985年，男女比例0.88:1。1986年，男女比例0.87:1。1988年，男女比例0.94:1。2012年，男235人，女216人，男女比例为1.09：1。2020年，男237人，女233人，男女比例50.4:49.6。总之，男女性别比例始终处于一种动态性平衡，变动幅度0.9～1.09:1。1989年，女子外嫁与考入高等学校导致男女比例失调是主要原因。

人口老龄化严重。1982年7月31日普查时统计，全村65岁以上老人21人（其中男9人，女12人），占全村人口总数381人的5.51%。到2012年，全村65岁以上老人76人，占总人口451人的16.85%。铁官营村人口老龄化非常严重。导致人口老龄化的因素主要有：一是近年来考入高等院校人数增长较快；二是人口出生率较低，只有独女户放开二胎生育。到2020年，全村470人中，60周岁以上的83人，占总人口的17.66%，其中65岁以上的40人，占总人口的8.51%。

人口年龄结构如下。1982年7月31日人口普查时统计，全村10岁以下人数80人；11～20岁之间的有80人；21～30岁之间有79人；31～40岁之间50人；41～50岁之间31人；51～60岁之间32人；61～70岁之间14人；71～80岁之间11人；81～90岁之间3人（其中82岁男1人，83岁女2人）；91岁1人。2012年，全村60岁以上96人，占总人口的21.24%；其中，民国12年（1923年）以前出生（90岁以上）1人（女）；1924～1933年出生（80岁以上）14

人（男8人，女6人）；1934～1943年（70岁以上）：26人（男11人，女15人）；1944～1953年（60岁以上）55人（男28人，女27人）。20～59岁272人，占总人口的60.18%；其中：1954～1963年出生（50岁以上）71人（男38人，女33人）；1964～1973年出生（40岁以上）71人（男35人，女36人）；1974～1983年出生（30岁以上）61人（男33人，女28人）；1984～1993年出生（20岁以上）69人（男29人；女40人）。19岁以下83人，占总人口的18.36%；其中1994～2003年出生（10岁以上）40人（男25人，女15人）；2004～2012年出生（10岁以下）43人（男28人，女15人）。2018年，全村464人中，60周岁以上的110人，占人口总数的23.71%（其中65周岁以上72人，占15.52%）；18～59周岁的269人，占总人口的57.97%；18周岁以下的85人，占人口总数的18.32%。

姓氏结构。在2012年总人口中，马姓79人，潘姓53人，李姓、王姓均为46人，张姓34人，周姓31人，杨姓22人。另外，还有林、宋、徐、陈等姓，各有10～20人。到2018年，全村464人，其中男233人，女231人，分别占总人口的50.2%、49.8%，男女比例基本持平。2018年，在全村姓氏中，马姓占全村总人口的15.9%，全村第一大姓；潘姓占12.9%，第二大姓；李姓占11.4%，第三大姓；王姓占8.41%；周姓占7.54%；杨姓占3.88%；张姓占2.80%；徐姓占2.59%；林姓占2.16%。到2020年，马姓89人，占全村人口总数的18.94%；潘姓59人，占人口总数的12.55%；李姓56人，占人口总数的11.91%；王姓53人，占人口总数的11.28%；周姓36人，占人口总数的7.66%；张姓30人，占人口总数的6.38%；杨姓28人，占人口总数的5.96%；宋姓19人，占人口总数的4.04%；徐姓15人，占人口总数的3.19%；林姓12人，占人口总数的2.55%；陈姓10人，占人口总数的2.13%。

1948—1966年部分年份铁官营村人口发展情况表（一）

表2　　　　单位：人

年度	总人口	性别		劳动力	性别		出生	性别		死亡	性别	
		男	女	总数	男	女	总数	男	女	总数	男	女
1948	223	112	111									
1951	260	127	133	60								
1954	246			92	42	50						
1955	264	125	139	70	37	33						
1958	259	128	145	84	45	21						
1959	258	133	125	63	42	21						
1962	244	123	121	74	37	37	10	5	5	4	2	2
1963	271	139	132	96	71	25	12	8	4	2	2	
1964	270	135	135	119	75	44	11	4	7	8		
1965	272	138	134				6			3	3	5
1966	276	138	138	111	64							

1969年—2012年部分年份铁官营村人口发展情况表（二）

表3　　　　单位：人

年度	户数	总人口	性别		劳动力	性别		出生	性别		死亡	性别	
			男	女	总数	男	女	总数	男	女	总数	男	女
1969	67	330	174	156	132	68							
1970	73	337	176	162				9			2		
1971	67	341	176	165	134			8			1		
1973	73	343	171	172	148	94	52						
1974	73	341	170	171	148	94	52	4			1		
1976	77	358	173	785	152	57	45	4			1		
1981	87	377	185		132	78	54	7			3		
1983	87	386			136		57						
1992	111	392			140	71		6	3	3	3	2	1
1993	112	396			220	200		9	3	6	3	2	1
2009	123	419			187	120							
2012	159	452	206	216					5	2	3		

劳动力结构。1949年以前，铁官营村土地贫瘠，单纯依靠种地养活不了全村的老百姓，小商贩3人，当长工的5人，卖短工的15人，到东北住地方的7人，有4户雇工。1951年，全村整劳动力60个，半劳动力16个（其中男

整劳力38个，男半劳力6个；女整劳力22个，女半劳力10个）。无劳力生产者7人，其中拐3人，寡4人。1956年，兴办高级社以后，劳动力主要参加集体生产劳动。20世纪60～70年代，农村劳动力主要从事农业生产劳动。1973年，劳动力148个，男劳动力94个（整劳力85个）；女劳动力52个（整劳动力45个），脱离本生产队的劳动力11人（参加社办文教业的3人，参加县以上水利建设的6人）。1981年，农村劳动力132人，其中农业劳动力129个，外出的合同、副业工3个。1982年，全村有劳动力134个，其中男劳力79个（整劳力40个）；女劳力55个（整劳力39个）；其中农业劳力124个，社办工业劳力4个，文卫、社会服务业劳力3个，外出合同、副业工3个。1983年实行家庭承包经营责任制以后，农村劳动力开始分化，逐步从农业生产中脱离出来，外出务工经商。1985年，实有劳动力143个，其中男劳力73个，女劳力70个。从事农林牧副渔业的93个（其中农业劳动力93个），工业劳动力50个，分别占劳动力总数的65%和35%。1986~1987年，全村有劳动力144个，其中男劳力74个，女劳力70个；农林牧副渔业劳力94个（其中农业劳力94个），工业劳动力50个。1992年，全村劳动力140个（男劳力71个，女劳力69个），其中从事农林牧副渔劳动力94人（农业89人，副业5人），占劳动力总数的67.14%；工业劳动力35人，商饮业3人，卫生、体育和社会福利事业2人，文教广播电视业2人，其他劳动力4人。1993年，实有劳动力211人（其中男劳力150人，女劳动力61人），其中从事农林牧渔业劳动力177人，占劳动力总数的83.89%；建筑业劳动力15人，交通运输、仓储、邮电、通信等行业劳动力7人，其他非农行业劳动力12人（其中外出合同工、临时工8人）。进入2000年以后，利用靠近秦皇岛郊区、开发区、北戴河海滨等区位优势，村内大多数青壮年外出打工，劳务输出规模日趋扩大，搞建筑、装修，当服务员、售货员、门卫、保安，开商店、维修部，跑运输，帮助种地收秋、种菜、栽花种草，老人和妇女在家种地、养牛等，使铁官营称为一个以劳务输出为主的专业村。到2010年，全村有劳动力230人，其中从事家庭经营的50人，占劳动力总数的21.74%；外出务工的180人，占总数的78.26%。2018年，全村劳动力269人，占总人口的57.97%。其中外出打工180人，占劳动力总数的66.9%；经商有30人，占劳动力总数的11.15%。2010年，划入开发区管理以后，特别是2013年10月土地被开发区征收以后，铁官营村群众以外出务工为主要收入来源。2020年，全村劳动力277人，占总人口的58.94%。全村有90多人在附近企业打工，占劳动力总数的32.49%；其余在外经商10多人，从事园林绿化10多人，从事保安10多人，从事泥瓦匠、木匠的10多人，跑运输的5人。

计划生育 中华人民共和国成立以前，铁官营村人结婚年龄大多数在17～22岁之间，最小结婚年龄曾有过11岁的，最大年龄有过24岁的。1959~1962年三年经济困难时期，人口出生率降到历史最低点。据榆关公社郑家店大队（含小营村）1960年农村公共食堂吃粮标准统计表，全大队共建立7个食堂，1974人参加食堂，平均每人每天吃粮不足300克。据不完全统计，从1959～1961年4年间全村仅出生5人。等到1962年经济条件略为好转，出现出生高峰期，1962年出生10人（男女各5人）；1963年出生12人（男8人，女4人）。1964年出生11人（其中男4人，女7人）。以后逐渐平稳。1989年8月出台《河北省计划生育条例》后，随着社会保障制度的逐步完善，传统的“养儿防老”的生育观念大为改变，从1990~1999年的10年间，共出生56人（其中男26人，女30人），年均5.6人。从2000年到2012年的13年间共出生52人，平均每年出生4人。2000年出生7人，2001年出生3人，2002年出生2人，2003年出生2人，2004年出生2人，2005年出生5人，2006年出生5人，2007年出生5人，2008年出生2人，2009年出生1人，2010年出生6人，2011年出生7人，2012年出生5人，2013年出生5人，2014年出生3人，2015

年出生4人。2015年10月，全面放开“二孩”政策。2016年出生5人，2017年出生7人，2018年出生4人。2013～2018年，全村出生28人，死亡25人。2019～2020年，共出生12人，死亡9人。到2020年，全村人口平均寿命80岁左右，比1950年增加10余岁。

耄耋之人 1949年前后，铁官营村平均寿命50～60岁。改革开放以后，随着农村生活水平的提高和农村合作医疗水平的改善，村民的健康水平不断提高，人们的寿命持续延长，村民寿命一般都在70～80岁。到2020年，全村80岁以上老人达到13人，占全村人口总数的2.76%；其中90岁以上3人，占全村80岁以上老人总数的23%。

2020年以前村中已故80岁以上者（按周岁计算）：

李文德，清咸丰八年（1858年）生人，1960年去世，享年83岁。杨玉峰，杨守先父，1965年4月25日登记阶级成分时85岁（1881年、清光绪七年生人），卒年不详。王柏山，张祥来姨，五保户，1965年登记阶级成分时85岁，卒年不详。马潘氏，马云庆母，马兆林祖母，1968年时84岁，卒年不详。李苏氏，闪水庄人，李文德妻，1890年生人，1972年春去世，享年84岁。潘郑氏，潘振东母，1965年登记阶级成分时85岁，20世纪70年代以后去世，享年90岁左右。李王氏，李庆峰母，1978年去世，享年83岁。潘陈氏，潘森母，1889年，1983年去世，享年94岁。周鸣鸾，1903年出生，1986年去世，享年83岁。周高氏，周鸣鸾妻，1900年出生，1991年去世，享年91岁。潘杨氏，潘作芝妻，1913年生人，2000年去世，享年87岁。张永贵，1920年出生，2004年11月去世，享年85岁。李庆云，1929年12月出生，2013年9月逝世，享年84岁。潘庆荣，1931年2月出生，2014年11月逝世，享年83岁。马玉珍，周兆祥妻，1924年5月出生，2014年11月逝世，享年90岁。王云舫，马永林妻，1931年12月出生，2015年9月逝世，享年85岁。周桂芝，李庆峰妻，1930年11月出生，2015年逝世，享年85岁。周兆兴，1930年5月出生，2016年6月逝世，享年86岁。张玉兰，潘森妻，1927年2月出生，2017年逝世，享年90岁。韩素范，马兴林妻，1920年11月29日出生，2017年10月27日（农历九月初八日）逝世，享年97岁。刘连茹，潘庆荣妻，1930年3月出生，2017年11月逝世，享年87岁。王金良，1940年2月出生，2020年1月去世，享年80岁；潘庆芳，1933年9月出生，2020年2月去世，享年87岁；马俊才，1931年4月出生，2020年6月去世，享年90岁；郭素贤，马俊英妻，1935年9月出生，2020年7月去世，享年85岁。

到2020年年底，全村80周岁以上老人（按年龄大小排序，共13人）：

李庆雨，1925年9月出生，95岁；马俊英，1928年9月出生，92岁；（宋有安，1928年12月出生，92岁，在村内居住，户口不在村里）；田桂荣，宋有安妻，1931年4月出生，89岁；张祥来，1931年11月出生，89岁；马俊令，1932年9月出生，88岁；马杰林，1934年1月出生，86岁；马淑芬，周兆兴妻，1934年12月出生，86岁；马瑞芬，李庆云妻，1935年12月出生，85岁；贲玉芬，杨润身妻，1937年12月出生，83岁；张桂英，李润林妻，1938年1月出生，82岁。林淑荣，女，马俊令妻，1939年2月出生，81岁；潘占林，男，1939年10月出生，81岁。

2020年95岁高龄的李庆雨

村级组织

中国共产党组织　潘作芝（化名李文光）是铁官营村第一名中国共产党党员，标志着铁官营村开始出现党的活动。1946年7月13日，潘振江第二个加入中国共产党；10月3日，周兆龙、李庆先（1947年参军）第三批加入党组织（周兆龙介绍人潘作芝，候补日期半年，转正日期“1947年4月5日”）；11月13日，杨守国第四批加入中国共产党（参军）。1947年8月1日，周鸣鹤（参军，后因病退伍）、马中林（一作“马仲林”，参军）、马德林（1947～1948年参军）、杨润身第五批入党（杨润身介绍人潘振江，候补日期3个月，转正日期“1947年10月1日”）；10月1日，马世林、马永林、李庆雨（1950～1953年参军）第六批入党（马永林介绍人周兆龙，候补日期半年，转正日期“1948年1月1日”）。到1948年4月4日统计，小营村共有党员12名，其中，贫农3人，中农9人；1945年1人，1946年4人，1947年7人。其中，参军调出4人，组织关系丢失2人。（1948年4月4日抚宁县第五区小营村党员登记表，县委组织部1948年关于第三、四、五区党员登记名册及统计表，永久第4卷）。

1945年9月，临抚昌联合县撤销，恢复临榆、抚宁两县建制，小营村属抚宁县管辖。1946年夏，小营村才真正建立共产党政权，在中共抚宁县委和第五区委的领导下，小营村成立农会组织，李桂青任农会主任，开展土改运动，按人口平分土地。村中设有村长、文书、治安委员、财粮委员、民兵中队长、农会主任等干部。周兆龙从临榆县区小队回到村中工作（1965年9月2日小营村四清工作队《关于小营大队“四清”运动的工作总结》称“1946年建政，1947年进行土改”）。

另外，1947年10月，迁建户杨树声在台营镇北台庄加入中国共产党（1966年1月从洋河水库库区村台营镇北台庄搬迁到小营村）。1948年4月5日，张永贵加入中国共产党。到1948年11月，小营村共有7名共产党员。

1947年4月，小营村创建党支部，周兆龙担任第一任党支部书记。当时铁官营村属于敌我拉锯区，时常受到榆关、北戴河、深河等据点国民党军队的骚扰，党组织开展秘密活动。村中还设有村公所，设村长1人，村文书兼会计1人，民兵中队长1人（1949年以后改为民兵连长），治保主任1人，粮秣委员1人，妇救会主任（1949年以后改称妇联主任）1人，团支部书记1人。有时党支部书记兼任村长，民兵连长兼任治保主任。村公所办公地点在杨守先家南侧（原第二生产队饲养处，1983年卖给周兆栓等家，地名叫“公所”）。

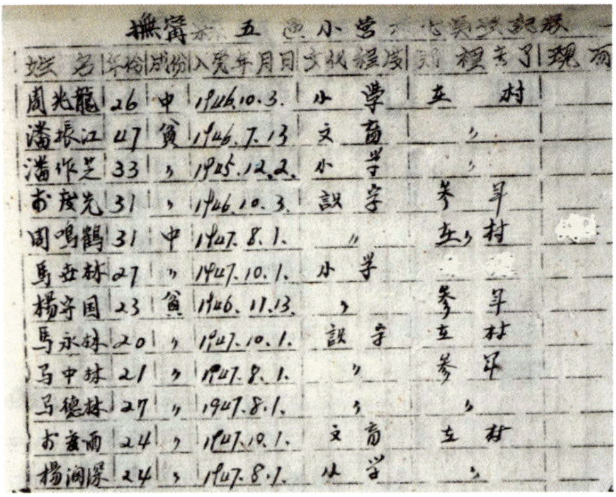
撫寧 [illegible] 五 区 小 营 [illegible]

姓名	年龄	成份	入党年月日	文化程度	[illegible]
周兆龍	26	中	1946.10.3.	小學	在村
潘振江	47	貧	1946.7.13	文盲	〃
潘作芝	33	〃	1945.12.2.	小学	〃
[illegible]庆先	31	〃	1946.10.3.	識字	参军
周鸣鹤	31	中	1947.8.1.	〃	在〃村
馬安林	27	〃	1947.10.1.	小学	
楊守国	23	貧	1946.11.13.	〃	参军
馬永林	20	〃	1947.10.1.	識字	在村
马中林	21	〃	1947.8.1.	〃	参军
马德林	27	〃	1947.8.1.	〃	〃
[illegible]	24	〃	1947.10.1.	文盲	在村
楊润深	24	〃	1947.8.1.	小学	〃

1948年4月小营庄党员登记表

1951年12月统计，小营村共有党员5名：支部书记周兆龙，29岁；组委潘作芝（化名李文光），36岁；宣委杨润身，27岁，党外职务民政助理；马永林，

24岁，党外职务公安员；张永贵，32岁。1955年，小营村共有258人，党员5名，占总人口的1.94%。

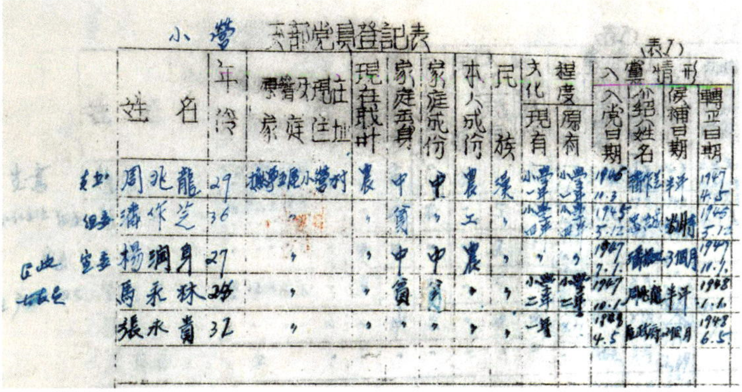
小營　支部党員登記表

（表1）

职务	姓名	年龄	籍贯及现住家庭住址	現在职业	家庭出身	家庭成份	本人成份	民族	文化程度 現有	文化程度 原有	入黨情形 入党日期	介紹人姓名	候補日期	轉正日期
支书	周兆龍	29	[illegible]小營村	農	中	中	農	漢	小学二年	小学二年	1946 11.3	[illegible]	半年	1947 4.5
组委	潘作芝	36		〃	貧	〃	工	〃	小学四年	小学四年	1945 5.12	[illegible]	[illegible]	1945 5.12
宣委	楊潤身	27	〃	〃	中	中	農	〃	〃	〃	1947 7.1	[illegible]	3個月	1947 11.1
	馬永林	26	〃	〃	貧	貧	〃	〃	小学二年	小学二年	1947 10.1	[illegible]	半年	1948 1.1
	張永貴	32	〃	〃	〃	〃	〃	〃	一年		1948 4.5	[illegible]	2個月	1948 6.5

1951年小营庄党支部党员登记表

1963年，小营大队党支部有7名党员：李文光（本名潘作芝，1919年生人），张永贵（1921年生人），杨润身（1924年生人），李庆雨（1925年生人），马永林（1930年生人），马俊峰（1930年生人，1959年8月1日入党），杨守先（1931年生人，1955年8月26日入党）。按照阶级成分划分，中农3名，贫农4名；按照文化程度划分，小学6年的4人，小学4年的1人，文盲2人。

据1964年12月24日统计，大队党支部有7名党员，其中，李文光，1962年任党支部书记兼大队长；马俊峰任大队会计，马永林任大队治保主任兼民兵连长。

1965年10月25日统计，全村共有正式党员8人（张永贵、李庆雨、杨守先、马俊峰、杨润身、马永林、李文光、杨树声）；预备党员3人（马素芹、潘作臣、李玉）。

1968年3月3日榆关公社成立了党政合一的政权机构——革命委员会后，小营大队革命委员会成立，大队长李庆雨任革委会主任，支部书记张永贵、民兵连长潘作臣任副主任，成员有副大队长杨润身、大队会计潘德明、贫协副主席马国林、团支部书记潘庆章、妇联主任马素芹、一队队长马永林以及杨守先、李文光（潘作芝）。同时成立群众专政小组，民兵连长潘作臣任主任，团支部书记潘庆章任副主任，李彦吉、潘少新、周秉武、王洪志、马俊甫、马俊英、马素芹为成员。潘庆章，1968年秋组织关系迁出。

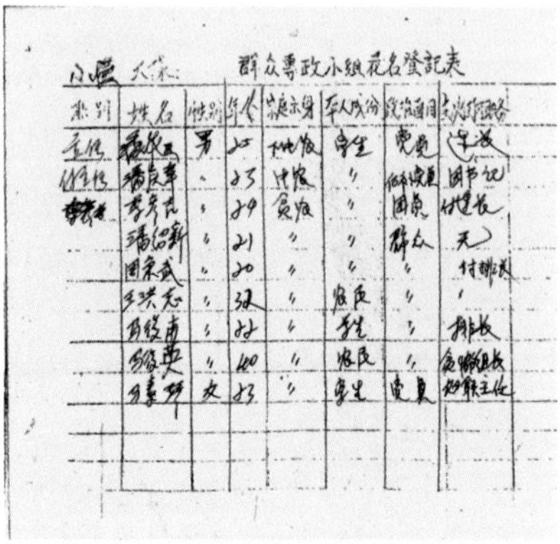
群众专政小组花名登记表

1968年小营庄群众专政人员名单

1970年，小营大队共有12名党员，其中，男性党员11名、女性党员1名，预备党员1名。

1971年12月26日统计，小营大队共有12名党员，支部书记李庆雨，副书记杨守先，支部委员张永贵、李彦吉、马素芹，党员有马永林、杨润身、马俊峰（第一生产队队长）、潘作臣（民兵连指导员）、杨树声（第二生产队保管员）、李玉、李文光（潘作芝）。其中，男党员11名，女党员1名；贫农9人，中农3人。25岁以下1人，26～35岁4人，36～56岁7人。初中2人，小学以下5人，文盲5人。

1974年7月7日，新纳党员3名（林尚齐，21岁，1974年12月14日组织关系调入部队）、张会珍（21岁，女）、陈祥（23岁）；去世1人（杨树声1974年7月1日病逝）。12月26日统计，小营大队共有14名党员，其中，支部书记、革委会主任李彦吉，副书记、副主任杨润身，支部委员李庆雨（治保主任）、马俊峰（一队队长）、杨守先（二队队长）、张会珍（妇联主任）、陈祥（民兵连长）、马永林（保管员）。

1980年、1981年，全村共有正式党员15名：党支部书记杨守先，副书记兼大队长马俊峰，副书记兼民兵连长林尚齐，妇联副主任张会珍，支委兼第二生产队指导员李庆雨，第一生产队队长陈祥，其余党员有张永贵、马素芹、李文光（潘作芝）、马永林（保管员）、杨润身、李玉、周秉成、潘作生（1978年1月入党）、潘瑞（1976年4月入党）。1982年，全村共有正式党员15名（马立勇于1981年4月29日在部队加入中国共产党，1982年4月29日转为正式党员，组织关系不在村里）。

1983年，全村共有正式党员14名：党支部书记杨守先，副书记兼大队长马俊峰，副书记兼民兵连长林尚齐，支部委员李庆雨，其他党员有张永贵、马素芹、李文光、马永林、杨润身、李玉、陈祥（第一生产队队长）、周秉成、潘作生、马立勇（1983年10月11日从部队复员调入村里）。

1984年，全村共有党员15名，其中，50岁以上有7名（李文光，68岁；张永贵，64岁；李庆雨、杨润身，59岁；马永林，56岁；杨守先、马俊峰，55岁）；30～49岁有7名（李玉，46岁；马素芹，女，38岁；陈祥，33岁；周秉成，32岁；林尚齐，31岁；潘作生，30岁；潘瑞，30岁）；29岁以下1人（马立勇，25岁）。按文化程度划分，高中2人（潘瑞、马立勇），初中1人（潘作生），高小8人（杨守先、马素芹、李文光、马俊峰、杨润身、陈祥、林尚齐、周秉成），初小2人（李庆雨、马永林），文盲2人（张永贵、李玉）。按家庭出身划分，贫农8人（李庆雨、张永贵、马素芹、李文光、马永林、李玉、陈祥、潘瑞），下中农5人（杨守先、林尚齐、周秉成、潘作生、马立勇），中农2人（杨润身、马俊峰）。

1986年，全村共有15名党员：李庆雨、杨守先、张永贵、马素芹、李文光、马俊峰、马永林、杨润身、李玉、陈祥、林尚齐、周秉成、潘作生、马立勇、潘瑞。到2012年，全村共有11名党员。

到2020年，铁官营村共有17名党员：李庆雨（1925年生人）、马素芹（1946年生人）、陈祥（1951年生人）、周秉成（1952年生人）、林尚齐（1953年生人）、潘作生（1954年生人）、潘瑞（1954年生人）、马立勇（1958年生人）、潘德忠（1968年生人）、陈志强（1974年生人）、潘德新（1978年生人）、周秉和（1980年生人）、杨冬杰（1988年生人）、周文杰（1988年生人）、潘慧慧（1992年生人）、张倩（1993年生人）、李昂（1997年生人）。

几十年来，村党支部一直重视党的思想、政治、组织建设，发挥了党支部的战斗堡垒作用和党员的先锋模范作用，党支部的凝聚力、战斗力不断增强，在群众中的威信日益提高。一是坚持三会一课制度，认真过好组织生活，搞好民主评议党员。支部下设两个党小组。支委会每月召开一次，党小组会每月召开1～2次，因党员人数少，党小组会一般与支委会一起召开，党员大会每季度召开一次。支部书记讲党课每季举行一次，根据上级党委的要求，联系党员思想实际，选择党课内容，有针对性地解决实际问题，做到有的放矢。每年第四季度支部召开一次组织生活会，在搞好谈心谈话、认真查摆问题的基础上，开展批评和自我批评，明确整改方向，逐一整改落实。在组织生活会上，开展民主评议党员，组织党员对照《党章》要求和党员标准，联系个人实际，按照个人自评、党员互评、民主测评要求，进行党性分析，查摆问题，进行批评与自我批评，按照优秀、合格、基本合格和不合格四个等次，对每名党员进行投票测评。认真贯彻执行民主集中制，充分发扬民主，集思广益，集中大家的智慧和力量，把党支部建设成为“攻无不取、战无不胜”的战斗堡垒。二是加强政治理论学习，搞好思想武装工作。70多年来，村党支部始终把思想政治建设作为党支部建设的首要任务，积极组织全体党员学习马列主义、毛泽东思想、邓小平理论、“三个代表”重要思想、科学发展观、习近平新时代中国特色社会主义思想，坚持用科学的理论武装党员干部的头脑，在大是大非面前，站稳立场，明辨是非，态度坚决，旗帜鲜明，坚决与党中央和各级党委保持一致，不断增强“四个意识”（政治意识、大局意识、核心意识、看齐意识），强化“四个自信”（道路自信、理论自信、制度自信、文化自信），做到“两个维护”（坚决维护习近平总书记党中央的核心、全党的核心地位，坚决维护党中央权威和集中统一领导）。三是坚持标准发展党员，注重发挥党员的先锋模范作用，严格党的纪律，保持党的先进性。党支部十分注重培养入党积极分子，由老党员搞好传帮带，严格党员标准，成熟一个发展一个。为发挥党员的先锋模范作用，接受群众监督，每个党员户门前悬挂共产党员牌子，增强党员的光荣感。党支部不断提高党员队伍素质，在急难险重任务中培养、锻炼和考验党员，凡是铺桥修路、农田水利建设、外出修工等任务，都是由共产党员先上，发挥带头示范作用。1952年以后，为响应中央组织起来、走农业合作化道路的号召，李文光、马永林、杨守先、杨润身等带头兴办互助组、初级农业生产合作社，到1956年全村全部加入旭光高级农业生产合作社，1958年9月又都全部加入榆关人民公社。1960～1970年代，先后10多名党员、团员、民兵到洋河水库、大黑汀水库、北庄河水库、鸽子塘水库等工地施工。1983年上级号召发展“两户”（专业户、个体户），老党员李庆雨带头养殖奶牛，率先致富，影响和带动了其他农户发家致富。2008年四川汶川发生大地震之后，党支部组织党员带头捐款，一般100～200元，多则3000元，为支援灾区建设献上微薄之力。2010年10月，铁官营村党支部由抚宁县委和榆关镇党委管理划属秦皇岛经济技术开发区工委管理后，党支部根据开发区工委的指示精神，积极开展党建活动。2014年在全体党员中开展群众路线教育实践活动，2016年又在党员中开展了“两学一做”（学党章党规、学习系列讲话，做合格党员）学习教育活动，突出问题导向，通过自我剖析，查摆问题，明确整改目标，使全体党员的宗旨意识和群众观点显著增强。认真过好组织生活会，开展批评与自我批评，推动问题的整改落实，使全体党员“红红脸，出出汗”，达到“排毒、治病”、增强“免疫力”的效果。支部每年都开展民主评议党员活动，认真贯彻落实全面从严治党方针和中央“八项规定”要求，加强党风廉政建设，凡是违反党规党纪的，视情节轻重给予相应的处分，决不姑息养奸。70多年来，先后有10多名党员因有违法违纪行为被开除党籍，维护了党纪的严肃性，纯洁了党的组织。四是认真落实党的农村政策。1983年根据中共抚宁县委、榆关公社党委的要求，在认真调研摸底的基础上，稳妥地将集体1150多亩土地承包到各户，并签订了承包合同。1999年末，顺利完成了第二轮土地承包任务，承包期保持30年不变，给农民吃了长效“定心丸”。五是积极发展集体经济。几十年来，村党支部注重发展集体经济，努力改善群众生活。1964年创办大队磨米厂，既方便了群众，又增加了集体收入。1966年，在小港和大块地选择100亩地改种水稻，使群众吃上了大米，改变了以秫米、玉米、白薯为主的膳食结构。1973年，将南岭189亩丘陵地栽种苹果、桃等果树，增加了集体经济收益。1960～1970年代，两个生产队都购置了马匹和大车，从村西河套拉沙子，卖到北戴河车站，车辆从3～4辆增加到7～8辆，使小营村的劳动日值比周边几个村都高。1984年，在东岭又办起了占地50亩的砖厂，不仅解决了全村剩余劳力的出路问题，还为集体增加了收入。1992年，在东岭兴建了占地30亩的养鸡场一座。2008年在东岭又兴办了存栏100头的现代化养牛场一座，组织农户到此养牛，几年间牛存栏达到800～900头。

加强流动党员管理。全村有长期在外地经商的党员4名，在秦皇岛市内经商和工作的党员2名，占全村党员总数的35.3%。村党支部把加强流动党员的管理做为党建工作的重要内容之一，建立支委联系党员制度，通过党建、微信群等联系方式，畅通与外出党员沟通联系渠道，及时将上级有关指示精神和党支部活动情况传达到外出党员，按照“三会一课”要求，组织他们积极参加“学习强国”等网络平台学习，反馈学习情况和心得体会，做到“人在外、心在党”。

党员的文化素质不断提高。2020年，在17名党员中，中专以上学历的7名，占党员总人数的41.2%，其中，有硕士研究生学历1名（张倩），大学本科学历1名（周文杰），大学专科学历4名（潘慧慧、李昂、杨冬杰、周文杰），中专学历1名（潘德新）；高中2名，初中3名，小学5名。

注重培养发展青年党员。党支部在回乡大中专学生、复员退伍军人中培养入党积极分子，组织他们参加党组织活动，引导他们积极向上、向党组织靠拢，不断向党组织注入新鲜血液。全村17名党员中，中华人民共和国成立以前出生的2人，年龄最大的李庆雨95岁，马素芹74岁；1950年代出生的6人，占党员总数的35.29%；1960年代出生的1人；1970年代出生的2人；1980年代出生的3人；1990年代出生的3人。60岁以上的党员8人，占党员总数的47.06%；35～60岁党员3人，占17.64%；35岁以下党员5人，占党员总数的29.41%。2020年11月，村党支部发展积极分子4人：李国政、潘维播、陈志鹏、杨寒祥。

行政组织 清朝早期组织失载。光绪二十六年（1900年）以后，华北地方推行地方自治，各村推举人品端正、办事公道、有名望的地方士绅充任村正（村长）、村副（副村长）。为加强社会管理和管控，民国初期，村级组织实行保甲制度，下设保、甲、牌三级管理制度。每10户为1牌，设牌长1人；每10牌为1甲，设甲长1人；每10甲为1保，设保长1人。

清顺治年间（1644～1661），铁官营建村，属直隶省永平府抚宁县管辖。乾隆二年（1737年），裁山海卫，设临榆县，抚宁县与临榆县以米河为界，米河以西属抚宁县，米河以东划属临榆县。铁官营村由抚宁县划属临榆县管辖。光绪四年（1878年）时属临榆县北戴河堡管辖。

1933年4、5月间，日军侵占临榆、抚宁全境。5月底，《塘沽协定》签订后，冀东地区被划为“非武装区”，社会治安由河北保安队负责。1935年12月划属伪冀东防共自治政府管辖，沦入日伪控制范围。

1937年卢沟桥事变后，驻秦皇岛日本侵略军进驻抚宁后，不久向北戴河派驻一个中队（180人左右）。1937年3月，小营村由临榆县北戴河堡划属抚宁县北杨各庄乡管辖，实行邻闾制度，每5户为1邻，设邻长1人；每5邻为1闾，设闾长1人。小营村设1个保、2个闾，设保长1人（相当于村长）、闾长2人（相当于人民公社时期的生产队队长、现在的村民小组组长）。

1938年3月，日伪政权废除乡、闾、邻基层政权架构，建立保甲制度，联保成乡，十户连坐。每十户为一甲，每十甲为一保，每保设保长（村长）一人，每十保为一乡。一人或一家“为匪、窝匪与通匪，则一甲内之住民必连带施以惩罚”，施行人身管制。

民国初期，小营村设村公所，设保长一人。每5户为1邻，每5邻为1闾，设闾长1人。村正（村长，清末至民国初期）潘仲（潘作芝父）。（其他不详）马逢春、马庆林、马和林、马成林、马云青、杨玉秀、马世林、马云庆等先后担任过保长（伪保长）。

1944年11月，日军在北杨各庄村南街设立据点，驻扎一个小分队，经常抓民夫修筑工事。铁官营村属两面政权，表面上为敌人效力，实际上为共产党服务。

抗日战争和解放战争时期村政权建设。1942年8月，八路军冀东十二团一营副营长兼一连连长马骥率部从迁安沿长城沿线抵达抚宁县北山（即背牛顶一带）开辟抗日游击区，同时第三远征武装工作队在队长宋国祥、指导员张仲三的率领下也到达猩猩峪、平市庄、蚂蚁沟一带，秘密开展抗日活动。1942年12月，以冀东区东北工作委员会副书记赵濯华、组织委员张化东等为首的军政人员秘密到达背牛顶宏量寺一带，站稳脚跟，成立了中共临（榆）抚（宁）凌（源）青（龙）绥（中）联合县工作委员会和办事处，张化东任联合县工委书记兼办事处主任，宋国祥任副主任兼武工队队长。从1943年2月开始，联合县党政人员深入广大农村，宣传党的抗日救亡思想，秘密发展党员，公开建立抗日民主政权。1943年7月，临抚凌青绥联合县撤销，口里成立临（榆）抚（宁）昌（黎）联合县委和县政府，张化东任县委书记，计明达任县长。

由于小营处于敌我拉锯地区，当时共产党和八路军的力量还比较薄弱，开始向村中渗透，争取有爱国思想的伪职人员为共产党和八路军服务，把村政权改造成为“两面政权”。

1942年下半年，小营村建立抗日政权，为共产党和八路军运送公粮、做鞋袜、衣服，暗中支持共产党。1943年，共产党、八路军地下工作人员到小营村活动。

1950年代初，小营村设立村公所，管理村内各种行政事务。1953年开始兴办初级社时，各户以土地、大牲畜、资金等形式折价入股，成为社员。1956年全村各户都加入旭光高级农业社。1958年9月以后，各户都加入榆关人民公社。1961年5月，小营大队成立，下设两个生产队。农业生产实行计划管理体制，各生产队都按照国家下达的指令性计划种植、养殖，按时足额完成国家下达的粮食、棉花、油料、生猪等征购任务。社员们每天由生产队长带领下地干活，每出勤一天记一天的工分，年终按照工分总额，分配粮食、油料和现金分红。由于实行平均主义，吃“大锅饭”，没有充分体现按劳分配的社会主义分配原则，导致群众劳动积极性不高，生产发展缓慢，群众温饱问题一直没有得到彻底解决。1979年开始，实行“两统一包”（统一播种、统一收获，包田间管理）管理办法，调动了农民的生产积极性，粮食生产获得了大丰收。1983年，本着土地所有权与经营权适度分离原则，实行家庭联产承包责任制，除留有一定数量的机动田外，将大多数土地承包给农户生产经营，按照国家下达的粮油征购计划和土地经营面积，核定各户的粮油交售任务，“交够国家的，留足集体的，剩下全是自己的”，极大地调动了广大农民的生产积极性，促进了粮食生产的发展和农村经济的繁荣，结束了20多年的生产队体制。到1990年，群众基本上解决了温饱问题，开始向小康生活迈进。

随着生产队的解体，生产队管理体制也发生了变革。大队改称村民委员会，村委会成员要经过全体村民选举产生，大队长改称村民委员会主任，简称村主任；生产队改称村民小组，生产队长改称村民小组组长。村制定了村规民约、村民代表公约，建立了村民代表议事制度、村民大会制度，村中重要事项要召开党员会议、村民代表会议、村民大会研究讨论。村中选举出6名村民代表，参与村务管理。村中小事，由村民代表会议讨论决定；村中大事，召开村民大会讨论决定。一是制定村中各项事业发展规划。每年根据上级有关要求以及本村实际情况，确定发展目标和工作任务。2007年，为解决部分群众住房紧张问题，村委会协调土地管理部门，在村北规划一处新民居，兴建两层小楼两排，共计25户，每户面积0.25亩。二是量力而行，为群众办实事。2004年，“村村通”实施，修建了榆关镇至铁官营村5000米水泥路，解决了出行难的问题。村南趴桥子与吴家堰之间原有排水沟，因个别群众侵占，积水无法排出。2012年，经过村委会研究，挑挖一条600米长的排水沟，将积水排入南沟。2016年，为解决群众吃水难问题，村党支部、村委会争取开发区水务局打100米深水井一眼。三是整治侵街占道，改善人居环境。过去，侵街占道现象比较严重，柴草乱堆乱放，脏水乱泼，道路坑坑洼洼，泥泞难行，村居环境脏乱差。2011年秋，下大力气对人居环境进行了整治，拆除了违章建筑，清理了垃圾，村内街巷之间修建了12条水泥路，210延长米。2015年秋，通过“一事一议”工程，将村委会和磨米厂南侧残垣断壁拆除清走，建起了文化活动广场，配备了健身器材，村内街道安装太阳能路灯30多盏，道路两侧栽种了樱花树等景观树，村里配备了保洁员，设立了垃圾点、垃圾桶，每天都有垃圾车将垃圾运走。四是维护社会治安，保一方平安。2010年以前，每年春节前后，由于互相猜忌，街道上堆放的柴草被人点燃，形成恶性循环。为了解决这一老大难问题，村委会通过高音喇叭广播，讲清人为放火的利害关系，呼吁群众之间消除隔阂，停止恶意放火行为。2012年至2013年派3～4名志愿者夜间巡逻看守，人为放火现象绝迹了。2018年12月，全村主要街道都安装了监控探头，社会治安得到明显好转。五是配合中心工作，做好群众工作。因北京大学第三医院项目建设需要征用全村土地。刚开始有些群众不同意，甚至有抵触情绪。村党支部先召开支委会，交代政策，讲清利弊，统一思想，达成了共识。之后，再由党员到联系户家中做工作。然后，召开村民代表会议，征求意见，把村民代表的意见反馈给开发区管委。之后又召开村民大会研究讨论。先后召开10余次各种会议统一思想，党员干部带头签署协议，成熟一户签一户，于2013年8月10日完成了全村土地征用补偿款发放工作。

2020年8月，村委会申请了一事一议太阳能路灯、监控项目，共安装路灯22盏，监控摄像头28个，上级财政奖补30万元，村民自筹1250元。依法依规管理村中事务。制定了《村委会工作职责》《村委会主任工作职责》《村务监督委员会工作流程图》《村务公开流程图》《铁官营村村规民约》《铁官营村计划生育村规民约》等规章制度，由村民大会选举出6名村民代表，凡是村中重要事务，须经村党支部支委会、党员大会、村民委员会研究讨论，经村民代表会议讨论决定，方能付诸实施。在实施之后，及时公开实施结果，接受群众监督。在创建卫生城市活动中，铁官营村从2018年开始，拆除旱厕，积极推广水冲式厕所，到2020年全村共修建210个厕所。

治理大气污染。2019年夏，根据中央、省市有关要求，开发区全域禁煤。通过包村领导、包村干部、村两委成员入户开展宣传、讲解，使群众对禁煤工作有了新的认识，打消了思想顾虑，自愿购买和置换了洁净1号煤50多吨。2020年8月份，在船厂路办事处的领导下，村两委成员带队入户回收散煤。2020年8月22日，为了推广使用太阳能＋生物质颗粒锅炉，村党支部书记、村主任潘德新以身作则，率先垂范，带头将自家的散煤1.12吨上缴，带动了全村散煤回收工作，全村收缴和置换散煤100多吨。按照开发区每吨补助750元的标准，进行了补贴，及时发放群众手中。为确保村民安全过冬，根据上级的安排部署，开发区免费提供太阳能采暖炉，各户仅负担1000多元的安装费用。村里开展了太阳能光热＋生物质取暖炉安装工作，经过1

个多月的努力，所有计划安装太阳能取暖炉的农户都安装到位，共有160多户安装了太阳能光热+生物质取暖设备，占全村民房总数175处的91.42%。（有些老房无法承重和无人居住户未能安装），在开发区范围内第一个完成了安装任务，生物质颗粒及时发放到位。

防控重大疾病疫情。非典型性肺炎防控。2003年4月16日，抚宁县出现了一例由北京返乡的非典型性肺炎病人以后，村党支部、村委会根据中共抚宁县委、榆关镇党委的重要部署，及时安排疫情防控工作。通过广播喇叭宣传非典型性肺炎防治知识，做到家喻户晓，人人明白，思想认识到位；及时发放口罩、酒精等防疫物资，做到防控物资到位；设立卡点，组织党员、干部上岗执勤，检测往来人员，防止村外病例输入，做到防控措施到位。通过近2个月的坚持，成功地完成了非典型性肺炎的防控工作。新冠肺炎防控。2019年年末，湖北武汉出现了因新型冠状病毒而感染的肺炎，传染性极强，疫情迅速蔓延扩散。首先，村党支部、村委会召开会议，进行动员部署，建立组织机构，明确责任分工。根据开发区工委、管委的工作部署，村党支部、村委会迅速响应开发区工委和管委、榆关管理区办事处的号召，于2020年1月23日召开支委会、村委会，传达开发区工委、管委防控指示精神，进行动员部署，成立铁官营村疫情防控领导小组，村党支部书记、村主任潘德新任组长，主持全面工作；副组长马立勇（支委），负责街道消毒，巡查村

疫情防控检查点

南卡点；副组长陈志强（支委），负责垃圾池消毒，巡查村西卡点；成员：杨东杰（支委，在北京工作，未能返回村里）、李国政（村文书，负责汇总各小组日常体温测量情况，各种文件收发、汇报材料撰写及巡查工作）、王春荣（计生专干，负责疫情防控知识的宣传和巡查工作）。2月9日，又召开了全体党员会议、两委成员会议和村民代表会议，做出了详细部署，村干部分工负责。其次，加强宣传，科学防控。通过有线广播、村民微信群、移动音箱，播放上级下发的疫情防控通告，宣传新冠肺炎的严重性、危害性，克服麻痹思想和侥幸心理，提高干部群众对新冠肺炎传染性和危害性的认识。第三，设立卡点，严密监测。2020年1月29日（正月初五）下午13时，根据榆关管理区办事处上午召开的疫情防控工作会议精神，村党支部、村委会召开了村两委、村民代表会议，传达上级会议精神，要求在大疫考验面前，党员、干部必须挺在前面，冲锋陷阵，决定在村南和村西设立2个检查站，购置了5把红外线测温枪，安排6组、12人24小时值守，严密检查过往车辆和人员，严防疫情输入。安排村两委24小时轮流在村委会值班，一旦发生疫情，及时处置。第四，入户测温，进行消杀。村里购置了体温计190个、84消毒液120斤、喷壶190把，安排两人每日对村域进行消毒。村两委兵分三路：支部书记潘德新自带一组，李国政、杨冬杰带一组，马立勇、王春荣带一组，每日入户给村民测量体温，并汇总上报。1月30日，村两委成员挨家挨户发放防疫物资。

铁官营村抗疫工作得到了开发区和榆关管理处领导的关心，为新冠肺炎疫情防控工作提供了强有力的支持。2月6日下午，榆关管理处包村干部给卡点执勤人员送来了口罩、酒精等物资。2月8日上午元宵节，榆关管理区办事处包村干部韩伟、孙瑜给卡点执勤人员送来了方便面、暖水壶、元宵等慰问物资。2月13日上午，开发区工委副书记郝凤斌、榆关管理区办事处书记李英军、副主任栾明强以及包村干部韩伟、孙瑜等人到村检查指导疫情防控工作；同日下午，榆关管理区办事处主任龙津津、纪委书记孙从文、科员单翰增、党办张齐等人到村卡点检查工作。2月17日下午15时，榆关管理区办事处书记李英军、副书记刘树堂、纪检干部单翰增、党办张齐等到村全面检查疫情防控工作，并入户走访座谈。2月24日下午15时30分，开发区纪委书记王立新、纪委监察室主任孟繁星、榆关管理区办事处副主任栾明强等来村检查疫情防控工作。2月26日下午，开发区纪委书记王立新、纪委监察室主任孟繁星、榆关管理区办事处副主任栾明强等到村检查疫情防控工作。2月29日上午，榆关管理区办事处书记李英军、副主任栾明强等再次到村检查疫情防控工作。3月1日，村党支部动员全体党员为武汉灾区捐款，共收到捐款2700元，其中，李庆雨、潘德新、周秉成、潘德忠、潘慧慧、李昂、陈志强、杨冬杰、周文杰、马立勇、张倩、陈祥各捐200元，林尚齐、周秉和、马素芹各捐100元。

在这次疫情防控工作中，共产党员潘德忠、李昂、周秉和以及群众潘维璠、潘作臣等表现积极，他们不畏严寒，昼夜值守，十分辛苦，任劳任怨；潘德新捐赠了鞋垫、酒精、口罩等；潘德忠捐献了大衣、被子等；潘维璠捐献照明灯2个，李国政、陈志强等捐献了口罩、一次性手套等。村南、村西卡点所用取暖设备、照明设备、床铺等均为值守人员自备，村里没花一分钱。由于全村干部和群众的共同努力，抗疫工作取得了显著成绩，村里没有发生疫情，完成了阶段性抗疫任务。在榆关管理区辖区26村新冠肺炎疫情防控工作的评比中，铁官营村荣获第一名。

历任党支部书记名单 **周兆龙、杨润身、杨守先（1956～1961年任郑家店大队党总支副书记兼大队长）、马永林、杨守先、杨润身、李文光（潘作芝）、张永贵、李庆雨、李彦吉、杨守先、林尚齐、潘瑞、马保安、周秉成、潘德新。**

党支部副书记。杨润身、张永贵、李庆雨、李彦吉、杨守先、杨润身、马俊峰、林尚齐、陈祥。（有专职副书记，有民兵连长兼任）

历任村级行政领导名单 村长（村主任）、生产大队长、革委会主任、村委会主任为马和林、马永林、杨守先（1956～1961年任郑家店大队长，小营村属郑家店大队）、李文光（潘作芝）、杨守先、李庆雨（大队长兼革委会主任）、杨守先、马俊峰、林尚齐、陈祥、林尚齐（兼）、李彦吉、林尚坡、潘德新。

村经济联合社。1980年春，实行大包干责任制后，村里设立经济联合社，专门负责集体经济管理。马俊峰任村经济联合社主任。1985年3月经联社撤销，集体经济划归村委会管理。

生产大队副大队长、革委会副主任。潘作臣、杨润身、马俊峰。（其他不详）。村文书（大队会计）为马成林、马俊峰、潘德明、马俊坡、马文同、李国政。现金出纳为王金良（其他不详）。治保主任。治保主任的职责，负责本村社会治安、民间矛盾纠纷调解、协助公安机关侦破案件、村内不稳定因素监控、刑满释放人员帮助教育监管、宣传普及法律法规等项工作。李文光（1956～1961年任郑家店大队治保主任）、马永林、徐金志、杨润身、李彦吉、李庆雨……马保安（其他不详）。贫协主席为潘振起、马国林、马永林（其他不详）。副主席为马国林。妇联主任为潘静慧、潘素娥、马素芹、张会珍、王艳华、马素芹、王春荣。副主任为马素芹、张会珍。（其他不详）。团支部书记为马印、周秉政、潘庆章、潘素娥、李和平、马立顺、李文革、王春荣、徐大明（其他不详）。

生产队 1961年5月，小营生产大队成立，大队部设在周兆兴家前排。下设2个生产队，以潘庆荣家西南侧小桥为界，西属第一生产队，队部在陈祥家西、马胜林家南；东属第二生产队，队部在供销社西侧。每个生产队单独核算，全年总收入减去总支出，剩下的除去“三提（公积金、公益金、管理费）、五统（教育费附加、计划生育费、民兵训练费、民政优抚费、民办交通费）”等外，按照每户总工分计算，谁家的工分多，谁家的分红就多。一般男劳力每天记10分，妇女记7分。65岁以上、18岁以下属半个劳动力，工分略少一些，男劳力记7分，女劳力记5分。1983年实行家庭承包经营责任制以后，生产队解体，原生产队改为村民小组，土地承包以原生产队集体所有的土地为基础。

第一生产队历任队长分别为马永林、张永贵、王洪志、马德林、马俊峰、马兆林、杨润身、马俊芳、王洪志、马俊峰、马俊魁、陈祥（其他不详）。副队长杨润身（其他不详）。会计为马俊坡、马俊雨。

第二生产队历任队长分别为李文光、李庆云、李庆雨（队长兼指导员）、杨守先、李庆峰、潘振东、张祥来、李庆云、杨成吉、李文光、李庆云、杨守先、潘作祥。（其他不详）。指导员为李庆雨。副队长分别为李庆云、李润林、周兆昌、潘少华。（其他不详）。会计为王金良、周秉田。

民兵连 1945年9月抗战胜利后，村里设立民兵组织。设立民兵中队，设中队长1人（相当于后来的民兵连长）、小队长2人等。中华人民共和国成立后，村里成立民兵连，有20多人基干民兵由退伍军人和青年团员等组成，每人发给杆枪，村干部发给手枪，每到冬季农闲时节，进行民兵操演。平常负责村庄保卫、社会治安、组织抗灾抢险、拥军优属等任务。1978年以后，枪支收回。

民兵历任连长分别为李文光、马永林、李庆雨、潘作臣（指导员）、李彦吉、林尚齐、陈祥、潘瑞、马立勇、马保安（其他不详）。副连长为潘作臣、杨成吉、李彦吉、马兆林、张会珍。

土地制度改革 简称“土改”。据1965年4月25日小营大队阶级成分登记簿统计，1946年土改前，小营村实有37户（不包括在外地和以后迁入），土地占有苦乐不均：

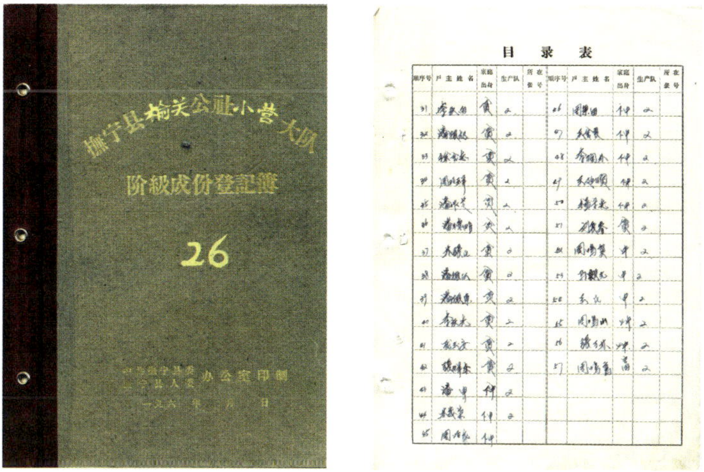

1965年小营大队阶级成分登记簿

按照户拥有量划分：

（1）土地拥有量在50亩以上的有2户：最多的1户60亩，人均土地10亩；另1户50亩，人均土地8.33亩。

（2）拥有土地40亩以上的2户：最多的48.8亩，人均4.88亩；1户46亩，人均4.6亩。

（3）拥有30亩以上的1户，32.28亩，人均4.61亩。

（4）拥有20亩以上的8户：1户28.5亩，人均4.75亩；1户（周明山）28.2亩，人均9.4亩；1户27.22亩，人均3.89亩；1户24.47亩，人均2.72亩；1户23.92亩，人均2.39亩；1户23.35亩，人均

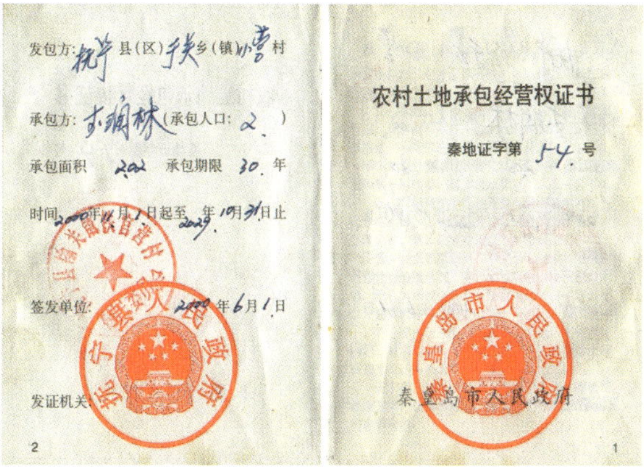

1999年农村土地承包经营权证书

3.89亩；1户21.44亩，人均4.29亩；1户20.77亩，人均4.15亩。

（5）拥有10亩以上的14户：1户19.07亩，人均6.36亩；1户19.07亩，人均6.36亩；1户17.31亩，人均2.47亩；1户16.5亩，人均2.06亩；1户14.89亩，人均4.96亩；1户14.71亩，人均2.10亩； 1户14.21亩，人均2.84亩； 1户13.89亩，人均2.78亩；1户13.5亩，人均3.37亩；1户13.28亩，人均3.32亩；1户13亩，人均1.3亩；1户10.33亩，人均5.16亩；1户10.2亩，人均1.28亩；1户10.09亩，人均2.52亩；1户王氏10亩，人均10亩。

（6）10亩以下的7户：1户9.25亩，人均1.54亩；1户7.62亩，人均0.85亩；1户4亩，人均1.33亩；1户9.22亩，人均1.32亩；1户9亩，人均2.25亩；1户2.5亩，人均1.25亩；1户9.42亩，人均1.57亩。

（7）无地的5户。除1户土改前人口不详，缺乏可比性外，全村有地农民中，家庭有用量最多的60亩，最少的4亩；人均土地拥有量最多的10亩，最少的0.85亩。

按照阶级成分划分，共有41户（有兄弟、父子、祖孙分户）：⑴富农：3户，22人，拥有土地156亩，人均土地7.09亩；⑵上中农：2户，13人，拥有土地77亩，人均5.92亩；⑶中农：8户，48人，拥有土地209.99亩，人均4.37亩；⑷下中农：8户，42人，拥有土地139.86亩，人均3.33亩；⑸有地贫农：15户，91人，拥有土地169.05亩，人均1.86亩；⑹无地贫农：5户，11人。

当时全村拥有土地751.9亩，总人口227人，人均土地3.31亩。

1946年5月4日，中共中央发布了《关于土地问题的指示》（简称“五四指示”），要求各地解放区进行土地改革。1946年夏，在中共抚宁县委和第五区委的领导下，小营村组建了贫下中农参加的农会，“一切权力归农会”，成为小营村最高权力机构，李桂青任农会主任，潘振江任副主任，成员有周兆龙、马正林、徐金志等。小营村以和平方式实行土地制度改革，将全村土地按人口平分。根据土地占有量、雇工剥削量等划分阶级成分，阶级成分分为地主、富农、上中农、中农、下中农、贫农和雇农，没收地主、富农多余的土地、房屋等财产，分给穷人，使广大贫苦农民获得了赖以生存的土地，结束了封建土地剥削制度。全村有5户，拿出土地92.8亩，最多的拿出37.3亩，次多的25.5亩，2户14亩，最少的2亩，户均拿出土地18.56亩；有4户土地没动；有32户分入土地382.44亩，户均分入土地11.95亩，最多的1户分到土地32亩，26亩以上的5户，10亩以上6户，10亩以下18户，分到土地最少的户仅有1.38亩。土改过程中，由于有些户人口有在外地的，并不在村内居住，也算入本户人口数，导致土地平分时不尽合理。另外，阶级成分划分也与实际不太相符合，有些户父辈、祖辈过去曾经富裕，但是到土改前，家庭条件已经破败，定的成分比较高，“四清”运动阶级复议中又做了更改。

1947年冬，小营村开展土改复查工作。1948年，实行《土地法大纲》，阶级成分基本未动。当时全村共有58户，其中，贫农29户，中农23户，上中农2户，富农4户，没有地主。

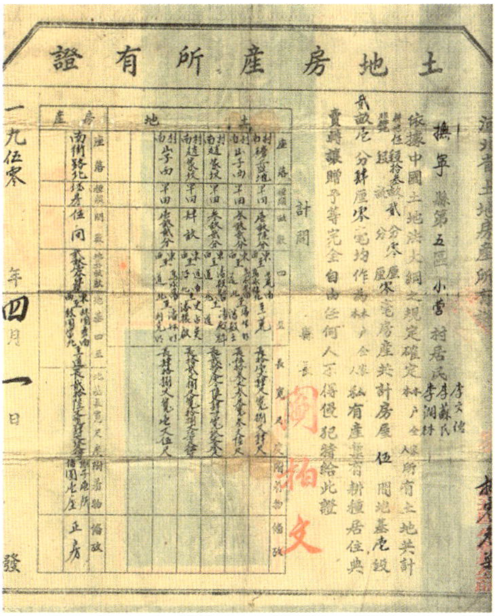

1950年抚宁县人民政府为李润林家颁发的土地房产所有证

1950年4月，抚宁县人民政府为小营村民颁发了土地房产所有证。

土地经营体制改革。民国以前，小营庄实行土地私有制度，土地属于各家各户的私有财产，私人所有，自主经营，除交纳皇粮国税外，剩余的由私人自主支配。中华人民共和国成立前，全村共有50户，其中，地主、富农3户，占有房屋54间，土地250亩，占全村土地总面积的20.83%；有大牲畜3头，铁车3辆。贫农38户，仅有房屋32间，土地100

亩，占全村土地总面积的8.33%。（1972年2月23日《小营大队解放前后阶级、政治、经济的调查报告》）。

1946年，小营村建立共产党政权后，进行和平土改，将土地按人口平分。1953年，部分农户将个人部分土地、财产折价入股，兴办农业生产互助组。1956年，兴办旭光高级农业合作社，各家各户以土地、生产资料折价入股，全部加入高级社，属于集体所有。

1958年9月，榆关人民公社成立，建立“一大二公”的计划经济体制。各村建立生产大队，下设生产小队。各大队、生产队按照国家指令性计划发展生产，种什么，种多少，怎么种，都得听上级指挥。

全大队社员每天都由各小队干部派活，统一下地劳动。所有劳动力按照出工记工分，男整劳力（18～55岁）每天记10分，女整劳力（18～45岁）记7分，年终按照每年出工量计算劳动日值，核算分红，搞绝对平均主义，吃大锅饭，名义上“按劳取酬”，人人平等，实际上有些人“出工不出力”，照样“吃大锅饭”；有些人“出大力、流大汗”，多劳却不多得，严重地阻碍了农村生产力的发展，窒息了群众发展生产的积极性。

中共十一届三中全会以后，我们党重新确定了解放思想、实事求是的思想路线，结束了“以阶级斗争为纲”的极左路线，将党的工作重心转移到以经济建设为中心的轨道上来。1978年开始，农村实行统分结合的双层经营体制，坚持土地等重要生产资料集体所有的前提下，按照所有权和经营权适度分离的原则，在农村推行了家庭联产计酬承包经营生产责任制，农户与集体签订生产经营承包合同，“交足国家的，留足集体的，剩下都是自己的”，极大地激发了广大社员发展生产的热情。小营大队从1979年冬开始推行以“两统一包”（统一耕种、统一收获，社员承包田间管理）为主要形式的家庭联产计酬生产责任制，将土地划分若干责任田，责任田按照面积核定征购任务，分到各户自主经营，秋后按照定购任务向国家交售粮食、油料，极大地调动了广大群众的生产积极性。1980年、1983年，铁官营村连续2次获得农业大丰收。

1983年冬，开始全部推行家庭承包经营责任制（即大包干），按照所有权与经营权相分离的原则，将土地经营权下放到各户，在保证完成国家粮油定购、农业税等任务的前提下，放开经营，群众种什么，种多少，怎么种，都由群众自己说了算。大队留一定数量的机动地，准备添人进口时调剂使用。同时还将村内集体树木承包给有关农户看护。规定在承包期内，根据各户人口变化，“五年一小调、十年一大调”。

1983年，铁官营村2个生产队，87户，全部实行人包干生产责任制。除此之外，大队磨米厂、砖厂也开始对外承包经营，每年交承包费3.5～4万元，作为大队集体积累，兴办集体公益事业。

1999年11月，进行第二轮土地承包，全村1146亩耕地，承包给116户，预留机动地44亩，承包期30年。

2013年8月，铁官营村耕地被秦皇岛经济技术开发区征用，全村村民开始以失地保险和外出打工、经商办企业为谋生手段，结束了300多年的种地为生的历史。

农业合作化、集体化　1953年2月，小营村响应党中央和毛泽东主席关于组织起来、兴办互助组的号召，开始兴办农业生产互助组（以下简称“互助组”）。到1954年6月4日统计，全村共建常年互助组织6个，参加户数41户，其中，贫农21户，中农20户，无富农；其中，参加组织的烈军属5户，参加人数男105人，女103人；参加组织的劳动力男40人，女5人，互助组耕地面积1013.21亩，互助组牲畜牛、驴25头。应受托儿童数26人。

1954年，小营村部分农户与郑家店合办初级农业社。据1955年北杨各庄乡农业生产合作社基本情况登记表，1955年5月31日统计，北杨各庄乡共有紫草坞（9个农业社）、郑家店（3个农业社）、北杨各庄（2个农业社）。

1956年，兴办高级农业合作社。榆关乡东片紫草坞、小营、北杨各庄和郑家店村农民联合组建旭光高级农业生产合作社（办公地点在郑家店老大队部），杨润身任主任。全村共有1034.44亩土地、20头牛、8头驴、铁车9辆、大粭子7套加入高级社。

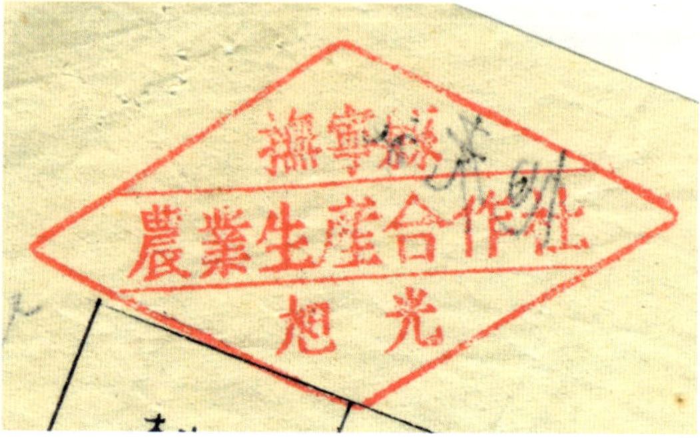

榆关乡旭光高级社印模

1958年9月，榆关人民公社成立，以公社为单位，实行经济统一核算。小营村为郑家店生产大队第三生产队（据村民回忆，小营村设两个生产队，西街、南街为郑家店大队第7、8生产队）。外派干部杨玉清任郑家店大队党总支书记，小营村杨守先任大队党总支副书记兼大队长、李文光任治保主任。参加公社的成员叫“社员”。1958年12月统计，小营全村参加公社户数57户，总人数259人，劳动力84个。每个生产队各设1个公共食堂，地点西街在杨润身家院内，南街、北街在王廷顺家院内，参加食堂户数57户，257人，设炊事人员2名（妇女），各家各户不做饭，统一到食堂打饭。“吃饭不花钱，随便吃”。村内设托儿所、幼儿园1所，应入园儿童人数达30人，已入园儿童25人，保育人员2名。各户砸锅卖铁，投入到大炼钢铁运动中，秋后由于青壮劳力去大炼钢铁，结果丰收的庄稼无人去收获，粮食大多数都烂在地里，第二年遭遇到历史上罕见的自然灾害后，家家户户断粮，群众忍饥挨饿。1959年6月统计，郑家店大队第三生产队（小营）共办全民食堂1个，参加食堂吃饭人数243人，设炊事员3人，管理人员1人，食堂饭厅3间。后来，村内办2个公共食堂，第一生产队在杨润身家，第二生产队在王柏山家（王廷顺家西、原供销社院内）。1961年5月间，公共食堂运转困难，根据上级精神，被迫解散。

1962年8月，根据中共中央《关于改变农村人民公社基本核算单位的指示》精神和中共抚宁县委的有关要求，实行“三级所有，队为基础”体制，将原来的以公社为基本核算单位改为以生产队为基本核算单位。同年冬，根据中央《农村人民公社的工作条例》（简称“六十条”）有关要求，以村按人调整土地，将生产、分配、经营管理权下放给生产队，调动了农村社员群众的生产积极性，使农业生产得到了一定的恢复和发展。

参军情况 铁官营村自20世纪30年代以来，共有38人参加八路军、解放军，为国家解放、民族独立和国防建设做出了应有的贡献。

潘振江，20世纪30～40年代到东北参加奉军，后来转为八路军。

潘庆珠，潘殿卿长子，1943年9月参军入伍，成为全村第一位八路军战士。1955年到解放军225医院工作，历任放射科主任，正团级干部。1982年离休后，到秦皇岛军分区干休所休养。

周兆龙，1924年生人，1944～1945年间参加临抚昌联合县、临榆县区小队。

李庆云，1929年12月出生，1945年16岁时参加八路军，在野战部队炮兵连任班长，后转战到东北，参加辽沈战役后复员回村。

杨守国，杨守先次兄，1927年生人。1947年参军，辽沈战役胜利后，随军南下，到武汉空军学校服役，20世纪50、60年代任武汉空军地勤师级干部，落户到武汉。

马仲林（一作马中林、马忠林），1927年10月生人，1947年7月参军，参加革命工作。1951年2月，中国人民志愿军第3师第17团第3营第9连战士，随军入朝作战。1951年3月8日牺牲于朝鲜大榆岭。

李庆先，1922年生人，1947年参军，1948年6月下旬，在攻打昌黎县城后，部队撤退到抚宁县沿沟屯时，意外负伤，回家养伤，辗转途中党组织关系和伤残军人证件丢失。

马德林，1923年生人，1947～1948年参军。

李庆峰，1923年生人，1947～1948年参军。

林茂荣，1917年1月生人，1947～1948年参军。

周鸣鹤，1922年生人，1947年参军，1948年因病退伍。

张永贵，1920年生人，1947年7月28岁时入伍参军，在东北野战军第11纵队第31师第92团服役。1948年10月在辽宁葫芦岛市塔山阻击战中右肩胛负伤，被评为三等丙级残废军人，1949年复员回村。

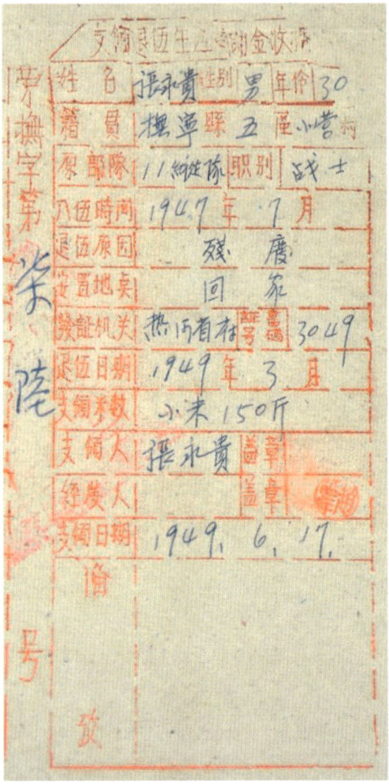

1949年张永贵优抚证明

李庆雨，1925年生人，1947年10月加入中国共产党，1953年参军，随军赴朝作战，任战士，1956年4月复员。

潘森，1927年生人。1950～1951年（22～23岁）参军。

周秉忠，周兆祥长子，1959年参军，1963年集体转业到新疆建设兵团石河子农场。

李庆雨士兵证

王金儒，王廷顺次子，1964年2月8日入伍参军。1968年前后调河北人民出版社武警部队工作，历任连长，曾被评为五好战士。后转业到唐山煤矿医院工作，曾任纪检副书记。

马兆林，1942年生人。1964年3月参军，获嘉奖一次。1966年1月15日因病退伍还乡。

周秉文，周兆祥三子，1968年2月7日入伍，复员后落户于榆关河西。

宋平，宋有安次子，1969年4月入伍，1974年3月退伍。

周秉成，周兆龙次子，1972年11月入伍，1978年4月退伍。

潘作生，潘森三子，1972年11月参军，1978年4月退役。

林尚齐，林茂荣长子，1974年12月参军，1977年2月复员。

张书深，张祥来长子，1976年参军，1982年转业到抚宁县砂石管理处（北戴河车站西）工作。

张潮海，张永贵长子，1976年3月参军，1978年12月退伍。

杨纯怀，杨树声四子，1976年3月至1980年1月在内蒙古服役。

马立勇，马俊英长子，1978年12月1日入伍，1984年1月1日退伍。

林尚东，林茂荣四子，20世纪80年代入伍。

潘占华，潘庆成次子，1983年12月参军，1986年1月退伍。

潘德忠，潘作臣长子，1986年10月参军，1990年12月退伍。

马立广，马俊英三子，20世纪80年代入伍。

徐会权，徐金志四子，1987年11月参军，曾随军开赴云南前线，参加对越自卫反击战，1992年2月退伍。

张小东，张潮海长子，1998年12月至2000年12月在辽阳空军后勤服役。

马立新，马俊雨次子，2002年7月15日从河北大学应征入伍，在北京空军第四飞行学院服役。2016年12月转业到天津市公安局南开分局工作。

杨冬杰，杨润身孙、杨纯增次子，2005年12月参军，在广东湛江服役。

2013年12月退役。

周潮军，周秉田次子，1990年3月参军，在山东莱阳部队服役，1992年12月退役。

马保贺，马俊记子，2008年12月参军，2010年11月退伍。

王涛，王志国之子，2010年12月入伍，2012年12月退役。

李文超，李河子，2018年参军，在大连武警服役。

李建业，2019年9月1日入伍，在解放军某部服役。

潘维豪，2020年9月1日，在铁岭武警支队服役。

（根据调查采访资料和2020年铁官营村退役军人统计表编写）

拥军优属 从1950年代初期组织群众为烈属、军属代耕到1958年末人民公社化以后优待工分，再到1983年生产队解体以后的经济补助。每年8月1日前夕，村党支部、村委会都召开退役军人座谈会，征求他们对村里工作的意见和建议，注重发挥退役军人“退役不褪色”的光荣传统，选拔一些年富力强的退役军人充当村干部和民兵骨干，在农田水利基本建设、外出修工等急难险重任务中发挥生力军作用，退役军人李庆雨、张永贵、林尚齐、周秉成先后担任过村党支部书记（大队革委会主任、村主任）。2020年，全村17名党员中，有7名（李庆雨、林尚齐、周秉成、潘作生、马立勇、潘德忠、杨冬杰）为退役军人，占全村党员总数的41.2%；3名支委中有2名（马立勇、杨冬杰）为退役军人。认真落实退役军人的政治待遇和经济待遇退，使这些在乡退役军人在社会上有地位，在生活上有保障。每户门前悬挂“光荣之家”牌匾；退伍军人补助，根据参军的军龄给补助，一年军龄的一个月100元，两年军龄的200元，三年军龄的300元，依此类推。

农业•经济

经济发展 铁官营村地理位置较为偏僻，交通不发达，既不靠山，又不邻海，自然资源比较匮乏。中华人民共和国成立前，由于封建土地私有制度和生产条件的限制，仅靠少量的贫瘠土地养活不了全村人，多数青壮年跑到地广人稀、物产富饶的东北谋生（俗称“住地方”“闯关东”），依靠出卖劳动力勉强维持全村人的生活，农村经济发展一直缓慢，老百姓生活水平低下。据1972年2月23日《小营大队解放前后阶级、政治、经济的调查报告》介绍，1949年以前，全村共有50户，其中，富农3户，占有房屋54间，土地250亩，雇长工3名；贫农38户，仅有房屋32间，土地100亩；房无一间、地无一垄的28户。背井离乡的3户，去东北逃荒，未归乡；乞讨过活的2户。1949年以前，粮食亩产量仅有120斤。全村以租地为生的28户，因无钱治病死亡的3人。全村有大牲畜3头，铁车3辆（均属地主、富农家所有），中小学生15名（地主、富农占10名，贫下中农3名）。1972年，小营大队共有71户，贫下中农50户，上大中小学的80人，在外地工作的10名。贫下中农有房120间，新盖房3户，10间，自行车16辆，缝纫机7台，大牲畜35头，胶轮大车4辆，电动机6台，磨米机4台，水泵6台，脱粒机1台。

另据1972年小营大队解放前后社会调查情况表，1949年以前全村40户，其中，富农3户，中农16户，贫下中农21户；土地700亩，其中，富农156亩，中农378.58亩，贫下中农165.42亩，没有地户5户；房屋202.5间，其中，富农37.5间，中农69.5间，贫下中农95.5间，无房户5户；全村上学人数12人，上中学1人（富农），上小学11人（富农2人，中农4人，贫下中农5人）。背井离乡8户。其中，逃荒外地8户，32人；家破人亡2户，6人。1949年以前靠乞讨生活的3人，给地主富农当仆人的3人，卖日工的10人。全村有大牲畜2头（富农所有），车辆8辆（富农3辆，中农5辆），1949年以前，粮食亩产120斤。1972年，全村73户，当干部的26人，大学1人，中学55人，小学73人；在外地工作15人；共有房屋232.5间，1949年后新盖房28间；自行车24辆，缝纫机13台，电动机7台，柴油机4台，胶轮大车4辆，大牲畜10头；有机井14眼；教师2名，赤脚医生2名。从1959～1961年，小营村遭遇了历史上罕见的特大旱涝雹灾，庄稼严重歉收，群众年人均口粮51斤，有10余人相继饿死，人口出生率降到历史最低点，由原来的每年出生5人下降到2人。据不完全统计，从1955~1959年5年间全村共出生26人，平均每年出生5人。从1960~1962年3年间全村共出生6人，平均每年出生2人。1958年郑家店大队第三生产队（小营村）共有57户，273人，其中，男128人，女145人。1959年，小营村共58户，258人，其中，男133人，女125人。1961年2月，总人口244人，比1959年减少14人。1963年12月31日统计，全村上年末（1962年）总人口264人，年内出生12人，死亡2人，迁出2人，总户数62户，总人口272人，其中，男138人，女134人。（榆关公社革委会1963年人口变动情况统计表，永久，第13卷）

1958~1961年，小营村与北杨各庄村、郑家店、紫草坞村属秦皇岛市榆关人民公社郑家店大队核算。1959年，郑家店大队人均耕地面积4亩，属于穷队，平均每人总收入（按参加分配人口平均折粮市斤）416斤，平均每人生产性总收入比1958年减少31.60%，平均每人生产性纯收入（按参加分配的人口平均折粮市斤）367斤。粮食播种面积5554亩，收获5501亩，亩产372斤，总产20522.3斤。粮食、大豆总产13089.186斤，每人平均656斤（榆关人民公社每人平均510斤）；商品部分10000斤（其中，缴纳农业税2150斤，出售给国家7850斤）；社队扣留部分840.11斤（其中，种籽795.12斤，饲料44.99斤）；分配给社员部分（口粮）2249.076斤，每人平均口粮51斤（1959年榆关人民公社基本核算单位有榆关、小李庄、五王庄、郑家店、上徐各庄、大新立庄、鸭儿峪、李庄、冯庄、安庄、东新寨11个大队，北杨各庄、小营、紫草坞3个村包含在内郑家店大队之内。榆关人民公社每人平均口粮154斤，小李庄59斤，五王庄83斤，安庄119.7斤，榆关133.5斤，上徐各庄136斤，大新立庄167斤，东新寨180斤，鸭儿峪180斤，李庄251斤，冯庄300斤）。1959年，郑家店大队总收入177682.33元，比1958年总收入233962.66元减少24%。1959年，郑家店大队464户，其中，增收3%～5%的有41户，增收2%以内的315户，减收户108户（其中，减收3～5%的78户，减收6%以上的30户），增收户占总数的8%。社员户按平均每人生活纯收入折合当地主米，郑家店大队464户中，800斤以内301户，801～1000斤的84户，1001～1200斤的53户，1300～1500斤的26户。

1960年，秦皇岛市抚宁区榆关人民公社社员口粮消费情况统计表显示，全公社按全年每人平均分的口粮数量分组，不满210斤的1个大队，210斤至不满240斤的10个大队，每人平均口粮230斤。农村公共食堂吃粮标准统计表显示，全公社共建公共食堂150个，参加食堂的人数29218人，按平均每人每天吃粮标准分组，平均每人每天吃粮不足6两的有150个食堂，参加食堂的人数29218人。1960年社员口粮消费情况统计表显示，按全年每人平均分配的口粮数量分组210～240斤1个，郑家店生产大队每人平均口粮240斤（榆关公社每人平均口粮230斤；东新寨大队每人平均口粮223斤；冯庄大队每人平均口粮219斤；大新立庄大队每人平均口粮168.2斤；小李庄即今崔李庄大队每人平均口粮216斤；榆关大队每人平均口粮234.65斤；李庄大队每人平均口粮216斤；上徐各庄大队每人平均口粮216斤；五王庄大队每人平均口粮217斤）。1960年，农村公共食堂吃粮标准统计表显示，郑家店大队共建食堂7个，参加食堂的人数1974人，平均每人每天口粮不足6两。郑家店收益分配统计报告表显示，1960年115375.35元，比1959年收入178279.38元减少35.41%。其中，农林牧副渔收入1959年177160.84元，1960年114430.81元，减少64.3%（其中，农业收入1959年149359.66元，1960年76811.63元，减少51%。粮食收入1959年97395.50元，1960年56516.92元；农副产品收入1959年11588.19元，1960年10974.33元）；林业收入1959年11028.29元，1960年6629.94元；牧业收入1959年11186.25元，1960年6843.20元；副业收入1959年5586.64元，1960年24146.04元；其他收入1959年1118.54元，1960年944.54元。郑家店社员收入情况分析表显示，社员收入总计51270.35元，基本核算单位分配的40381.35元，每人平均收入20.46元；公共食堂自给的油盐菜柴折款1489.00元，每人平均收入0.80元；社员自留地及家庭副业收入9400.00元，每人平均4.80元。全大队参加分配的人数1974人，其中，参加分配的劳动力598人。基本核算单位收入及社员收入增减情况表中，社员户数494户，增收的51户，占总数的10%；平收的161户，占总数的32.6%；减收的242户，占总数的49%；超支户39户，占总数的8.4%；分空户2户。社员集体分配收入水平分组及穷队赶富队情况表显示，1959年每人平均收入45.13元，1960年每人平均收入20.46元，下降55.66%。

20世纪60～70年代，由于受当时“以粮为纲”政策的影响，小营大队单一搞粮食生产，种粮收入占农业总收入的主体，农业经济结构比较单一，社员群众仍然吃不饱肚子。

1962~1963年，小营大队全大队实现总收入28000多元，其中，农业收入

23700～26900元，占总收入的84～93%；副业收入1950～4400元，占总收入的6.76～15.68%。

1963年，小营大队每人平均口粮331斤。（第一生产队300斤，每日人均0.82斤；第二生产队每天363.6斤，每日人均1斤）。

1965~1966年，实现总收入40000多元，其中，农业收入占总收入的95.95～98.83%，副业收入占总收入的1.11～2.79%。1966年，小营全大队参加分配的277人，现金分配每人平均80.32元（1965年120元）；每人平均口粮355.6斤（1965年人均口粮448.5斤）。

1967年，经济收入达到20世纪60年代的最高水平，总收入45677.43元，其中农业收入42142.87元，副业收入1070.75元，其他收入2463.81元，分别占总收入的92.26%、2.34%和5.39%。全大队67户，户均407.42元；农业人口303人，人均90.68元；劳动力129个，每个劳动力平均211.61元；每个劳动日值0.783元。小营大队口粮分配办法：人八劳二（人口占80%，劳动力占20%）；社员口粮全年每人平均387.5斤。其中，第一生产队参加分配的34户，每户平均345.00元，农业人口150人，每人平均分78.20元；劳动力54个，每个劳动力平均分217.00元；每劳动日值0.683元；社员口粮全年每人平均360斤；每人每天口粮数0.96斤。第二生产队参加分配的33户，每户平均471.60元，农业人口153人，每人平均分101.70元，每个劳动力平均分207.50元，每劳动日值0.881元。社员口粮全年每人平均414斤。

1969年，实现总收入40658.78元，其中农业收入34726.91元，占总收入的85.41%；副业收入4968.58元，占总收入的12.22%；其他收入963.29元。其中第一生产队参加分配的38户，每户平均217.00元，农业人口162人，每人平均50.80元；劳动力73个，每个劳动力平均分112.91元，全年实用工分19174.1个，每劳动日值0.43元。第二生产队参加分配的40户，每户平均292.71元，农业人口164人，每人平均分71.39元，劳动力65个，每个劳动力平均分180

元，每劳动日值0.551元。

20世纪70年代，农业获得丰收，经济有较快发展。1970年，小营大队实现总收入59797.14元，比1969年增长47.07%。其中农业收入50932.28元，占总收入的85.18%；副业收入8485.94元，占总收入的14.19%；其他收入378.86元，占总收入的0.63%。其中第一生产队38户，户均分配471.60元，人口167人，每人平均分107.31元；劳动力89个，每个劳力平均分224元，每劳动日值0.93元，每人年均口粮414斤。第二生产队40户，户均分423元，170人，每人平均分99.50元，60个劳动力，每个劳动力平均分282元，每劳动日值0.81元，每人平均口粮414斤，每日人均口粮1.15斤。

1971年，小营大队总收入72271.22元，比1970年增长20.86%。其中农业收入59302.27元，副业收入10651.94元，其他收入2317.01元，分别占总收入的82.06%、14.74%和3.20%。全大队78户，每户平均546.45元；340人，每人平均125.37元；劳动力150个，每个劳动力平均分284.15元，每个劳动日值0.947元。

1972年，因受灾粮食减产，社员收入水平大幅度下降。小营大队总收入58540.87元，比1971年减少19%。社员每人平均分配125.36元（每人平均现金44.34元），人均口粮347斤。其中第一生产队36户，户均286.04元；172人，人均59.81元；劳动力80个，每个劳动力平均128.69元，每个劳动日值0.42元。第二生产队40户，户均378.54元；170人，人均89元；劳动力70个，每个劳动力平均216.30元，每个劳动日值0.55元。

1973年，小营村第一生产队37户，每户平均分449.90元；农业人口171人，人均97.35元；劳动力80个，每个劳动力208.09元，劳动日值0.70元；全队平均口粮410斤。第二生产队40户，户均445.06元；农业人口173人，人均100元；劳动力70个，每个劳动力平均分254元，劳动日值0.63元；全队平均口粮385斤。

1974年，全大队实现总收入76629.96元，比1970年增长28.15%。其中农业收入55238.42元，牧业收入1321.36元，副业收入18424.23元，其他收入1645.95元，分别占总收入的72.09%、1.72%、24.04%和2.15%。人均收入106.85元，每个劳动日值0.667元，口粮420斤。其中第一生产队37户，户均426.52元；167人，人均94.54元；劳动日值1.63元，每人口粮420斤。第二生产队40户，户均502.50元；169人，人均119.00元；劳动日值0.70元，人均口粮420斤。

1978年以后，不断调整农村产业结构，打破以种粮为主的单一格局，积极发展多种经营和商品生产，小营村养殖业、副业有了较快发展，农村经济结构有了较大改善，农民收入水平有了大幅度提高。

1979年，全村实行联产计酬生产责任制以后，群众生产积极性空前高涨，农业收入大幅度增加。全年实现总收入156440.05元，比1970年增长161.62%。其中，农业收入105081.35元，畜牧业收入7734.90元，副业收入32741.38元，公社、大队下拨收入3170.00元，其他收入7712.42元，分别占总收入的67.17%、4.90%、20.93%、2.03%和4.92%。铁官营第一生产队每人平均收入174.65元；第二生产队人均收入231.75元。全大队平均劳日值1.10元，其中第一队劳动日值1.00元，第二队劳动日值1.20元。全大队人均口粮526斤，其中第一队500斤，第二队550斤。大队企业收入1780.00元。人均纯收入885.00元。

1980年，全大队实现总收入161082.33元，其中农业收入119260.62元，畜牧业收入4736.47元，副业收入24257.19元，其他收入12828.05元，分别占总收入的74.04%、2.94%、15.06%和7.96%；第一生产队劳日值0.83元，每人平均176.27元；第二生产队劳日值1.05元，每人平均226.80元。

1982年，因灾减产，铁官营大队总收入135974元，比1979年减少13.08%。其中，农业86806元，副业32550元，其他16618元，分别占总收入的63.84%、23.94%和12.22%；纯收入社员所得62199元，人均收入166元，平均劳日值0.91元。（榆关公社平均每人收入194.10元、平均劳日值1.53元；驸马寨年收入146元、劳日值1.075元；贾庄年收入136.66元、劳日值0.95元；兴福庄年收入84.50元，劳日值0.74元；五王庄年收入93元、劳日值0.98元；永顺庄年收入195元，劳日值1.33元；后庄年收入164元、劳日值1.17元；榆关年收入161元、劳日值1.40元；河西年收入252元、劳日值2.39元；荣庄年收入231.72元、劳日值1.52元；韩义庄年收入380元、劳日值2.60元；大刘庄年收入205元、劳日值1.72元；崔李庄年收入188元、劳日值1.05元；高家店年收入405元、劳日值2.33元；大米河头年收入118元、劳日值1.08元；沙河年收入319元、劳日值2.31元；西岭年收入202元、劳日值1.07元；腰排即紫草坞年收入115元、劳日值1.14元；东甸年收入88元、劳日值1.46元；北杨各庄年收入247元、劳日值1.50元；郑家店年收入204.87元、劳日值1.89元）。其中，第一生产队劳日值0.85元，每人平均收入146.74元，口粮360斤；第二生产队劳日值0.97元，每人平均收入184.65元，口粮430斤。

1983年，实行家庭承包经营责任制以后，在稳定粮食生产的同时，大力发展畜牧养殖业、劳务输出、个体运输服务业，农村经济走上了以提高经济效益、增加群众收入为中心的正确道路，实现了长足发展，到90年代群众的温饱问题得以彻底解决，群众生活达到了小康水平。

1984年，全村农村经济总收入达到461455元，其中，专业户收入16250元，出售产品收入180000元（其中，出售农产品收入172500元）。按经营方式分组，统一经营和承包经营收入218955元，社员自营收入242500元。按收入来源分组，农业收入402455元（其中粮食收入172000元），牧业收入2000元，副业收入5200元，其他收入5000元。总费用246185元，其中，生产费用225685元（其中，农业生产费用205185元），社员自营生产费用32000元，管理费6500元，其他费用14000元。纯收入215270元，其中，国家税金3300

元，集体提留11000元（其中，公积金5000元，公益金6000元），社员所得200970元（其中，干部报酬1500元），社员从乡镇企业直接得到的工资收入3500元，社员所得总额204470元，全村389人（劳动力139个），每人平均522元。

1985年，铁营营村农村经济总收入实现359000元（其中，家庭经营收入297000元，其中，出售产品收入165000元）。按经营方式分组，家庭经营收入237000元，集体统一经营收入60000元；按收入来源分组，农业收入162000元（其中粮食作物收入120000元），牧业收入13000元，副业收入50000元，工业收入62000元，交通运输业收入10000元，建筑业收入32000元，其他收入30000元。总费用74900元，其中，生产费用74000元。净收入284100元（其中家庭经营222100元），其中，国家税金4100元（农业税金4100元），集体提留7000元（其中公积金2000元，公益金5000元），农民所得273000元（其中家庭经营211000元）。全村390人（143个劳动力），平均每人纯收入700元（其中家庭经营541元），比1982年增长321.69%。1985年，村办企业（砖厂）实现总收入62000元，创纯利润6000元，从业人员达到85人。

1986年，全村农村经济总收入418200元。其中，出售产品收入227000元（其中，出售农产品收入191200元）。按经营方式分组，集体统一经营45000元；按收入来源分组，种植业235000元（粮食作物收入168000元），牧业收入1500元，副业收入95700元，工业收入4000元，交通运输业收入18000元，商业饮食业收入4000元，其他收入60000元。总费用120000元。其中，生产费用113000元。净收入298000元。其中，国家税金5700元，集体提留3500元，农民所得289000元。全村396人，每人平均729元。

20世纪90年代，传统农业在农村经济总量中仅占47%～48%，第二、第三产业迅速发展，农村产业结构得到较大改善，经济效益大幅度提高，农民人均纯收入实现较快增长。

1993年，全村实现总收入37.3万元，其中，农业收入18万元（种植业14万元），牧业收入11万元，运输业收入1.3万元，商饮业收入1万元，服务业收入1万元，其他收入5万元，分别占总收入的48.26%、29.49%、3.5%、2.68%、2.68%和13.4%。净收入221231元，上缴国家税金8600元。乡村统筹14631元（其中，村集体提留8000元，乡镇统筹6631元），农村所得19.8万元，每人平均纯收入500元（榆关镇平均573元，北杨各庄545元，郑家店619元，东甸624元，紫草坞546元，西岭562元）。村组集体经营总收入14631元，净收入14631元，乡村统筹14631元，其中，村集体提留8000元（其中公积金5000元，公益金3000元），乡镇统筹6631元。家庭经营总收入358369元，占全村农村经济总收入373000元的96%，其中，农业收入18000元（种植业收入140000元，其中，谷物收入100000元，其他农业收入40000元），牧业收入110000元，运输业收入13000元，商饮业收入10000元，服务业收入10000元，其他收入35369元。净收入206600元。

1994年，全村实现总收入793835元，比1993年增长112.6%。其中农业377835元（其中种植业收入352835元，其他农业收入25000元；种植业收入中谷物收入320000元），牧业收入40000元，工业建筑业收入56000元，运输业、商饮、服务业等收入212000元，分别占总收入的47.6%、5%、7.05%、26.71%。农民人均纯收入1550元（榆关镇平均1165元，其中北杨各庄1180元，郑家店1233元，东甸820元，紫草坞1180元，西岭1650元）。

到2010年，全村实现农村经济总收入2106324元，比1994年增长165.34%；其中，出售产品收入1275391元，占60.55%。按经营形式划分，村组集体经营收入10877元，占0.52%；农民家庭经营收入1545447元，占73.37%；专业合作社经营收入550000元，占26.11%。按行业划分，农业收入1699696元（种植业收入1502740元，其中，出售种植业产品收入976682元；

其他农业收入196956元），牧业收入47281元（其中，出售牧业产品收入27051元），建筑业收入137138元，运输业收入31510元，商饮业收入15163元，其他收入175536元，分别占总收入的80.69%、2.24%、6.51%、1.50%、0.72%和8.33%。农民人均纯收入4333元，比1994年增长179.55%。

1963—1994年部分年份铁官营村经济总收入表

表4　　　　单位：元、斤

年份	总收入	农业	副业	其他	人均口粮	人均现金收入	劳动日值
1963	28857.91	26905.59		1951.32	331		
1965	41096.2	40617.1	457.3		448.5	120	
1966	40040.43	38420.61	1117.22		355.6	80.32	
1967	45677.43	42142.87	1070.75	2463.81	387.5	90.68	0.783
1969	40658.78	34726.91	4968.58	963.29			一队0.43 二队0.551
1970	59797.14	50932.28	8485.94	378.86	414	一队107.31 二队99.50	一队0.93 二队0.81
1971	72271.22	59302.27	10651.94	2317.01		125.37	0.947
1972	58540.87	40534.97	14755.05	3250.85	347	125.36	一队0.42 二队0.551
1973	72112.33	53384.05	14914.67	3813.58	一队410 二队385	一队97.3 二队100	一队0.70 二队0.63
1974	76629.96	55238.42	18424.23	1645.95	420	106.85	0.667
1979	156440.05	105081.35	32741.38	7712.42	526	106.85	1.1
1982	135975	86806	32550	16618		166	0.91
1993	373000	180000		50000		500	
1994	793835	377835		12000		1550	

粮食生产　中华人民共和国成立前，铁官营经济是自给自足式的小农经济。人们为吃饱肚子而经年劳碌，多数青壮年背井离乡到东北谋生。中华人民共和国成立后，为解决人民群众的温饱问题，党和政府采取了很多措施：一是推行机耕作业，深翻土地，改善土壤通透性；二是发动群众养猪积肥，增加土壤有机质；三是使用化肥、农药，增加粮食产量；四是推广新品种，

提高粮食单产；五是开展农田水利建设，打井修渠，种植水稻，改造盐碱低产田；六是推广新型农机具，减轻群众劳动量，提高生产效率。通过几十年的努力，铁官营村粮食亩产由1949年的60千克提高到2010年前后的400～450千克，到90年代末基本上解决了群众的温饱问题，2000年以后逐步迈向小康水平，2010年划属秦皇岛开发区以后全体村民办理了养老保险，过上了衣食无忧的幸福生活。

铁官营村地势比较低洼，地下水源充足，但是过去都是旱田，制约了粮食产量的提高。中华人民共和国成立以前，全村耕地从不深翻，造成土壤板结，通透性差，病虫害严重，杂草较多，因而该村的粮食产量一直较低，人们吃不饱肚子。

1956年1月，中央政治局讨论通过的《1956年到1967年全国农业发展纲要（草案）》（即“农业四十条”）提出了农业增产十大措施：兴修水利，保持水土；推广新式农具，逐步实行农业机械化；积极利用一切可能的条件开辟肥料来源，改进使用肥料的方法；推广优良品种；改良土壤；扩大复种面积；多种高产作物；改进耕作方法；消灭虫害和病害；开垦荒地，扩大耕地面积。1958年毛泽东主席将这些增产措施概括为农业“八字宪法”：“土”，深耕土地、改良土壤；“肥”，增加肥料、合理施肥；“水”，发展水利、合理用水；“种”，培育、繁殖和推广良种；“密”，合理密植；“保”，植物保护、防治病虫害；“管”，加强田间管理；“工”，实行工具改革，解放劳动力。大队按照农业“八字宪法”的要求，落实各项农业增产措施，对于提高粮食产量起到了积极的作用。

在计划经济年代里，从种植面积、亩产、总产到粮食征购、农用物资分配、农业税等，国家每年下达生产计划，各大小队必须按照国家计划播种农作物，秋后按照国家征购数量向国家交售粮食、棉花、油料。

20世纪60～70年代，小营大队响应上级机耕地的号召，用大拖拉机深翻土地，将杂草籽粒和茬头儿深埋入土，增加土壤有机质；又号召家家户户养猪积肥，填土垫圈；掏茅楼，积攒人粪尿，拆炕换坯沤肥，秋冬季节挖河泥，按照粗肥土方量计算工分，按工分计算劳日值。冬季里头上冻前，各户将粗粪从猪圈起出来，堆放到各户门口，俗称粪堆儿。冬季农闲时节，组织社员群众下河挖河泥，用马车将粗肥送到地里。1983年实行大包干以后，仍然保持这种习惯。进入2000年以后，由于工农剪刀差拉大，青壮劳力外出打工，做买卖，搞运输，挣钱较多，加之土木结构的老住宅改造成钢筋混凝土现浇房，院内再建下房堆放杂货，没有建猪圈的地方了，农户养猪越来越少，粗肥施用量大幅减少，主要靠施用化肥，土壤有机质下降，土质板结，产量减少。

铁官营村人口从1948年的223人增加到2012年的452人，翻了一番，但是村党支部、生产大队（村委会）根据时代需要，在上级政策允许的范围内，调整玉米、高粱、水稻、小麦等作物种植面积，推广新品种，改进栽培技术，大搞农田水利基本建设，不断提高单位面积产量，满足了人口增长带来的粮食需求。

粮食产量。1949年以前，小营村粮食生产水平很低，亩产仅有120斤。中华人民共和国成立以后，党和政府采取多种措施，发展粮食生产，粮食产量逐步提高。

1961年，全大队有耕地面积1152亩，其中社员自留地面积70.6亩，集体耕地1087.4亩，平均亩产175斤，总产189245斤，人均耕地4.35亩，人均占有粮食714斤。（榆关公社19个大队平均亩产182.5斤；大刘庄、小李庄、高家店205斤，榆关、沙河200斤，河西、黄土坎190斤，紫草坞175斤，杨各庄165斤，郑家店159.7斤）。

1962~1963年，全大队粮豆占用耕地面积为1048亩，亩产230斤，总产240000余斤。

1964～1970年间，粮豆占地927～970亩，亩产276.5～409斤，总产262979.8～379031斤。

1972～1975年，粮豆占地855～878亩，亩产从1972年的301斤提高到1974年的501斤，总产从1972年的258017斤增加到1974年的438237斤。

1976～1982年，粮豆面积进一步扩大，达到920～930亩，亩产506～526斤，总产从465917斤增加到569241斤。

1980年，风调雨顺，获得农业大丰收。粮豆占地856亩，亩产787.2斤，总产673844.7斤。

1982年夏秋，遭受历史性大旱，年降雨量380毫米，为常年雨量的50%，粮食大幅减产。是年，粮豆占地933亩，亩产611斤，总产569241斤，比1980年分别减少22.38%、15.52%。

1983年，粮食生产获得历史性大丰收，全村粮豆占地920亩，亩产911.5斤（北杨各庄694.7斤，郑家店581斤，东甸849斤，紫草坞877斤，西岭750斤），总产838500斤，比20世纪70年代最高总产（1974年）增产91.33%。

1986年，全村粮豆占地面积920亩，亩产912斤，总产达到839040斤，超过1983年，创第二个历史性大丰收。

1992~1993年，粮豆占地面积900～920亩，亩产700～740斤；总产641940～667200斤。

1994～2009年，粮豆占耕地面积有所扩大，达到980～998亩；亩产724～956斤，总产722000～936500斤。

2009年，全村粮食占地面积980亩，亩产达到958斤，创历史最高水平，总产实现936500斤，创历史最高水平，比20世纪80年代历史最好水平的1986年增长11.62%。

1954—2009年部分年份铁官营村粮食生产情况表

表5　　　　单位：亩、斤

年份	面积	亩产	总产
1961		175	189245
1963	1048	230.44	241507.5
1964	975.9	374.8	270146.1
1965	866.3	360.99	312724.7
1969	951.41	276.5	262979.8
1970	1017.16	376	379031
1972	855	301	258017
1974	873	501	438237
1975	878	490	
1976	920	506	465917
1982	933	611	569241
1983	920	911.5	838500
1992	920	697.6	641940
1993	900	740	667200
1994	1003	720	722000
2009	980	958	936500

主要栽培作物品种

1954—2009年部分年份铁官营村主栽作物品种播种面积变化情况表

表6　　　　单位：亩、斤

年度	玉米	稻谷	高粱	麦类	谷子	薯类	豆类	棉花	花生
1954		215.29	314.69	43.67	41.57	33.77	24.79	52.93	146.48
1962	451	120	114	40		147	46	29	45
1963	405	158	158	38	42	135	37	50	50
1964	406.1	145	100	41	25	115	38.8		150
1965	394.5	140	85	40	35	143	30	50	145
1966	496.9	135	83	50	39	106.1	33	51	115
1969	336.07	168	95.5	113	42	143.84	20	53	145
1970	426.1	115	60	110	30	222	20	52.25	140
1972	407	110	106	100	30	129	10	50	200
1974	307	90	262	244	40	150	20	8	180
1975	281	230	116	327	30	171	25	7	190
1976	410	230	100	400	250	165	10	3	200
1982	553	240		140		110	20		

续表

年度	玉米	稻谷	高粱	麦类	谷子	薯类	豆类	棉花	花生
1983	590	200	10	140		90	30	16	180
1992	560	200	20	50		110	30	5	180
1993	630	50	30	40		150	40	15	150
1994	673	80				155	25	5	100
2009	815	100	10			65	40		100

玉米。是大宗农作物之一。1945年前后引进种植。20世纪50年代初，种植面积300多亩，品种以“白马牙”为主，但是由于近亲繁育，亩产量仅有130多斤。1954年，全村玉米种植面积307.36亩，占农作物总播种面积1209.85亩的25.4%。

20世纪60年代，推广“金皇后”等品种。

1962年，玉米种植面积扩大到451亩，占农作物播种面积1071亩的42.11%；亩产135.76斤，总产61229斤，占全村粮食总产142876斤的42.85%。

1963～1965年，玉米播种面积维持在400亩左右，占全大队粮食播种面积的三分之一。亩产由1963年的198斤提高到1965年的416.52斤。总产由1963年的80202斤增加到1965年的164319斤，玉米在粮食总产中的比重从1963年的33.21%提高到1965年的52.54%。

1966年，玉米种植面积达到496.9亩，占农作物播种面积1152亩的43.13%。

1969年，玉米面积336.07亩，占粮食播种面积951.41亩的35.32%；因灾减产，亩产仅为178.2斤，总产59866.6斤，占粮食总产量262979.8斤的22.76%。

从20世纪70年代初开始，推广丹玉6号杂交玉米品种，增产20%左右，推行4尺半带田，实行玉米、小麦两茬种植，实现了粮食的增产。

1970～1972年，玉米种植面积扩大到407～426亩，占农作物播种面积的34%左右；亩产230斤左右；总产95493斤～102229斤，占粮食总产量的27～35%。

1974~1975年，杂交玉米面积280～307亩，亩产290～300斤。总产81321～92754斤，占粮食总产量的19～21%。

1976年，玉米面积扩大到410亩，占粮食播种面积的30.60%；亩产334斤，总产137090斤，占粮食总产量29.42%。

1980年，玉米面积540亩，亩产670.7斤，总产362177.9斤。

1982～1992年，玉米播种面积550～560亩，占粮食面积的51～56.57%。由于推广沈丹七、八号等高产品种，亩产量大幅度提高。1982年玉米面积553亩，虽因灾减产，亩产还达到538斤，玉米总产297815斤，占粮食总产的53.16%。1983年，玉米获得大丰收，亩产850斤，总产501500斤，占粮食总产的59.81%。1986年，玉米面积546亩，亩产1043斤，总产569640斤，占粮食总产839040斤的67.89%。1988年玉米面积550亩，亩产700斤，总产385000斤，占粮食总产的59.80%。1992年玉米总产331540斤，占全村粮食总产的51.65%。

1993~1994年，由于青壮年外出打工，种玉米省工省事，玉米播种面积扩大到630～673亩，占粮食作物面积的66～67%；亩产从640斤增加到800斤；总产从403200斤增加到538400斤，增长33.53%。

到2009年，玉米总面积达到815亩，达到历史最高水平，占粮食作物面积的79.13%；亩产975.46斤，比20世纪60～70年代最高亩产量（1965年416.52斤）增产134.2%；总产量79500斤，占粮食总产的84.89%。

1954—2009年部分年份铁官营村玉米生产情况表

表7　　单位：亩、斤

年份	面积	亩产	总产
1954	307.36		
1962	451	135.76	61229

续表

年份	面积	亩产	总产
1963	405	198	80202
1964	406.1	255.5	103399.7
1965	394.5	416.52	164319
1966	496.9		
1982	553	538	297815
1983	590	850	501500
1992	560	592	331540
1993	630	640	403200
1969	336.07	178.2	59866.6
1970	426.1	229.6	102229
1972	407	234	95493
1974	307	302	92754
1975	281	289.3	81321
1976	410	334	137090
1994	673	800	538400
2009	815	975.46	795000

稻谷。1949年前后，曾在南河岸边种植粳子，产量不高。20世纪50年代，村西南顺稻子等地种粳子200多亩，亩产量仅有150～160斤。1954年，粳子播种面积215.29亩，占全村农作物播种面积1209.85亩的17.8%。

1962年，全大队粳子面积120亩，占粮食播种面积1048亩的11.45%；亩产167.85斤，总产20142斤，占粮食总产142876斤的14.1%。

村南小港和西南大碱地有200~300亩盐碱地，原来种植玉米、高粱，亩产仅有200～300斤。从1963年开始，打机井修渠，将小港和大碱地改种水稻。水稻的种植，不但增加了粮食产量，还改善了人们的膳食结构。

1963～1969年，粳稻面积在135～168亩，占粮食播种面积的12～17%，其中1969年面积最多169亩。亩产平均350斤左右，1963年最低248.4斤，1964年最高亩产361.6斤。1965年稻谷总产48222斤，占全大队粮食总产的15.42%；1969年稻谷总产67105.8斤，占粮食总产的25.52%。

1969年，水稻90亩，亩产440斤，总产27008斤。

1970～1972年，稻谷面积110亩左右，占农作物播种面积的10%左右；1970年稻谷亩产843.4斤，比1969年增产400多斤；1970年稻谷总产96989斤，占粮食总产379031斤的25.59%。（其中扩种水稻对粮食增产起到了关键性作用，1970年水稻70亩，亩产979.8斤，总产68583斤，占粮食总产的18.1%）。

1974年，稻谷面积减少到90亩，但是亩产大幅度增长，达到1233斤，总产111001斤（其中水稻70亩，亩产1540斤，总产107844斤），占粮食总产的25.33%。

1975～1982年，全大队水稻种植面积230～240亩，占粮食播种面积的17～22%；亩产576～630斤，总产132590～144804斤，占当年粮食总产量的31%左右。1980年，水稻面积235亩，亩产870.97斤，总产204679斤。1982年，水稻面积240亩，亩产663斤，总产159186斤，比1980年减产22.23%。

第一村民小组稻田

1983～1992年，全村水稻播种面积维持在200亩，占粮食播种面积1150亩的16～17%左右；亩产800～1000斤。1983年稻谷总产达到200000斤，占粮食总产量的23.85%。1986年水稻面积200亩，亩产895.8斤，总产179160斤，占粮食总产839040斤的21.35%。1988年水稻面积200亩，亩产800斤，总产160000斤。

1993～2009年，由于青壮劳动力大多外出打工，水稻面积减少到

50～100亩。1993年面积仅有50亩，2009年恢复到100亩；亩产700～800斤。2009年稻谷总产80000斤，仅占粮食总产的8.54%。

1954—2009年部分年份铁官营村稻谷生产情况表

表8 单位：亩、斤

年度	面积	亩产	总产
1954	215.29		
1962	120	167.85	20142
1963	158	248.4	38458
1964	145	361.6	52438.7
1965	140	344.44	48222
1969	168	299.4	67105.8
1970	115	843.4	96989
1972	110	377	41564
1974	90	1233	1110011
1975	230	576.4	132590
1976	230	630	144804
1982	240	663	159186
1983	200	1000	200000
1992	200	800	160000
1993	50	800	40000
1994	80	700	56000
2009	100	800	80000

高粱。高粱是铁官营村当家品种之一，从米质粘度上分为粘高粱和笨高粱2种；从高粱籽穗又分为高杆散穗高粱和矮杆紧凑型高粱2种。种植历史比较悠久，清朝顺治年间（1644～1661年）建村之初就开始种植。20世纪50年代，村南平地种植杂交高粱、五股分叉等，面积达300多亩，产量不高。群众以秫米（高粱米）为主食。

1954年，全村种植高粱314.69亩，占农作物播种面积1209.85亩的26%。

1957～1959年间，按照上级要求，在山子北等地种植五股分叉、九股分叉、多穗高粱等品种，亩产300~400斤，但米质不好。

1962年，高粱面积减少到114亩，占农作物播种面积1071亩的10.64%；

亩产仅96.9斤，总产11047斤，占粮食总产的7.73%。

1963年，又恢复到158亩，占粮食作物播种面积1194亩的13.23%；亩产134.8斤，总产21294斤，占粮食总产的8.82%。

1964～1969年，高粱面积83～100亩，正常年份亩产260～375斤，1964年面积最多100亩；1965年亩产最高375.64斤，1969年因灾减产，亩产150.9斤。

1970年，高粱面积下降到60亩，亩产459.6斤，总产27576斤。1972年，高粱面积增加到106亩，亩产246斤，总产26221斤。

1974年，高粱种植面积达到262亩，占农作物播种面积1150亩的22.78%；亩产243斤，总产64044斤（其中杂交高粱150亩，亩产300斤，总产45000斤），占粮食总产的14.61%。

1975年，高粱面积下降到116亩，占粮食播种面积1209亩的9.59%；亩产292.6斤，总产37951斤，占粮食总产的8.81%。

1976年，高粱面积缩减到100亩，亩产仅有99斤，总产9926斤。

1983～2009年，高粱种植面积由40亩减少到10亩，亩产500～900斤。1986年，高粱面积44亩，亩产566斤，总产22640斤。1988年，高粱面积40亩，亩产600斤，总产24000斤。

1954—2009年部分年份铁官营村高粱生产情况表

表9　　单位：亩、斤

年度	面积	亩产	总产
1954	314.69		
1962	114	96.6	11047
1963	158	134.8	21294
1964	100	259.6	25961
1965	85	375.64	31929
1969	95.5	150.9	14414.8
1970	60	459.6	27576
1972	106	246	26221
1974	262	243	64044

续表

年度	面积	亩产	总产
1975	116	292.6	37951
1976	100	99	9926
1983	10	900	9000
1992	20	500	10000
1993	30	700	21000
2009	10	400	4000

薯类。包括白薯和马铃薯。白薯，也叫甘薯、红薯，耐旱耐涝，素有“铁杆庄稼”之称。1945年前后引进，20世纪50～60年代种植面积不断扩大，品种胜利100号。60年代后期引进北京553号，主要在东岭和西街北河南种植白薯，切成白薯干，磨成白薯面，作成白薯饽饽，白薯干喂猪。

1954年，全村白薯种植面积33.77亩，占农作物播种面积1209.85亩的2.79%。

1962～1969年，栽种面积106～147亩，亩产从247.5斤到532斤。1970年，种植面积最多，达到222亩，占农作物播种面积1260.44亩的17.6%；亩产439.4斤，总产97550斤，占粮食总产的25.74%。

1972～1976年，白薯种植面积129～171亩，亩产353～680斤。1982～1992年间，白薯面积稳定在90～110亩，亩产800～900百斤。1982年白薯面积110亩，因受旱灾，亩产仅有534斤，总产仅为58823斤。

1983年，白薯面积90亩，亩产800斤，总产72000斤。

1986年，白薯面积80亩，亩产500斤，总产40000斤。

1987年，白薯面积60亩，亩产800斤，总产48000斤。

1988年，白薯面积80亩，亩产700斤，总产56000斤。1993、1994年，白薯面积150亩左右，亩产1000斤左右。1994年，因灾减产，亩产仅为400斤。到2009年，薯类面积65亩，亩产700斤。

1954—2009年部分年份铁官营村薯类生产情况表

表10　　　　单位：亩、斤

年度	面积	亩产	总产
1954	33.77		
1962	147		36382
1963	135	430	58042
1964	115	532	61267.4
1965	143	370.45	52974
1969	143.84	481.1	69277.1
1970	222	439.4	97550
1972	129	353	55625
1974	150	648	97477
1975	171	601.47	102852
1976	145	680	73554
1982	110	534	58823
1983	90	800	72000
1992	110	800	88000
1993	150	1000	150000
1994	155	400	62000
2009	65	700	45500

麦类。包括小麦、大麦等，以小麦为主。小麦又分为冬小麦和春小麦。1949年以前有少量种植，主要是大麦。小麦、大麦从清光绪初年（1875～1908年）开始传入铁官营村，在南河沿岸种植。20世纪50年代初在长城地、山子北等处种小麦、大麦（六石准），面积从最初的30～40亩扩大到200多亩。

小麦。1954年，小营村种植麦类43.67亩（其中冬小麦32.18亩，春小麦11.49亩），仅占作物播种面积1209.85亩的3.61%。

1962～1966年，小营大队种植冬小麦38～50亩，亩产从80～90斤提高到130斤，其中1965年亩产达到183.97斤。

1969～1972年，上级号召种植小麦，每年下达指令性种植计划，小麦播种面积大幅增加，面积达到70～80亩，亩产100～200斤，1969年最高，达到

221.2斤。

1974～1976年，小麦种植面积在200亩以上，1975年达到226亩，创历史最高纪录；亩产166～242斤。1982～1984年，小麦播种面积在140～160亩，亩产260～350斤。1986年，全村种麦面积50亩，亩产300斤，总产15000斤。为鼓励群众种小麦，榆关乡政府采取奖励政策，比如1987年9月，全村种麦任务80亩，榆关乡政府下拨平价尿素1440公斤（亩均18公斤），平价柴油120公斤（亩均1.5公斤）。但实际上全村仅播种小麦26亩，全部为带田。1988年，小麦种植面积26亩，亩产300斤，总产7800斤。

20世纪90年代以来，因种麦耗时费力，收获季节又时常下雨，收获晚了容易霉变发芽，小麦种植面积锐减到40～50亩，亩产600多斤。到1994年基本上不再种小麦了。

大麦。20世纪70年代初，大麦种植面积20～30亩，亩产100～200斤。1975～1976年大麦种植面积达到100亩以上；1974年大麦亩产216斤，达到历史最高水平。1976年达到192亩，创历史最高纪录；亩产127～171斤。

1979年实行家庭联产计酬生产责任制后，群众有了生产自主权，就不种大麦了。

1954—1993年部分年份铁官营村麦类生产情况表

表11　　　　单位：亩、斤

年度	面积	亩产	总产
1954	43.67		
1962	40	83.67	3347
1963	38	95.5	3622.1
1964	41	159	6542.2
1965	40	183.97	7358.6
1966	45	131	6549.2
1969	63	221.2	13939
1970	80	107.8	8626
1972	100	110.1	11012
1974	244	170.38	41574

续表

年度	面积	亩产	总产
1975	327	155.2	50749
1976	400	180.1	72022
1982	140	266	37272
1983	140	300	42000
1992	50	640	32000
1993	400	600	24000

杂粮。杂粮包括谷类和豆类。谷类，包括谷子、黍子两种，以谷子为主，是主要的抗旱庄稼，一般在岭坡地或火沙地种植。早在清顺治年间建村之时就有种植，是当时的主栽作物，群众以小米为主食。

1954年，全村种黍子23.47亩。1962～1969年，谷子播种面积25～58亩，亩产169～302斤。1970～1976年，种植面积25～40亩，亩产175～487.9斤。由于产量较低，到20世纪80~90年代就很少种植了。

豆类，包括黄豆（大豆）、豌豆、白豆、红小豆、绿豆等，栽培历史比较久远，多在玉米田里间混套种，种植面积不大，2项总计80～100亩地。大豆是制作水豆腐、干豆腐的主要原料，豆腐渣还可以喂猪。

1962～1964年，大豆种植面积30～38.8亩，亩产139～348斤。1969~1970年，播种面积20亩，亩产500～600斤。1972～1976年，播种面积减少到10亩，亩产113～177斤。1982～2009年，大豆种植面积20～30亩，亩产300～500斤。1986年，大豆面积20亩，亩产400斤，总产8000斤。1993年亩产最高，达到1000斤。

从20世纪50年代到70年代，还有少量的红小豆、豌豆、蚕豆等种植，面积一般12～16亩。红小豆经过挑选，出口到日本。1954年，全村种春豌豆12.85亩，青豆11.94亩。1962年，豌豆16亩，亩产99.81斤，总产1597斤。

1963～1974年，蚕豆、豌豆7亩左右，亩产66～355斤。1975年以后就不再种植豌豆、蚕豆了，但是还有少量红小豆的种植，主要是套种或补苗。1984年，红小豆面积50亩，亩产200斤，总产10000斤。1986年，红小豆面积34亩，亩产100斤，总产3400斤。1987年，红小豆种植面积20亩，亩产200斤，总产4000斤。1988年，红小豆面积30亩，亩产100斤，总产3000斤。1994年，红小豆5亩，亩产200斤，总产1000斤。

经济作物　棉花、花生、芝麻、蓖麻、苘麻、红麻、甜萝卜、沙参等，属于经济作物，从1949年到20世纪70年代主要是为工业生产提供原料。

棉花。民国初年，开始种植棉花，1937年日伪政权强迫农民种植棉花，销往日本，种植面积有所扩大。1949年以后，棉花作为国家棉纺工业重要原料，上级每年下达种植指令性计划，推行“粮棉油”上纲要活动。

1954年，全村种有火籽棉52.93亩。1962年下降到29亩，总产414斤。1963～1972年种植面积一直保持在50亩左右，亩产一般20多斤，最高时期达到50多斤。1974~1975年减少到7～8亩，亩产20～30斤。1976年最少，仅有3亩。20世纪80～90年代维持在5～16亩之间，亩产40～100斤。

1982年，棉花面积16亩，亩产21斤，总产335斤。1983年，面积16亩，亩产40斤，总产640斤。

1986年，棉花种植面积10亩，亩产34斤，总产340斤。1987年棉花面积5亩，亩产40斤，总产200斤。1988年，棉花面积仅为2亩，亩产40斤，总产80斤。2000年以后很少有种植的了。

1954—1994年部分年份铁官营村棉花生产情况表

表12　　单位：亩、斤

年度	面积	亩产	总产
1954	52.93		
1962	29		414
1963	50		1869.4
1965	50	56.3	2815.4
1969	53	21.5	1143.7
1970	52.25	40.2	2104
1972	50	4.2	211

续表

年度	面积	亩产	总产
1974	8	20	162
1975	7	30	212
1976	3	25	75
1983	16	40	640
1992	5	40	200
1993	15	100	1500
1994	5	60	300

花生。适合生长在沙土地或山坡地，是主要的油料作物，除每年向国家交售征购任务外，还是农民食用油的主要原料。民国初年，开始在村东南平地媳妇儿地、双堰儿地种少量花生。

1954年，种植花生146.48亩。1962～1963年，播种面积在45～50亩，亩产150～230斤。1964～1970年，播种面积达140～150亩，亩产在57～112斤。1972～1983年，播种面积达到历史最高水平180～200亩，亩产57～160斤。

1983～1988年，种植面积稳定在180亩，其中1984年亩产333斤，总产60000斤；1986年亩产155.8斤，总产28044斤；1987年亩产200斤，总产36000斤；1988年亩产150斤，总产27000斤。

1993年面积减少到150亩，亩产300斤，总产45000斤。1994～2009年，花生播种面积100亩，亩产300～400斤。

1954—2009年部分年份铁官营村花生生产情况表

表13　　单位：亩、斤

年度	面积	亩产	总产
1954	146.48		
1962	45		6890
1963	50		11464
1964	150		3802
1965	145	59.27	8594
1969	145	57.6	8364.14

续表

年度	面积	亩产	总产
1970	140	112.5	15752
1972	200	117	23496
1974	180	99	17893
1975	190	133	25267
1976	200	57	11360
1983	180	160	28800
1993	150	300	45000
1994	100	300	30000
2009	100	400	40000

另外，20世纪60～70年代，在宅旁院内、边头地脑种植1～2亩芝麻、苏子等油料作物，产量很低。在河坑边种植蓖麻、红麻，面积不足10亩。蓖麻籽卖给榆关公社采购站，红麻秋后放到河坑里，沤烂老皮后，打麻绳。

蔬菜作物 蔬菜类有大白菜、萝卜、胡萝卜、芹菜、韭菜、菠菜、黄瓜、茄子、豆角、辣椒、西红柿、甘蓝、倭瓜、梢瓜、香瓜、莙荙菜等，以白菜和萝卜为主。铁官营村从建村之初就开始种植蔬菜，但面积较小。1949年以后到1978年以前，以增加粮食生产、吃饱肚子为主要目的，因而蔬菜播种面积较少。

1954年，全村播种蔬菜作物（菜用瓜等）仅有5.04亩。

20世纪60年代，全村蔬菜面积不太稳定，在12～50亩之间浮动。1962年最多，50亩（其中集体28亩，总产75342斤）；1964~1966年12～13亩，一般年份20～30亩，亩产3000～4000斤。20世纪70年代，种植面积在48～60亩，1975年面积最少，仅有15亩；亩产1000～2000斤，1972年最高，达到5463斤，1974年最少，亩产仅有1000斤。

20世纪80～90年代，蔬菜种植面积在30～40亩，亩产16000～20000斤。1984年，蔬菜面积34亩，亩产8000斤，总产272000斤。1986年，蔬菜种植面积40亩，亩产3000斤，总产120000斤。

1987年，蔬菜面积30亩，亩产8000斤，总产240000斤。

1988年，蔬菜、果用瓜等面积48亩，其中果用瓜5亩，亩产1500斤，总产7500斤。

1994年，蔬菜仅为5亩，亩产10000斤，总产50000斤。

进入2000年以后，铁官营村利用靠近秦皇岛市区和北戴河、南戴河区旅游市场的区位优势，大力发展蔬菜生产，种植面积不断扩大，种类繁多，数量增长，经济效益大为提高。2009年，蔬菜占耕地面积61亩，其他占耕地面积100亩。蔬菜瓜类播种面积159亩，亩产6962斤，总产1107260斤。其中，叶菜类（菠菜）20亩，亩产4000斤，总产80000斤；块根、块茎类14亩，亩产9090斤，总产127260斤；茄果类125亩，亩产7200斤，总产900000斤（其中，西红柿100亩，亩产8000斤，总产800000斤；青椒25亩，亩产4000公斤，总产100000斤）。其中，蔬菜大棚22个，占地25亩，播种面积48亩，蔬菜大棚产量384000斤。

1954年—2009年部分年份铁官营村蔬菜生产情况表

表14　　单位：亩、斤

年度	面积	亩产	总产
1954	5.04		
1962	50		
1963	30		100349
1964	13		30644
1965	26.5	3244.8	85987
1969	20	975	19500
1970	48	2083	100000
1972	60	5463	327800
1974	48	1000	48000
1975	15	1435	215300
1983	28	8000	80000
1993	44	20000	80000
1994	5	10000	50000
2009	159	6962	1107260

物　产　粮食类。苞米（玉米）、粳子（1973年无）、水稻、高粱、白薯、谷子、黍子、小麦、大麦（1973年已无）、大豆、红小豆、绿豆、豌豆、土豆等，以苞米、水稻、白薯、高粱为主；

经济作物类。花生、棉花、芝麻、苏子、向日葵、蓖麻（1976 年已无）、苘麻（1976 年已无）、红麻（1976 年已无）、沙参（1974 年已无）等，以花生为主。

蔬菜类。大白菜、萝卜、胡萝卜、大葱、大蒜、生姜、韭菜、芹菜、豆角、豌豆、菠菜、甜菜、丝瓜、梢瓜、香瓜、冬瓜、南瓜、西葫芦、葫芦、倭瓜、苦瓜、鬼子姜、地梨、洋姑娘等，以大白菜、萝卜为主；

林果类。杨树、柳树、香椿、榆树、洋槐、刺槐、松树、柏树、桑树、荆柯、紫穗槐、桂花树等；桃、李、杏、苹果、山楂、花红、葡萄、大枣、黑枣、酸枣、樱桃、柿子等。

家畜类。牛、马、驴、骡、山羊、绵羊、猪、家兔、狗、猫等，以牛、猪为主。

家禽类。鸡、鸭、鹅、鸽子、鹌鹑等，以鸡为主。

主食类。大米粥、小米粥、二米粥，秫米粥；干饭（大米饭），小米饭，二米饭（大米、小米），秫米饭；糊肚（玉米面粥）；饽饽（苞米饽饽、白薯饽饽、粘饽饽）；白薯干（分生、熟两种）；馒头、大饼、窝头、水饺、蒸饺、手擀面、片汤、疙瘩汤、元宵、粽子等。

副食类。水豆腐、干豆腐、渣豆腐（也叫懒豆腐，分用大豆和花生磨的两种）、豆腐脑；大酱、面酱、香油坯（麻酱、芝麻酱）、卤虾酱、花生酱等；

食用油。花生油、豆油、菜籽油、葵花籽油、棉籽油（1978 年已无）、香油、苏子油；荤油（大油）等，以花生油和荤油为主。

腌菜类。大酱、咸菜（淹白菜）、酸菜（渍菜）、瓜子（咸萝卜）。

编织类。家线布（家织布，白色的叫白花旗，20 世纪 60 ~ 70 年代以前流行)、被面、褥面、布鞋；粪筐（挑粪用）、粪篓子（挎粪、捋粪用）、鸡篓子、笼子（也叫挎笼子，体型较小，圆形，上下一齐，存放东西用）、傻笼子（体型比较大，上边敞口）；茓子（用高粱秫秸皮编织而成，围成圆柱形，存放粮食用）；笤帚（条扫，用散穗高粱挠子刨成，扫地用）、炊扫（用笨高粱挠子刨成，刷锅洗碗用）。

矿产类。河沙（早年有，1990 年已无）、粘土砖（2013 年停产）。

野生植物类。马莲、窝儿食（苦马子）、蘧荬菜（苣荬菜）、小蒜、羊犄角、水荠菜、马齿苋、灰头菜、驴扎嘴（马刺草）、酸大溜、猪毛菜、车轱辘菜（车前子）、地巴豆、婆婆英（蒲公英）、蒲草、蒺芡、柴胡、远至、金银花、芦苇等。

野生动物类。鸟类：家雀子（麻雀）、鸽子、喜鹊、燕子、猫猫头（猫头鹰）、鸧鸧木（啄木鸟）、老鸹（乌鸦）、圆屁股（蝙蝠）、刁鱼郎、鹌鹑、白老鹳、布谷（杜鹃）、野鸭子等。

虫类。蚕、蜜蜂、马蜂、蝎子、蝉（根据叫声和身体颜色，分为知了、乌英哇两种）、蚂螂（蜻蜓）、刀螂（螳螂）、蚂蚱、萤火虫、蚯蚓、稻蝗、曲曲、蝈蝈、蛴螬、苍蝇、蚊子、虱子、虮子、狗蹦子（跳蚤）、香油坯（水面上爬行多足虫）、油印（蚰蜒、蜈蚣）、香牛（浑身黑色，成虫在地下洞里生活，可吃）、花牛（臭牛，天牛，浑身黑色，并带有白点，在树木里钻洞，不能吃）、瓢虫（花大姐）、粘虫、玉米螟、蠓虫、腻虫（蚜虫）、蜘蛛、红蜘蛛、肉麻（mā）疼（雀翁蛾幼虫，俗称杨瘌子，毒蛾、绿刺蛾）、金宝子（蟑螂）、潮虫、土鳖、蛔虫、绦虫等。

兽类。狼（1949 年以后绝迹）、黄鼠狼、狐狸、刺猬、野兔（不会打洞，居天然洞穴）、耗子（老鼠）等。

两栖类、爬行类。蛤蟆（青蛙）、老蚧（癞蛤蟆）、蝌蚪、长虫（蛇）、蝎虎子（壁虎）、四扯子（麻蜥、马蛇子）、王八（甲鱼）、蜗牛等。

鱼类、水生类。鲫鱼、鲤鱼、草鱼、鲶鱼、鳝鱼、噶鱼、泥鳅、麦穗儿、白票子、蛤喇（河蚌）、虾米、肉钻子（水蛭）、蚂蝗等。

粮油征购及纳税 1949年以前，小营村向国家交纳“皇粮国税”。清朝向农民征收劳役称“赋”，向土地征收实物称“税”。后都从土地征收，统称“赋税”。土地分为上、中、下三则3个等级，按照土地等级征收。清朝“实在出差人丁，上中下则不等，每则征银千三百二十四两四钱；抽出供丁下下则，每丁征银二钱”。（乾隆二十一年《临榆县志》）。雍正五年（1727年），实行“摊丁入亩”政策，征收“地丁银”。杂税有典税、牙税、田房牲畜税、工部木税等名目。1840年鸦片战争后，清政府对外妥协投降，对内残酷剥削。特别是1900年义和团运动失败以后，清政府割地赔款，加剧了对农民的盘剥，农民生活贫困不堪。

民国时期，战乱不休，苛捐杂税多如牛毛，日伪统治时期尤甚，巧立名目，强取豪夺，老百姓不堪重负。田赋有地粮、荒粮、边粮、三项旗租、海防租、差徭、屯米、屯草、屯豆等9项。杂税有屠宰税，羊毛、猪鬃、猪毛、狗皮税，契税、木炭、棉花、花生等名目。苛捐有商捐、保卫团捐、警察捐、壮丁捐、育婴捐、牛羊捐、小肠捐等名目。还有地方附加，如地银、荒粮、边粮三项田赋，代征警饷、教育费、自治费、建设费、保卫团、义仓等附加费。

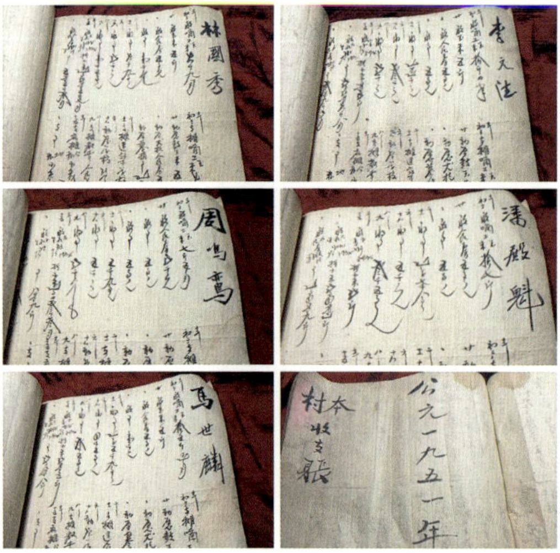

1951年小营村粮食税收征收账

1946年，小营村解放后，人民政府废除了统一按自然亩摊派的不合理办法，改为按照土质好坏、产量高低、群众评议、折成标准亩的方法，实行累进税制征收，减轻了群众的负担。1949年，实行有免征点的比例税制，每个农业人口扣除一个标准亩（80斤小米），每负担亩一般征收20斤小米。

1953年11月，国家对粮食、油料实行统购统销政策，从1954年开始，小营村向国家交售征购粮食油料、缴纳农业税，粮食总产将近三分之一、花生总产将近一半交售给国家，对国家的发展做出了应有的贡献。

1961～1962年榆关公社粮食三定产购销统计表显示，小营大队耕地面积780.7亩，亩产242.3斤，总产189239斤；二留合计84753斤，种籽亩留13斤，应留种籽10149斤；饲料7212斤；人口244人，标准268斤，留粮65392斤；余粮104486斤，征购率95%；征购粮99262斤，占全大队粮食总产的52.45%；储备粮5224斤。

1961年9月5日统计，小营大队耕地面积1152亩，自留地面积70.6亩，纳税面积1087.4亩，亩定产175斤，总产189245斤，计税产量189245斤，税率16%，税额3027.92元，税金折米30279.2斤。

1962年，粮食征购任务9万斤。

1962年8月25日统计，纳税亩产156斤，总产166552斤，税率9.7%，依率征收16300斤，合计应征17930斤；每人平均耕地4.47亩，定产590.1斤，税额70斤。

1963年，纳税土地1071.4亩，每亩定产156斤，总产166552斤；计税总产166552斤；税率9.7%；依率计征税额16300斤，应交米数合计17930斤，每人平均耕地4.49亩，定产590.1斤，税额70元。

1965年，小营大队计税土地1071.4亩，常年平均亩产156斤，总产167138斤；税率9.7%，应征合计16212斤；地方附加：省附加1622斤，乡附加812斤，全年应征正税附加合计18646斤。

1965年，征购完成110637斤，占全大队粮食总产量的32.73%；换购完成21128斤，议价粮12061斤，生产粮3500斤，贸易粮折差20152.5斤，储备粮22139斤（其中国家代储付收19919斤）；三留148462.2斤，其中种籽13550.5斤，饲料12719斤，口粮122192.7斤，每人每年口粮414斤（郑家店414斤，北杨各庄414斤，东甸448斤，紫草坞414斤，西岭447斤，沙河433斤，韩义庄417.4斤），每人每天1.2斤。

1966年，完成国家征购粮食107820斤，农业税2597元。

1967年，计税土地面积1058亩（其中第一生产队529亩，第二生产队529亩），常年亩产156斤，总产量165248斤（其中第一队82524斤，第二队82524斤）；税率9.7%，依率计征税额16010元（第一队、第二队均8005元），应征合计16010元，地方附加（省附加）2401元（第一队、第二队各1201元），全年应征正税附加合计18412元（第一队、第二队各9206元）。

1967年，国家定购粮109100斤，实际完成106304.5斤，占粮食总产的36.95%；贸易粮折差9222.5斤，口粮133391.6斤，全大队299人，人均口粮446.12斤；第一生产队每人全年口粮360斤，每人每天1斤；第二生产队每人全年口粮414斤，每人每天1.15斤。花生面积145亩，亩产134.2斤，总产19458.5斤；二留（留种6000斤，油料口折2955斤），人均8斤；完成国家征购10503.5斤，其中交油2513斤。

1968年，完成粮食征购任务109100斤，实际完成100052.5斤，占全大队粮食总产量272017斤的36.78%；其中第一生产队54550斤（实际完成数54550斤），第二生产队54550斤（实际完成数45502.5斤），贸易粮折差数15927斤，应核减征购数9047.5斤。花生面积145亩，亩产135.6斤，总产19674.9斤；每人平均9.75斤；剩余商品量10953.4斤，向国家交售征购10953.4斤，占花生总产量的55.67%，其中交油2195斤。

1969年，粮食征购任务109100斤，实际完成65785斤，占粮食总产量

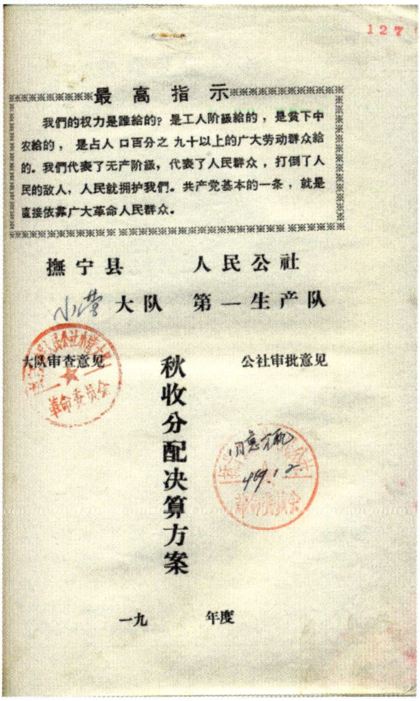

127

最高指示

我們的权力是誰給的？是工人阶級給的，是貧下中农給的，是占人口百分之九十以上的广大劳动群众給的。我們代表了无产阶級，代表了人民群众，打倒了人民的敌人，人民就拥护我們。共产党基本的一条，就是直接依靠广大革命人民群众。

撫宁县　　人民公社

小营大队　第一生产队

大队审查意见　　公社审批意见

秋收分配决算方案

一九　　年度

1969年秋收分配方案

226135斤的29.05%；贸易粮折差22819.5斤（第一生产队任务54550斤，实际完成25964斤；第二生产队任务54550斤，实际完成39821斤）；花生国家征购1851斤。1969年小营大队计税土地1086亩，常年平均亩产156斤，总产169416斤；税率9.7%，依率计征税额16434斤，应征合计16434斤，地方附加（省附加）2465斤，全年应征正税附加合计18899斤。

1970年，计税土地1086亩，常年亩产156斤，总产169416斤；税率9.7%，依率计征税额16434斤；应征合计16434斤，地方附加（省附加）2465斤，全年应征正税附加合计18899斤。

1970年，定购任务数109100斤，实际完成109100斤，占粮食总产量的30.57%；贸易粮折差35210斤，储备粮24207斤，生产粮2969斤，三留185353斤。每人每年口粮414斤，每人每天1.13斤。1970年小营大队花生面积140亩，亩产104斤，总产14442斤，二留合计7471斤（其中留种4355斤，油料口折3116斤），每人平均9.2斤，剩余商品量6971斤；国家征购数量6971斤，占花生总产的48.27%，其中交油数1235斤。

1971年，向国家交售征购粮食135649斤，占全大队粮食总产372994.8斤的36.36%；交售花生16064.5斤，占花生总产25600斤的62.75%。计税土地面积1086亩，常年平均亩产156斤，总产169416斤；税率9.7%，依率计征税额16434斤，应征税额16434斤，地方附加（省附加）2465斤，全年应征正税附加18899斤。粮食作物面积773亩，亩产482斤，总产372994斤；完成国家定购任务100800斤，占粮食总产的27.02%。花生面积190亩，亩产135斤，总产25600斤；每人平均8斤；完成国家征购任务16064斤，占花生总产的62.75%，其中交油3065斤。

1972年，计税土地1086亩，常年亩产156斤，总产175656斤；税率9.7%，依率计征税额17038斤，应征合计17038斤；地方附加省附加2556斤，全年应征正税附加合计19594斤。上缴国家税收2743.16元；粮食征购任务112500斤，实际交售给国家粮食49414斤（榆关公社1973年农业统计年报表为52414斤），占粮食总产量233917斤的21.12%。交售花生征购13827斤，占花生总产23496斤的58.85%。

1973年，计税土地1086亩，常年亩产156斤，总产175656斤；税率9.7%，税额17038斤，省乡附加2556斤；向国家交售征购粮食126039斤，比1972年52414斤（1973年农业统计年报表）增加73625斤。

1974年，向国家缴纳税收2743.16元，交售征购粮食115000斤，占粮食总产量381791斤的30.12%。全大队花生180亩，定购基数13000斤，国家征购9020斤（其中超购1674斤），占花生总产17943斤的50.27%。

1975年，粮食征购任务115000斤，其中夏粮小麦3000斤，大豆2000斤，大米20000斤，杂粮1000斤，高粱10000斤，玉米65000斤，草折粮14000斤；花生15600斤，芝麻30斤。稻草11.7万斤，其中工业用草7.5万斤（留守营造纸厂5万斤，上调2.5万斤）；副业用草4.2万斤；谷草600斤。

1978年，向国家交售粮食206000斤，交售花生21418斤，平均每人做贡献762斤，在榆关公社排名第二。全村77户，358人，生猪社会存栏241头，户平均养猪3头，向国家交售肥猪80头，户均交猪1.04头，全公社排名第五。小营大队和第一、第二生产队被评为出席抚宁县1978年农业学大寨先进代表会议先进集体和出席唐山地区农业庆丰收劳模大会先进单位。

1979年，小营大队共83户，353人，上缴国家税金3233.01元，人均9.16

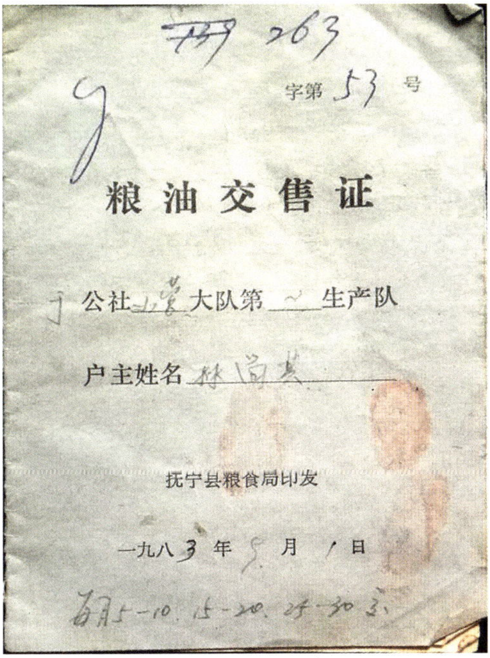
字第 53 号

粮油交售证

公社　大队第　生产队

户主姓名

抚宁县粮食局印发

一九八3 年 5 月 1 日

1983年林尚齐家粮油交售证

元；向国家交售征购粮食213640斤，占粮食总产661004斤的32.32%，人均605.21斤。

1983年，铁官营村民办教师工资统筹摊款837.58元，其中按人口摊款1.151元×378人=435.08元；按土地摊款0.35元×1150亩=402.50元。

1984年，粮食包干基数114000斤，完成包干114000斤；年度包购任务210000斤，实交数241885斤（其中平价粮116193斤，加价粮125692斤），占当年粮食总产774845斤的31.22%，超购31885斤。全村103户，385人，人均贡献粮食628斤。夏粮包购任务8000斤，实交数9575斤，占小麦总产49000斤的19.54%，超交1575斤。花生包购任务20000斤，实际完成26248斤，占当年花生总产60000斤的43.75%，人均贡献花生68.18斤。

1987年，铁官营村教育经费1545元，其中人口396人，按人摊款652元；耕地1150亩，按地摊款893元（每人平均1.65元，每亩平均0.78元）。粮油奖售化肥尿素820公斤，复合肥520公斤。4月30日，榆关乡给铁官营村分配国库券900元。1987年，粮油定购任务180000斤，其中大米15000斤，玉米154500斤，大豆2500斤，杂粮8000斤，花生18000斤。

1988年，为了保护粮食生产，调节农业、果品等生产收入水平，国家开征农林特产税。

1993年，全村上缴农业税5200元，农林特产税3400元。农民负担6631

元，其中乡村两级办学经费3456元，优抚费1098元，乡村道路修建费1568元等，农村劳动积累工2400个。

1994年，全村上缴国家税金总额16782元，其中农业税10212元，农业特产税6570元。

从2001年10月1日起，国家取消了实行几十年的粮油定购任务，收购价格由市场调节。

2002年，河北省实行农村税费改革，取消了农林特产税。

2006年，国家取消了农业税和“三提五统”（指村级三项提留和五项乡统筹）。

工副业

林果业 铁官营村没有山场林地，路边、河边栽种柳树、杨树（穿天杨）、洋槐、紫穗槐，有野生酸枣树。宅前屋后栽种枣树、榆树、洋槐、杨树、香椿、桂花树等。

1956年兴办高级社时，全村农户共有树木104棵。

1963年12月18日统计，全年零星造林300株。

1970年，有四旁植树75株。

1971年，有零星果树51棵，育苗5亩，实有四旁植树2500株（当年新植）。年末实有林地5亩。

1973年，实有林地面积10亩（人造林，用材林），实有育苗面积18亩，其中当年新增13亩，年末实有四旁植树2000株，当年零星植树1000株。

1974年，实有林地10亩（人造林），其中当年新增10亩（用材林），年末实有四旁植树3000株，当年零星植树1000株。

1980年，实有四旁植树36000株，其中当年新植2150株；年末实有育苗面积2亩，当年新育1亩，可供下年造林的3000株。

1982年，实有四旁植树16000株。

1983～1988年，宜林地面积70亩，实有林地70亩，实有四旁植树16000株。1986年，实有四旁植树16000株。

1993年，四旁零星植树200株。

1994年，四旁植树540株。

小营大队原来没有果园。1972年，大队将南岭（第一生产队地）100亩改造成果园，栽种苹果3000株（主要是黄香蕉、金冠）和部分桃树，由集体经营。1979年，果园承包给林果大户经营。1980年，全大队有集体苹果果园80亩。1982年，有苹果园100亩。

1984年分到各户经营。那时正赶上实行家庭联产承包责任制，水果价钱高，群众管理积极性高，经济效益较高。

1983年、1985年，全村果园面积100亩，苹果3000株。

1983年，果品总产47000斤，其中苹果45000斤，桃2000斤。

1984年，果品总产155000斤，其中苹果150000斤，桃5000斤。

1985年，果品总产50000斤，其中苹果40000斤，桃10000斤。

1986年，全村果园（苹果）占地100亩，果品总产65000斤，其中苹果50000斤，桃15000斤。

1987年，全村果树占地面积120亩（苹果园），当年苹果新增20亩。

1987年、1988年，果品总产30000斤，其中苹果25000斤，桃5000斤。（榆关乡1987年年报表，永久，第317卷：铁官营村，果树面积80亩，成龄树3000株，其中苹果40亩，1500株；桃40亩，1500株；1987年新栽幼树3000株，果树总株数6000株）。

1992年、1993年，铁官营村有果树186亩，其中结果面积166亩，果品总产12～13万吨。其中苹果130亩，结果面积110亩，总产7～9万吨；桃56亩，结果面积56亩，总产4～5吨。

1994年，全村鲜果面积189亩，其中结果面积111亩，总产量75.4万吨。

其中苹果130亩，结果面积110亩，总产量52.2万吨。桃56亩，结果面积56亩，总产量23.2万吨。后来，果树病虫害严重，产量逐年下降，加之物价上涨，复合肥、农药成本上升，效益迅速下滑，到1998年前后全部砍光。

20世纪80年代末到90年代初，山楂曾每斤售价达到1.8元，3～4年的时间各地一哄而上，供大于求，价格迅速下滑，最低时每斤0.20～0.50元。1993年，山楂面积5亩，到1994年减少到3亩。到1996年前后基本砍光。

养禽业 铁官营村从清顺治年间建村初期就有饲养家禽的习惯，都是家庭养殖，一家一户养几只鸡，鸡蛋换零花钱。春节前夕，将公鸡卖掉，买些年货。20世纪70年代以前，多数家庭都舍不得吃鸡蛋，积攒起来到集市上卖掉，换零钱花。1983年实行家庭承包经营责任制以后，群众生活水平有了较大改善，鸡蛋成为群众的日常消费品。

早期的鸡都是本地鸡，从羽毛颜色分有黄色的，白色的，黑色的，有芦花鸡，羽毛黑白相间，还有一种“猴鸡”（脖子上无羽毛，皮肤呈鲜红色，像猴屁股一样，故称）。一户留一只公鸡，作种公鸡，用于“踩蛋儿”配种。每年春季，有几只母鸡开始不下蛋，整天趴在窝里，俗称“抱窝”。将鸡蛋放到鸡窝里，“抱窝鸡”除进食、排便外，整天趴在鸡蛋上以体温孵化鸡蛋（一个人不梳头、不洗脸，头发零乱称被戏称为“抱窝鸡”），直到小鸡孵化出来以后，带领小鸡四处觅食。

1959年6月，郑家店大队第三生产队（小营村）共有鸡150只。1959年12月统计，小营村共有鸡259只（私有）。

1961年2月24日统计，小营大队有鸡180只（私有180只）。

1963年，小营大队共有家禽288只，其中鸡285只，鸭1只，鹅2只。

20世纪70年代以后，引进白来横蛋鸡，20世纪80年代以后引进西塞斯等品种，都是农户饲养，养殖数量增长较快，大多数农户不再自己孵化，而是从外地买雏鸡饲养。

1982年，养鸡2000只，鸡蛋产量5000斤，鸭蛋、鹅蛋50斤。

1984年，全村家禽饲养量1535只，其中鸡1500只，鸭30只，鹅5只。禽蛋产量7675斤。

1985年，全村家禽饲养量1520只，其中鸡1500只，鸭10只，鹅10只。禽蛋产量7500斤。

1986年，家禽饲养量1540只，其中鸡1500只，鸭10只、鹅30只。禽蛋产量7500斤。

1987年，家禽饲养量1550只，其中鸡1500只，鹅50只。禽蛋产量8000斤。鹌鹑饲养量2000只，鹌鹑蛋产量4000斤。

1988年，家禽饲养量1530只，其中鸡1500只，鹅30只，禽蛋产量8000斤，禽肉产量600斤。

20世纪90年代，家禽存栏、出栏年度波动较大。

1992年，全村家禽存栏1550只（鸡1500只，鸭50只），出栏300只（鸡），禽肉产量800斤。

1993年，家禽出栏150只，禽肉产量400斤，禽蛋产量1000斤（鸡蛋）

1994年，全村家禽存栏530只，其中鸡500只，鸭20只，鹅10只。当年出栏家禽430只，其中鸡400只，鸭20只，鹅10只。家禽肉1800斤，禽蛋产量7100斤（其中鸡蛋7000斤，鸭蛋100斤）。

1997年，引进燕山大学高科技开发部资金200多万元，在东岭建养鸡场，占地30多亩。肉鸡饲养45天出栏，年出栏肉鸡3万只。到2006年，因经营不善，效益不佳，又改作养牛场。

养猪业 铁官营村早就有养猪的习惯。旧社会，只有富裕人家才能养得起猪。一家一户养1～2头猪，都是粗放饲养，富裕人家雇用穷人家的孩子到野外放猪，吃些青草，节省粮食、饲料。因当时人都生活困难，给猪喂泔水，撑大肚子，加喂些滑糠（花糠、高粱糠）、稻糠、麦麸子，条件好的农户喂些渣子（花生渣），喂豆饼的很少。

1950～1970年代，猪只饲养方式都是“吊架子”，先粗放喂养，喂些稻糠、泔水，加喂青草、青菜等辅料，等到秋天新粮食下来时，加喂苞米面、滑（花）糠（高粱糠）、花生渣等“催肥”，等到春节前一般体重达到200～300斤，饲养周期长达2～3年。猪肉膘厚3～4厘米，肉香，故称“肥猪”。母猪，俗称老克猪（乌克兰大白猪母猪），母猪发情时情绪不安，进食量减少，常在猪圈里闹腾，因而叫“闹圈”，配种叫“打圈”。

1955年初，小营猪只存栏157头，其中已达繁殖年龄的母猪9头，到年末存栏减少到80头，其中已达繁殖年龄的母猪10头。

1956年兴办旭光高级社时，开始发展集体养猪业。每个生产队都有饲养处，集体养猪主要是搞繁殖，宰猪必须经过公社审批，否则属于私自宰杀，要受到处罚。集体养猪主要向国家出售。每个生产队一年只能宰几头猪，春节前每户分2～3斤猪肉。1983年2个生产队的饲养处卖给个人，从此，集体养殖业消亡。

1958年初，郑家店大队第三生产队（小营村）共有猪95头，繁殖32头，出售25头，屠宰3头，死亡21头，年末实有78头，母猪26头。

20世纪60～70年代，实行“惟猪是牧”的政策，养猪的目的不是为了吃肉，而是积攒农家粪，增加粮食产量。社员猛往猪圈里填土，秋末上冻前起粪，每家院前一大粪堆，按照土方量给记工分，与劳力工分一样，参加年终分红。当时猪只品种都是本地的“黑猪”，适应性强，繁殖力高，一般一头母猪产13～14头仔猪，高的可达20头左右，但是生长缓慢。

1959～1961年三年经济困难时期，生猪饲养量大幅度下降。

1961年2月24日统计，小营大队有生猪21头，其中集体饲养7头，社员私养14头；能繁殖的母猪1头（私有1头）；克郎（仔猪去势后到催肥以前叫克郎猪）7头，仔猪13头（私养13头）。

1963年经济状况略为好转，小营大队共有生猪89头（其中能繁殖的母猪8头，社员私有89头）。

1964年，小营大队有生猪142头（一队65头，二队77头），能繁殖的母猪16头（一队5头，二队11头），克郎猪和肥猪43头（一队25头，二队18头），仔猪83头（一队35头，二队48头），社员个人饲养的142头（一队65头，二队77头）。

1965年，全大队有生猪110头，能繁殖的母猪4头，其中集体经营20头，社员私有的90头。

1967年，有母猪12头，菜猪45头。

1969年，有生猪76头，其中集体饲养的13头，家庭饲养的63头，其中能繁殖的母猪11头。

20世纪60年代末～70年代初开始引进苏联乌克兰瘦肉型大白猪，生长快，瘦肉率高，产仔率比本地黑猪差一些，一般在10～15头。养猪业以家庭饲养为主，一户养1～3头猪。整个70年代，由于上级号召“养猪积肥”“一人一猪”，增加粮食生产，猪只生产处于一个高潮期，但是猪只实行“吊架子”式粗放喂养，饲养周期长，生长缓慢，效益低下。

1970年，生猪存栏150头，其中集体饲养的58头，家庭饲养的92头，能繁殖的母猪16头。

1971年，生猪存栏226头，其中集体饲养86头，家庭饲养140头，能繁殖的母猪17头（其中集体15头），全年出售肥猪、屠宰94头，平均每户3.3头。

1973年，生猪存栏217头，能繁殖的母猪15头；集体饲养77头，社员家庭饲养140头，当年集体个人自食12头，当年出售肥猪60头。

1974年，猪只存栏175头，其中集体49头，社员家庭126头，当年集体、个人自食12头，当年出售40头。全大队73户，生猪存栏209头，每户平均3头，达到生猪上《全国农业发展纲要》（每户2.5～3头猪）的要求。

1975年，小营大队饲养生猪196头，其中能繁殖的母猪19头，当年自宰自食的肥猪8头，出售肥猪46头。集体养猪70头，社员养猪120头。全大队养猪户数73户，生猪存栏196头，平均每户存栏2.7头，基本实现了“一人一猪”。

1980年，全村猪只存栏150头，其中成年母猪10头，每农业户存栏1.7头，猪只饲养量180头，每农业户饲养2头。当年自宰自食肥猪25头，4800斤；出栏肥猪（交售给国家）80头，20000斤。

1982年，全大队猪只存栏175头，出栏肥猪140头，其中交售给国家120头。

1983年实行大包干责任制以后，群众养猪业的积极性普遍高涨，经济效益大幅提高。各户一是改变传统的采用“吊架子”方式喂养，实行科学饲养，使用配合饲料，加大蛋白质饲料的份额，猪只生长快，出栏时间由20世纪60～70年代的2～3年缩短到8～9个月；二是根据市场需求，更新生猪品种，推广瘦肉型猪的品种，养猪业效益大幅度提升，群众养猪积极性很高，一家养2～3头猪。

1984年，全村生猪存栏231头，出栏、自宰肥猪172头，其中自宰5头，出售167头，猪肉产量23380斤。

1985年，全村生猪存栏264头，出售、自宰肥猪164头，其中自宰7头，出售157头，猪肉总产量23550斤。

1986年，生猪存栏302头，出栏200头，猪肉总产35000斤。

1987年，猪只存栏337头，出栏75头，猪肉产量11250斤。

1988年，全村猪只存栏378头，出栏77头，猪肉产量11500斤，占肉类总产12100斤的95%。

20世纪90年代，养猪业进入高速发展时期，饲养周期短，经济效益高。

1992～1993年，全村生猪存栏375头，能繁母猪14头；1992年生猪出栏150头，猪肉产量24000斤；1993年，猪只出栏300头，猪肉产量48600斤，比1992年翻了一番。

1994年，全村生猪存栏311头，能繁殖的母猪8头，当年繁殖仔猪130头。猪只出栏303头，猪肉产量49200斤。

2009年，全村猪只存栏466头，能繁母猪45头，当年繁活仔猪652头。

2010年以后，由于青壮劳力都外出打工，还得兼顾承包地，加之新建住宅院内无建猪圈的地方，养猪户越来越少了。

1955—2009年部分年份铁官营村生猪生产情况表

表15　　单位：头

年度	存栏	出栏	能繁母猪	产仔
1955	80			
1958	95		26	32
1961	21		1	13
1962	65			
1963	89		8	8
1964	142		16	83
1965	110		4	
1969	76		11	
1970	150		16	
1971	226	94	17	
1973	217	60	15	
1974	209	52		
1975	196	54	19	
1983	181	157		
1992	375	150	14	
1993	375	300	14	
1994	311	303	8	130
2009	466		45	652

养羊业　过去，养羊主要是奶山羊，家庭饲养，羊奶喂猪。因无山场，20世纪60～70年代主要靠打草饲养，因而数量很少。20世纪80～90年代养羊

者甚少。

1963年6月30日统计，小营大队饲养奶羊3只（集体所有）。

1964年，养羊7只（一队6只，二队1只），其中绵羊1只（一队），山羊4只（一队），奶羊2只（一队）。

1965年，共有山羊15只（社员私有）。

20世纪60年代末~70年代初，养羊数量达到高峰期。

1969年，羊存栏84只（山羊），其中集体的75只。

长垅地的羊舍

1970年，全大队共有山羊75只。

1971~1983年，养羊数量从30只下降到12只。1982年，养奶山羊30只，自宰自食10只，出售10只，产羊奶3200斤。

1984年，羊只存栏又大幅增加，达到58只，其中山羊8只（奶山羊4只），绵羊50只；出售自宰羊5只，羊肉产量100斤。

1985年、1986年，养奶山羊7只。1987年，饲养奶山羊5只。

1992~1994年，全村仅剩山羊1只，山羊毛0.3斤，羊绒0.2斤。1995年以后就不养羊了。

2013年1月，马文同在村东长垅地建占地7亩、4000平方米的养殖场一处，饲养肉羊1000只。

1963—1993年铁官营村养羊生产情况表

表16

年度	1963	1964	1965	1969	1970	1971	1975	1983	1992	1994	1993
存栏	3	7	15	84	75	10	12	12	1	1	1

大牲畜 由于大牲畜购置成本高，还需要加喂饲料，清朝中后期到民国时期饲养量较少。养殖先后顺序是驴、牛、马、骡。1949年以前，只有富裕家庭才能养得起大牲畜。据1965年4月25日小营大队阶级成分登记簿记载，1946年土改前，全村有驴13头，牛5头，骡3头，没有养马。

过去，养牛、马、骡、驴，主要是役用，用于耕地、运输。只有年老有病或者使用伤亡时才宰杀吃肉。1951年，小营村共有骡1头，驴18头，牛19头。（县委组织部1951年12月第五区党员清册，永久，第24卷）

集体养殖业起始于20世纪50年代农业合作化时期，1953年兴办农业生产互助组时，有的农户以大牲畜入股，到1956年兴办旭光高级社时，各户的大牲畜折价入社，开始发展集体养殖业。1956年高级社时，全村有牛11头，驴3头，没有马和骡。

1958年9月实行人民公社化以后，大牲畜统一划归集体所有。1961年5月，恢复抚宁县建制后，小营大队2个生产队都有饲养处，饲养马、骡、驴、牛，主要用于役使，侼（耕）地、趟地、收秋、送粪，马、骡主要用于大车搞运输，将村西河道内沙子用大马车卖到北戴河车站。

1958年，郑家店大队第三生产队（小营村）共有牛15头，马1匹，驴10头，骡1头。

1959年，小营村共有大牲畜24头，其中实际参加劳役19头，不满12个月的仔畜5头。牛16头，实际参加劳役11头，不满12个月的仔畜5头。马1匹，实际参加劳役1匹。驴5头，参加劳役5头。骡2头，参加劳役2头。（榆关公社革委会1958年至1959年基本情况统计，永久，第1卷）

1961年2月24日统计，小营大队有大牲畜24头，其中能繁殖的母畜4头，实际参加劳役的19头，不满12个月的仔畜1头；其中牛16头（能繁殖的母牛4头，实际参加劳役的11头，不满12个月的牛犊1头）；马实际参加劳役的1匹；驴5头（实际参加劳役的5头）；骡2头（实际参加劳役的2头）。

1963年，共有大牲畜20头（其中参加农事劳役的18头，集体所有20头），牛15头（其中参加农事劳役的13头，能繁殖的母牛2头，仔畜2头），马1匹（其中参加农事劳役的1匹），驴1头（其中参加农事劳役的1头），骡3头（其中参加农事劳役的3头）。

1964年，小营大队有大牲畜23头（一队11头，二队12头），从事农业劳役的19头（一队9头，二队10头），其中牛17头（一队8头，二队9头），从事农业劳役的13头（一队6头，二队7头），驴2头（一队1头、二队1头，皆从事农业劳役），马1匹（二队1匹，从事农业劳役），骡3头（一队2头，二队1头，皆从事农业劳役）。全年繁殖4头（一、二队各2头，皆牛），死亡2头（一队2头）。能繁殖的母畜（牛）5头（一队2头，二队3头）；年末实有仔畜（牛）3头（一队1头，二队2头）。

1965年，全大队有大牲畜26头（匹），其中牛19头，马1匹，驴3头，骡3头；从事劳役的20头，能繁殖的母畜6头，仔畜6头，集体经营的26头。

1969年，有大牲畜35头（匹），其中牛24头，马2匹，骡7头，驴7头，其中从事农役的19头，能繁殖的母畜6头；年内繁殖成活的仔畜2头。

1970年，大牲畜34头（匹），其中牛24头，马4匹，驴6头；其中从事农役的20头，能繁殖的母畜6头，年内成活的仔畜3头。

1971年，有大牲畜39头（匹），其中牛24头，马8匹，驴7头。从事农役的28头，能繁殖的母畜7头，年内成活仔畜6头。

1973年，共有大牲畜38头（匹），其中能繁殖的母畜7头，当年生仔畜6头；牛16头，能繁殖的母牛5头，年生犊牛4头；马7匹；驴15头，能繁殖的母驴2头，当年生小驴2头；大牲畜中，从事农役的32头。

1974年，有大牲畜33头（匹），其中牛10头（能繁殖的母畜3头，当年生仔畜2头）；马9匹（能繁殖的母畜2匹，当年生仔畜无）；驴13头（能繁殖的母驴1头）；骡1头；大牲畜中从事劳役的30头。

1975年，小营大队有大牲畜35头（匹），其中牛10头，马9匹，驴13头，骡3头。

1980年，全村拥有大牲畜34头，其中役畜32头；牛2头，马17匹，驴10头，骡5头。

1982年，有大牲畜34头，其中从事农役的32头。牛4头，成年母牛1头；马7匹，驴3头，骡20头。

1983年实行家庭承包责任制以后，将生产队饲养处卖给个人，集体养殖业消失。李庆雨一家开始饲养黑白花奶牛，刚开始时两三头，最多时达到七八头，牛奶销往秦皇岛市区。有些农户开始养殖黄牛，既可役使，产犊又可卖钱。多用黑白花奶牛改良当地黄牛，饲养肉牛。

1983年，全村大牲畜34头（匹）（其中从事农役的34头），牛8头，马2匹，驴12头（其中成年母驴3头），骡12头。

1984年，全村大牲畜存栏31头（匹），其中役畜28头。牛11头，其中成年母牛4头，当年产犊牛2头。马1匹，驴10头（其中成年母驴1头，当年产仔畜1头），骡9头。

1985年，全村大牲畜34头（匹），其中役畜31头。牛12头，其中成年母牛2头，繁育犊牛1头。马2匹，其中成年母马1匹。驴11头，其中成年母驴1头，当年产子驴1头。骡9头。

1986年，拥有大牲畜36头（匹），其中役畜36头；牛14头，其中成年母牛2头，当年产犊牛2头；马3匹，其中成年母马1匹；驴11头，其中成年母驴5头，产仔畜2头；骡8头。牛奶产量15000斤。

1987年，大牲畜36头（匹），其中役畜10头。牛14头，其中成年母牛7头，当年产犊牛2头；马3匹，其中成年母马3匹；驴11头，其中成年母驴2头，当年产仔驴2头；骡8头。出售、自宰肉用牛1头，牛肉产量250斤，牛奶产量12000斤。

1988年，大牲畜存栏37头（匹），其中役畜10头；牛14头(成年母牛7头)，牛奶总产12000斤。马3匹（成年母马），骡8头，驴12头。全村有养牛专业户1个（李庆雨），家中常住人口6人，家庭男女整半劳动力3人（从事专业劳动的2人），家庭全年收入10000元，专业收入8000元，出售产品收入7000元（其中出售牛奶收入3000元），家庭全年纯收入5000元。

20世纪90年代以来，奶牛、肉牛养殖业进入高速发展阶段，饲养周期短，经济效益高，增加了农民收入。

1992年，全村有大牲畜34头（匹），其中役畜26头；牛22头，能繁殖的母牛6头，当年生牛犊2头（其中奶牛6头，能繁殖的母牛4头，牛牛犊2头），牛出栏30头；马1匹，驴3头，骡8头。牛肉产量9200斤。

1993年，全村实有大牲畜44头（匹），其中牛30头（能繁殖的母牛6头，当年生犊牛2头；良种及改良种奶牛7头，其中能繁殖的母牛5头，当年产犊牛1头），马1匹，驴5头，骡8头。牛奶产量18000斤。

1994年，全村有大牲畜51头（匹），其中牛37头，能繁殖的母牛6头，当年生犊牛2头；良种及改良种乳牛7头，能繁殖的母牛5头，当年生犊牛1头。马1匹，驴5头，骡8头。当年出栏大牲畜15头，其中牛（肉牛）10头。牛肉产量5600斤（肉用牛），牛奶产量45000斤。

养牛场内一角

2006年养鸡场经营不景气，改作奶牛场，燕山大学投资20万元，作为蒙牛集团生产基地，由铁官营村和外村养牛户在此饲养奶牛，都是黑白花奶牛。2007年9月，投资500万元的铁官营渤基畜牧养殖专业合作社成立，建起了“托牛所”，无偿为养牛户提供饲养、挤奶、防疫、销售等方面的服务；各养牛户按照技术操作规程组织喂养，牛奶送交蒙牛秦皇岛奶站。奶牛存栏达到500多头，日产奶量10000～16000斤。

东岭养牛场大门

2008年6月，蒙牛公司对牛奶质量要求更加严格，时常出现因奶质不达标“坏奶”现象，经营不善，效益下滑，饲养量有小幅回落。

20世纪90年代以来，随着手扶拖拉机、小四轮拖拉机，特别是三马车（农用三轮车）进入普通家庭，役用大牲畜越来越少了，主要是饲养奶牛、肉牛等。

养牛场挤奶间

2009年，全村大牲畜存栏1276头，其中役畜37头；牛1263头，役用牛24头，能繁母牛14头，当年产犊牛4头；奶牛795头，能繁母牛425头，产犊牛149头；驴2头，骡11头，当年产仔畜2头。

2010年，宋平在双堰儿地建日光温室3800平方米，开始养肉牛，2018年牛存栏80头。

2014年，因秦皇岛开发区项目建设规划需要，东岭养牛场已经停产。

1951—2009年部分年份铁官营村大牲畜饲养情况表

表17

年度	大牲畜存栏	马	骡	驴	牛
1951			1	18	19
1958	26	1		10	1
1959	24	1	2	5	16
1961	24	1	2	5	16
1963	20	1	3	1	15
1964	23	1	3	2	17
1965	26	1	3	3	19
1969	35	2	7	7	24
1970	34	4		6	24
1971	39	8		7	24
1973	38	7		15	16
1974	33	9	1	13	10
1975	35	9	3	13	10
1983	34	2	12	12	8
1992	34	1	8	3	22
1993	44	1	8	5	30
1994	51	1	8	5	37
2009	1276		11	2	1263

1987年，养貂15只。还有家兔、蜜蜂、鸽子、观赏鸟类等养殖，数量不多。2000年前后，家庭庭院基本不再搞养殖业了。

渔　业　铁官营村有几个自然形成的水坑，过去都是野生鱼类，有鲫鱼、鲶鱼、噶鱼、泥鳅、麦穗儿、白票子、甲鱼等。20世纪80~90年代，由于砖厂到河沟、坑塘附近取土，水塘面积进一步扩大。2007年7月，陈志强、潘占伟、潘占华、马文同4人合伙承包媳妇地坑塘、小港地坑塘，东起媳妇地，沿着南河，西到大口井（南坑），坑塘总占地40多亩，当年放鱼苗12000尾，有草鱼、鲢鱼、鲤鱼和胖头鱼。2008年，杈子沟坑塘承包给河西村李学凯，占地约8亩，同年放鱼2000多尾。

砖厂西侧鱼塘

其他工副业 在"以粮为纲"的20世纪60～70年代里，农业生产以粮食生产为主体，其他产业都是为粮食生产服务的。小营大队在当时国家政策允许的范围内，积极发展副业生产，增加了集体经济收入，在一定程度上改善了该村村民的生活质量。

卖河沙。村西河套有河沙，质地轻，品质好，是良好的天然建筑用沙，一般销往唐山、京津一带。过去，每逢雨季，山洪暴发，从水河上游冲下来很多河沙。20世纪60～70年代，每个生产队都有马车、骡子车，从西河里挖沙，往北戴河车站送沙子，第一生产队1～2辆车，第二生产队4～5辆。一般一天送2趟，每年搞运输，卖河沙收入是生产队副业收入的主要来源。1980年，第一生产队运输业收入10369.76元，占全队总收入73366.17元的14.2%；全队41户，176人，人均副业收入58.92元。第二生产队运输业收入13887.43元，占全队总收入87716.16元的15.83%；全队46户，186人，人均副业收入74.66元。20世纪80年代中后期，由于干旱少雨，河沙资源基本枯竭。

油坊。1960年，村集体在原供销社院北排房开办油坊，压榨花生油，增加了集体收入，方便了群众生活。

米面加工。1970年大队建有磨米厂，为村民加工粮食、饲料等，1983年以后承包给个人经营。1985年，米厂从业人数2人，实现收入2400元，创利润1300元。

黏土砖。1984年，引进河北第四建筑公司资金，在东岭开设砖厂，占地50亩。年生产机制砖2000万块。由于采用黏土制砖，质量好，销往北戴河海滨、南戴河、秦皇岛市区一带。1985年，砖厂从业人数122人，实现产值18.2万元，收入18万元，上缴税金1.8万元。1988年，砖厂从业人员120人，固定资产原值3万元，实现总收入22000元，费用支出16000元，纯收入6000元，上缴国家税金25000元，提留35000元。1994年产值70万元，利润3万元。先是集体经营，后来由铁官营村人和外村人承包经营，成为抚宁县17家砖厂之一。每年交承包费3.5～4万元，作为村里兴办公益事业资金，用于“三提五统”、村干部工资、修路垫道、打井修渠、安装和维修自来水等，减轻了群众的负担。由于国家产业政策的调整和环保要求的提高，铁官营砖厂已于2013年停业，2015年拆除大烟囱。

屠宰业。1949年以后，国家鼓励发展养殖业，注重大牲畜的繁殖，严禁屠宰。生产队时期，生猪的屠宰要经过公社审批，主要是向国家交售生猪；牛、马、驴、骡等大牲畜主要用于生产运输，对宰杀控制非常严格，只有到年老丧失劳动能力或者患病无法医治时才允许宰杀。1983年实行家庭承包经营责任制以后，对于生猪、牛等屠宰才逐步放开。村民

2014年10月砖厂北大门

宋喜开始从事屠宰行业，主要是牛，每年宰杀几百头，牛肉和副产品销往海阳批发市场或者秦皇岛市区一些肉类批发市场。1996年8月，抚宁县实行定点屠宰、集中检疫后，搬迁到往子店村。

个体运输。20世纪90年代以后，铁官营村中有李文权、李彦平、潘占滨、潘德新等7~8户从事运输业，常年外出，搞个体运输业，运输范围从黑龙江到广东。

劳务输出。清朝道光年间到民国初期，铁官营村青壮年开始“闯关东”，到东北“住地方”（到商铺当伙计），有了一定积蓄后自己开始经商。1949年前后，大多数外出人员纷纷返乡务农。1958～1978年，广大社员都参加生产队集体劳动。中共十一届三中全会以后，提倡发展多种经营，铁官营村能工巧匠开始外出务工，有木匠、泥瓦匠、电工、司机等，农忙时回家种地收秋，农闲时外出挣钱。20世纪90年代以后，村里有许多青壮年利用邻近城区的区位优

外出务工人员参与城市建设

外出务工人员参与城市房屋建设

势，到北戴河海滨、海港区、开发区一带务工，主要在建筑和装修等行业工作；有的到城市郊区附近村庄帮助种地、收庄稼，栽花种草；有的到一些企事业单位当警卫、保安、商场售货员、宾馆服务员，有的从事维修、销售、经商等，日收入由90年代的10～20元提升到2010年的100～200元。劳务输出收入已经成为全村农民的大宗收入。2010年，土地被秦皇岛经济技术开发区征收以后，大多数青壮年在开发区区内企业工作，或从事开发区园林绿化、卫生清洁、保安等工作。

农田·农具

农田水利建设 水利是农业的命脉，是夺取农业高产丰收的根本保证。铁官营村十年九旱。1949年以前，全村土地没有水浇地，更没有水田，全部是旱田，完全是靠天吃饭，粮食平均亩产量仅有120斤。因当时的经济条件十分有限和人们对水利建设的认识不足，这种状况很长时间没有改变。1949年以后，小营村有石砌井10眼，砖砌井1眼。

1959年7月13日，暴雨，日降雨量190多毫米，山洪暴发，冲毁河岸20亩农田，村内民宅积水近膝盖。洪水过后，村民认识到水利建设的重要性，开始打机井修渠。1959年6月统计，郑家店大队第三生产队（小营村）有砖面井3眼。1959年12月统计，小营村有干渠1条，35.2丈；支渠1条，39丈；其中砖面井2眼，通河井1眼。

小营大队从20世纪60年代初开始开展农田水利基本建设，机井数量逐年增加，有效灌溉面积逐步扩大，为粮食丰收打下了坚实的基础。

1961年，水浇地仅有10亩，旱地1142亩。有缸管井2眼，砖面井3眼。

1964年，开始打机井，有农用砖石井2眼（第一、第二生产队各1眼），无机井，一般井灌溉面积10亩（第一、第二生产队各5亩）。

1968年，小营村在北河打过河井，开始种植水稻，每队50亩。

1969年，实有水田水浇地40亩（地下水），旱田1110.41亩。实有机井、大口井6眼（其中配套的5眼，电配的5眼）。

在20世纪70年代“农业学大寨”运动中出现农田水利建设高潮，有效灌溉面积大幅度增加，把原来的低洼盐碱地改造成高产稳产田，粮食产量实现快速增长。

1970年，全大队共有水田、水浇地230亩（地上水浇灌面积70亩，地下水浇灌面积160亩），旱地970.41亩；集体1086.07亩，社员自留地及其他64.34亩。梯田25亩。年末实有机井（包括大口井）8眼，其中配套的（电配的）7眼，电动机7台，30.5千瓦。

1974年年初，小营大队实有机电井9眼，年内增加2眼，年末实有11眼，其中已配套6眼（机配2眼，电配4眼）；砖石井2眼。实有旱田730亩，水田170亩，水浇地250亩（地下水灌溉面积250亩），有效灌溉面积420亩，占总耕地面积的36.52%。

1978年中共十一届三中全会以后，农村实行家庭联产计酬生产责任制，特别是1983年全面推行家庭承包经营责任制以来，极大地调动了广大农民的生产积极性，农田水利建设出现了新的高潮。

1980年，全村年初有机电井13眼，年内新打机电井7眼，年内坏管、淤死减少机电井1眼，年末实有机电井19眼（其中大口井2眼）。在机电井中已配套10眼，面积500亩。砖石井3眼。有效灌溉面积（水田水浇地）550亩，其中电灌面积500亩。当年实际灌溉面积500亩，旱涝保收高产稳产田面积250亩。

1981年，共有旱田600亩，水田、水浇地550亩（其中水田250亩，水浇地300亩）。

1982年，铁官营村年初拥有机电井19眼，年内淤死减少5眼，年末实有

14眼，其中，大口井2眼，机配井14眼，面积240亩。有效灌溉面积450亩，纯地下水电动机浇灌，当年实际灌溉面积450亩，旱涝保收高产稳产田面积100亩。

1983年，全村有效灌溉面积450亩（电动机灌溉面积450亩，地下水灌溉面积450亩），实际灌溉面积450亩。年初有机井14眼，新打3眼，年末机电井17眼（其中大口井2眼），装机容量42千瓦，57马力。

1985年，全村有效灌溉面积450亩，其中电动机灌面积450亩，地下水灌面积450亩；当年实际灌溉面积450亩，有机电井16眼，其中大口井2眼，砖石井14眼。

1987年，有效灌溉面积250亩，其中电动机灌面积250亩，地下水灌面积230亩，地上水灌面积20亩。实际灌溉面积200亩，年初有机电井16眼，新打2眼，年末拥有18眼。已配套16眼，200亩；装机16眼，40千瓦。农用水泵19台，喷灌机1套，饲料粉碎机1台。磨米磨面机2台。胶轮大车12辆，手推车29辆，人力喷雾器18架，人力打稻机4台。

1988年，全村有机电井18眼，装机达到81千瓦，有效灌溉面积250亩，其中电动机灌面积250亩，地下水灌面积230亩，地上水灌面积20亩。实际灌溉面积200亩，

1992年，有效灌溉面积达到500亩，当年实际灌溉面积500亩，占全村总土地面积1149亩的43.52%。其中电动机灌溉面积500亩，地上水灌溉面积500亩。机电灌溉面积400亩。年初有机电井31眼，年内新增4眼，到年底达到35眼。实有配套机电井25眼，面积200亩。机电井装机20台，90千瓦。其中水田水浇地500亩，水田200亩，旱地649亩。

1993年，铁官营村有机电井35眼。其中，配套井25眼、水浇地面积200亩。

1994年年初，全村有机电井35眼，年内因坏管淤死减少10眼，年末实

有机电井25眼。配套井（电配井）25眼，200亩。（榆关镇统计站1994年机电井情况表，永久，第438卷）。年末有水田水浇地500亩（其中水田100亩），占总耕地面积1148亩的43.55%。有效灌溉面积500亩，其中电动机灌面积500亩；旱涝保收面积200亩，机电排灌面积200亩（机电井100亩，固定站100亩），当年实际灌溉面积200亩，林地及果园灌溉面积100亩。

2009年，铁官营村有效灌溉面积1202亩，其中柴油机灌溉面积200亩，电动机灌溉面积770亩，地下水灌溉面积1132亩，地上水灌溉面积70亩，旱涝保收面积120亩，机电排灌面积970亩，机电井200亩，流动机770亩，当年实际灌溉面积200亩。

农业学大寨运动 山西省昔阳县大寨村是一个生存条件恶劣的贫困小山村，1953年农业合作化以后，党支部书记陈永贵带领群众开山凿坡，修建梯田，使粮食亩产从1953年的130斤增长到1962年的770斤，向国家交售粮食170万斤。1964年2月10日，《人民日报》刊登了《大寨之路》的长篇报道，介绍了他们战天斗地、治山治水的先进事迹。1964年毛泽东主席向全国发出了“农业学大寨”的号召。1970年8月国务院召开北方地区农业会议，提出建设大寨县的目标，1975年、1976年又召开两次全国农业学大寨会议，把建设大寨县推向普及大寨县的新高潮。从1972年开始，小营大队响应上级号召，开展学大寨、修梯田运动，组织全大队社员群众在东岭、南岭等地开始修建大寨式梯田。1973年冬春时节进入学大寨运动高潮，开山凿石，

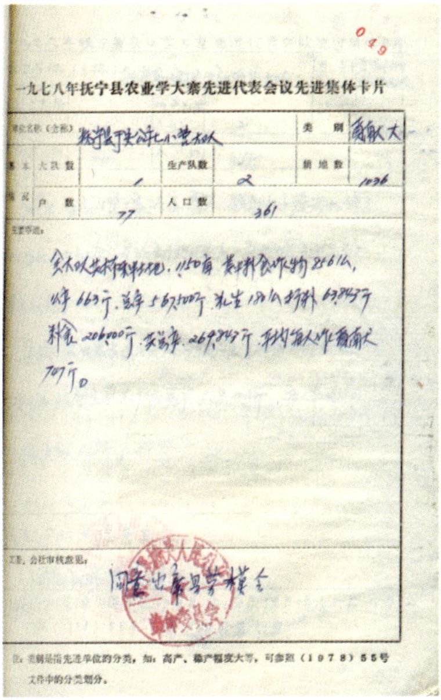
049

一九七八年抚宁县农业学大寨先进代表会议先进集体卡片

单位名称（全称） 类别

基本情况 大队数 1 生产队数 2 耕地数 1036

户数 77 人口数 361

主要事迹：

工委、公社审核意见：

注：类别是指先进单位的分类，如：高产、稳产幅度大等，可参照（1978）55号文件中的分类划分。

1978年农业学大寨先体集体材料

将丘陵坡地改建成水平梯田25亩，台条田70亩，用玻璃管引水上山。广大社员男女老少齐上阵，起早贪晚，披星戴月，修建梯田，中午带饭，不让回家。当时用萝卜作油灯，放上柴油，晚上挑灯夜战，人山人海，红旗招展，锣鼓喧天，大打一场“改天换日，改造山河”的“人民战争”。当时的口号是“让高山低头，叫河水让路”“上至白发苍苍，下至活裤裆”“早晚看不见，一天两带饭”。1978年春，按照上级要求，小营村“农业学大寨”运动宣告结束。

农　具 随着科学技术的进步和社会的发展，生产生活用具不断更新，过去使用的一些东西现在早已不见踪影。

绷斗子。柳罐。一种用柳条编织的罐形舀水工具，两头各拴两根绳子，两个人将绷斗子从河里舀满水，拉紧绳子，把水泵到上方农田里。自从水泵出现后，就不用了。

碾道。安放石磨的棚子。过去没有磨米机、磨面机，人们都是用石碾子靠碾压脱粒粮食。底下有一方圆形磨盘，上边有石碾子。碾道有用人工推的，也有用驴拉磨的。用驴拉磨时，将驴的眼睛用布蒙上，以免驴拉磨时发生眩晕。主人喊“驾”时，驴就围着碾道往前走；主人喊“吁”时，驴就停止。歇后语“磨道上的驴——听喝的”由此而来，意思是说自己身不由己。

鼓风机。过去，农村脱离粮食要做场，将高粱、大豆、谷子等放到场上晾晒，再用碌碡碾压。然后将粮食放到鼓风机里，鼓风机里有木扇，用手摇动，将分量轻的柴草叶子吹到远处，分量重的粮食落到地下。

花轱轳车。民国时期及20世纪50～60年代使用的一种车辆，车轮用木制成，用木楞固定到车轮上，车轮外面钉上大铁钉。车厢用铁皮制作的，叫铁瓦车。

马鞍（nān）子。旧时放到马身上的架子。

驴垛子。旧时放到驴脊背上的木头架子，驮东西时使用。

攮赤（chì）包。20世纪60～70年代使用的一种玉米脱粒机，马力大，脱粒能力强。后多用来比喻一个人能吃。“攮”，往机器里塞送原料的意思。“赤”，“吃”的讹音。

洋筲、洋桶。水桶、水筲。过去，凡外来物品都带个“洋”字。

农业现代化 中华人民共和国成立初期，由于经济发展缓慢，科技水平落后，铁官营村种地仍然沿袭用牛、马、骡、驴拉耥耠子“精地”（㧟地、耕地），土壤板结，通透性差，病虫害严重，杂草丛生，单位面积粮食产量不高。粮食生产从播种、运输到脱粒整个过程，全靠人力完成，体力消耗大，办事效率低，使全部劳动力捆在有限的土地上，尽管常年辛劳，但人们仍然吃不饱、穿不暖。过去，农村运输全靠人担、车拉、驴驮。据1965年4月25日调查，1946年土改前，全村10户有铁瓦车10辆。1951年12月底，小营村共有铁瓦车10辆。（县委组织部1951年12月党员清册，永久，第24卷）。

1956年高级社时，全村共有大耠子7套，铁车12辆。

小营村从20世纪50年代末期开始使用新型农机具，开展机耕作业，深翻土地，改良土壤。

1958年，小营大队推行工具改革，采用滚珠轴承等，双铧犁安滚球3台，双铧犁改深翻犁3台，减轻了劳动强度，提高了生产效率。

1959年，有双轮双铧犁4台，钉齿耙1件，铁制管链式水车2台，喷雾器7部，胶皮车1辆，铁轮车1辆。

从20世纪60年代初开始使用抽水机灌溉农田。

过去，粮食脱粒都靠手工，米、面都靠碾子，耗工耗时，体力繁重。从60年代初开始使用玉米脱粒机（俗称“攮吃包”），磨米机、磨面机、榨油机等。

1961年，全大队机耕地面积200亩，占总耕地面积1152亩的17.36%；其中水浇地10亩，旱地1142亩。动力机械总量合计4.5马力／台；其中柴油机1台，煤气机4.5马力／台，汽油机1台，锅驼机1台，电动机1台；抽水机1台，水泵2台，各种水车4辆（其中铁制水车3辆）；胶轮车1辆，铁轮车4辆。

1961年2月24日统计，有双铧犁4部，7寸步犁2部，喷雾器12部，耘锄1件，胶皮大车1辆，铁轮大车4辆。

1963年，榨油机1部（能用的），双轮带铧犁2部（能用的），打稻机1部（能用的），喷雾器8部（能用的），畜力胶轮大车4辆（能用的），胶轮手推车4辆（能用的），旧式中型农具（犁）4部。

1964年，人力脱离机1台（第二队），双轮带铧犁4部（第一、第二队各2部），铁制水车2部（第一、第二队各一部），新旧式犁10部（第一、第二队各5部），畜力胶轮大车4辆（第一、第二队各2辆），畜力铁木轮大车3辆（第一队1辆、第二队2辆），新买水泵1台，适宜机耕面积430亩（第一队220亩，第二队210亩），实际机耕152亩（第一队110亩，第二队42亩）。

1965年，共有排灌用汽油机1台，4.5马力（汽油机1台，4.5马力）；铁制水车2部（第一队、第二队各1部），畜力胶轮大车4辆，畜力胶轮大车4辆（第一队、第二队各2辆），双轮带铧犁4部（第一队、第二队各2辆），畜力铁木轮大车2辆（第一队、第二队各1辆），旧式犁（包括豁子）10件（第一队、第二队各5件）。水泵1台。适宜机耕面积430亩（第一队220亩，第二队210亩），全年实际机耕面积152亩（其中第一队110亩，第二队42亩）。

1966年，共有汽油机1台，4.5马力；双轮带铧犁4部，铁制水车2部，畜力胶轮大车4辆，铁木轮大车2辆，喷雾器19部。

1969年，实有畜力胶轮大车4辆，双胶轮手推车1辆，排灌用电动机5台（其中电动机5台，21.5千瓦），动力脱粒机1台，榨油机1台，饲料粉碎机1台。全年机耕地面积800亩，占总耕地面积1150.41亩的69.54%。

1970年，实有耕地1150.42亩，能机耕的800亩，年内机耕800亩。机动脱粒机1台，畜力胶轮大车4辆，自行车19辆。

1972年，小营大队耕地面积集体所有制1086亩，社员自营64亩，当年能机耕的面积600亩，实际机耕面积500亩。

1972年，小营大队有机动脱粒机1台，农产品加工机械4部（碾米机2部，磨面机2部），饲料加工机械3部（粉碎机）。

1973年，有机动脱粒机4台，碾米机2台，磨面机2台，榨油机1台，饲料粉碎机2台，铡草机2台，胶轮大车6辆，双胶轮手推拉车2辆，人力喷粉器2部，人力喷雾器16部，排灌用电动机4台18千瓦，柴油机2台24马力，农副业用电动机3台12千瓦，水泵6台，当年脱粒粮食17万斤。能机耕面积1000亩，实际机耕面积800亩。

1974年，小营大队共有机动脱粒机2台，碾米机2部，磨面机2部，榨油机1部，饲料粉碎机2部，铡草机2部；运输机械11部，其中胶轮大车8辆，胶轮手推车3辆；排灌用动力机械9台，84.5马力；副业用动力机械4台，24.5马力，其中电动机4台18千瓦，内燃机5台60马力（柴油机5台60马力）；半机械化农机具22马力，其中人力喷粉器2部，人力喷雾器16部，双轮双铧犁2部，步犁2部，当年机械脱离粮食362万斤。农用化肥施用量22吨，农用土化肥20吨，农药施用量600斤。农村用电量24400千瓦时，其中排灌用电23200千瓦时。

从20世纪80年代初开始拥有手扶拖拉机、小四轮拖拉机，90年代又购买三马车（农用三轮车）、汽车，逐步取代了车拉人担。从生产到生活各个环节，农村机械化、电气化水平逐步提高，大大方便了群众生产生活。通过大量使用化肥、农药、塑料制品，大大提高了农作物、果品等产量，农业经济效益大幅度增加，农民收入逐年提高。各种农机具的广泛使用，大大解放了农村劳动力，使越来越多的农村劳动力从以种粮为主的第一产业脱离出来，转而从事第二、第三产业，调整了农村经济产业结构，促进了农村的繁荣和发展。同时，在提高产量、追求效益最大化的过程中，忽略了农家粪的使用，土壤有机质明显下降，导致土壤板结，农药和农用薄膜残留，污染了土壤环境，农业生产缺乏后劲。

1980年，全村农机总动力105.1马力，有小型和手扶拖拉机4台，48马力（其中河北—12型2台，24马力；手扶式2台，24马力）；深翻土地面积800亩，占总耕地面积1150亩的69.57%。排灌动力机械电动机6台，30千瓦，40.8马力（1千瓦等于1.36马力）；副业动力机械电动机3台，12千瓦，16.32马力。碾米机2台，磨面机1台，饲料粉碎机1台，铡草机2台。胶轮大车6辆，双胶轮手推车1辆，人力喷雾器12部，人力喷粉器2部。当年实际机耕面积1150亩，机械播种面积230亩，机械脱粒粮食65万斤。农村用电量54000千瓦时，其中排灌3万千瓦时。化肥使用量75吨，其中氮肥65吨（其中碳铵62吨，硝铵1吨，尿素2吨），磷肥10吨。农药施用量300斤。

1981年，农村用电量54000千瓦时，其中排灌用电4000千瓦时；农用化肥施用量86吨，其中氮肥73吨（碳铵65吨，硫胺2吨，尿素2吨，氨水4吨），磷肥13吨。农药施用量200斤。可机耕的面积100亩。年末固定资产原值11100元（大队所有），全年利润1800元（大队），全年税金3233元（生产队）。

1982年，农机总动力128.24马力，其中柴油机48马力，电动机80.24马力。小四轮拖拉机、手扶拖拉机各2台，48马力。大中型脱粒机2台，排灌动力机械电动机6台，30千瓦，40.8马力。农用水泵4台。副业动力机械电动机4台，29千瓦，39.44马力。有饲料粉碎机1台，铡草机2台，胶轮大车6辆，双胶轮手推车1辆，半机械化农具人力喷雾器2部，生产队机务队个数2个，机务人员6人（驾驶员4人），农机具总值12000元（其中大队3000元，生产队9000元）。全村机耕面积800亩，机播面积140亩，机械脱粒粮食40万斤。农村用电量50000千瓦时，其中排灌用电40000度。化肥施用量64吨（其中碳酸氢铵60吨，硫酸铵2吨，尿素2吨），磷肥25吨。农药施用量150斤。

1983年，实际机耕面积800亩，机播面积70亩；农村用电量50000度（其中排灌用电40000千瓦时）；农用化肥使用量152吨，其中氮肥72吨（其中碳酸氢铵70吨，尿素2吨），磷肥80吨；农药使用量500斤。

1984年，实际机耕面积1150亩，农村用电量30240千瓦时，其中排灌用电24740千瓦时；农用化肥施用量163吨，其中氮肥83吨（碳酸氢铵80吨，尿素3吨），磷肥80吨；农药施用量500斤。

1986年，全村实际机耕面积150亩，机播面积150亩；农村用电量25000千瓦时，其中排灌用电20000千瓦时。农用化肥施用量122吨，其中氮肥67吨（其中碳铵65吨，尿素2吨），磷肥10吨，复合肥45吨。农药施用量500斤。全村农机总动力14台，129.84马力，其中村委会5台，53.04马力；联户9台，76.8马力。其中小型拖拉机河北—12型3台，36马力，联户所有。农排电动机7台，54.4马力，其中村委会1台，13.6马力；联户所有6台，40.8马力。农排以外电动机4台，39.44马力。农用水泵19台，喷灌机械1套，饲料粉碎机1台。胶轮大车10辆，手推车29辆，人力喷雾器15架，人力打稻机4台。

1987年，实际机耕面积150亩，机播面积150亩；农村用电量25000千瓦时，其中排灌用电20000千瓦时；农用化肥施用量81吨，其中氮肥31吨（其中碳铵25吨，硫铵1吨，尿素5吨），磷肥5吨，复合肥45吨；农药施用量500斤。农用薄膜覆盖花生2亩。

1988年，全村农业用电量25000度，其中排灌用电20000千瓦时；农用化肥施用量84吨，其中氮肥26吨（碳铵20吨，硫铵1吨，尿素5吨），磷肥8吨，复合肥50吨；农药施用量700斤。

进入20世纪90年代以后，农业机械化、农村现代化进入快速发展时期，农机具数量迅猛增加，化肥、农药、农用薄膜等使用量来越多，保持了农村经济的高速发展势头。

1992年，铁官营村用电量达到29000千瓦时，其中排灌用电量22000千瓦时。农用化肥施用量90吨，其中氮肥46吨（其中碳铵30吨，尿素16吨），复合肥44吨。农药施用量0.5吨，农用塑料薄膜0.1吨。农机总动力38辆，297马力。其中小型拖拉机17辆，210马力（其中手扶7辆，84马力；四轮12马力9辆，108马力；18马力小拖1辆，18马力）。农排动力机械（电动机）17台，48马力，农户所有。农排以外动力机械（电动机）4台，39马力，村委会所有。农机具总价值3万元，其中村委会0.1万元，联户所有0.9万元，独户所有2万元。农用水泵25台，农户所有；喷灌机械2套，饲料粉碎机1台。农产品加工机械磨米机2台，磨面机1台，胶轮大车12辆，手推车28辆，人力喷粉器35架。

1993年，铁官营村共有主要农机具38辆，农机总动力297马力。其中小型拖拉机17辆，210马力（其中手扶7台，84马力；四轮12马力9辆，108马力；18马力小拖1辆，18马力）。农排动力机械17台，48马力（电动机）。农排以外动力机械电动机4台，39马力。农机具总价值3万元。农用水泵25台，喷灌机械2套，饲料粉碎机1台，磨米机2台，磨面机1台，胶轮大车12辆，手推车28辆，人力喷雾器40架。（榆关镇政府统计站1993年主要机械年末拥有量，永久，第429卷）。农村用电量2万千瓦时，农用化肥施用量90吨，其中氮肥50吨，磷肥10吨，钾肥2吨，复合肥28吨，农用柴油消耗量2吨，农药施用量0.5吨。

1994年，全村农机总动力达到297马力，小型拖拉机17台，210马力（其中手扶7台，84马力；四轮12马力9台，108马力；18马力小拖1台，18马力）。农排动力机械17台，48马力（电动机）；农排以外动力机械电动机4台，39马力；农机具总值3万元。农用水泵25台，喷灌机械2套；牧业机械饲料粉碎机1台。农产品加工机械磨米机2台，磨面机1台；半机械化农具胶

农业收割实现了机械化作业

轮大车12辆，手推车28辆，人力喷雾器40架。（榆关镇统计站1994年农业机械年末拥有量，永久，第437卷）。农村用电量2万千瓦时，农用化肥施用量90吨（其中氮肥50吨，磷肥10吨，钾肥2吨，复合肥28吨）；农用柴油消耗量2吨，农药使用量0.5吨。

进入2000年以后，由于工农剪刀差越拉越大，大部分青壮劳动力进城务工，经商办企业，搞运输和劳务输出，主要精力放在了外出挣钱上，对农业生产有所忽视。由于对传统砖木结构房屋改造力度的加大，兴建新式钢筋混凝土结构住宅，院落中已无建造猪圈、鸡舍空间，家庭养殖业迅速萎缩，农田使用粗肥数量大幅减少，对化肥、农药等的依赖越来越强，造成土壤有机质下降，农业发展后劲明显不足。

村民生活

服　装 清朝乃至民国时期，铁官营村家家户户种棉花，搞纺织，穿衣全是家织布，衣衫褴褛，个别家庭一家人盖一床被，大冬天穿单衣。1949年以前，女子讲究“大门不出二门不迈”，大多数妇女不参加生产劳动，主要任务是纺线织布、照料家务。

中华人民共和国成立初期，由于长期遭受战乱之苦，群众生活困难，仍是家庭搞纺织。20世纪60～70年代，有所改观，夏天，人们穿“汗沓子”（用家织的白花其布作成的“跨栏背心”，前后两大片，肩上系背带，腋下两片用带儿系上），春秋穿“单袄（方言读作‘脑’）”，一般为家织蓝布作的，冬天穿“棉袄（方言读作‘脑’）”，黑色家织布，中间续“棉（读作‘年’）花”；下身穿“勉裆裤”（裤腰高，又肥大，必须勉回来，用线绳编织的裤带系上方）。春秋下地干活时，头上裹一块家织蓝布围巾，以防风沙；脚上穿“袜护（hu，轻声）搭（dɑ）”（用一块家织白花其布后边系两个带儿，系在脚脖子上，苫在脚面子上，防止沙土进入鞋中）。小孩子尤其是男孩子穿开裆裤。

从20世纪70年代，条件好的家庭穿“的确良”做的衣服，都是中山装，买衣服穿的较少，一般都是自家买布，请裁缝做衣服。1964年，村民周秉政家第一个买缝纫机，开始做衣服。脚上穿的一般是家做的黑色布鞋，富裕家庭穿的是“解放”牌绿色胶皮鞋，学生穿白色运动鞋。1983年实行家庭联产承包责任制后，群众生活逐步改善，穿西服、戴领带，穿皮鞋，皮夹克。

饮　水 铁官营地下水位较高，一般地下5～6米就能打出水来。过去群众吃水，主要有两眼水井，南街周兆昌家西北处有一眼水井，清顺治年间建村时所凿，石头垒砌，水质优良，水井深10多米，周围用石块砌成，雨季水位较高，离地面1米左右，冬季水位下降，离地面2～3米。干旱季节，一般水位在7～8米。北街水井在宋有安家北边，大约20世纪50～60年代建造。西街缺水，井水水质欠佳，一般都到北街挑水吃。

20世纪70年代以前，各户吃水，都是用洋筲（水桶）挑水。扁担约有2米长，两头有约1米的铁链，若是春季大旱，井水水位下降，尚须接一段粗绳子，拴在铁钩子上。早期井沿设有辘轳（俗称乌鲁把），一头立一块长条形巨石，上方凿一个圆洞，中间是一块较粗的圆形木轴，木轴一头镶嵌一根粗木棒，插入条石上方的圆孔内（也有用木头架子的），木轴另一头按一根弯形木棒或铁棒，放到另一个支架上。木轴中间拴一根绳子，一头系死扣，另一头将绳子缠绕在木轴上，末端拴一个铁钩子。提水时，将水筲勾到铁钩子上，逐渐放下井内。

每逢雨季，四周污水流到井内，水质欠佳，需要淘井，将井内水抽干，让其重新渗满。冬季，也要淘井。下到井底后，用条扫（笤帚）打扫井壁，清除青苔、淤泥，井水淘干后，将井底淤泥清除。

20世纪50～60年代曾使用管链式水车，井内安放一个铁皮圆筒，一节一节咬在一起，铁皮桶上边安一个水簸箕，一头稍小，向外伸出，外面放上水桶。水簸箕上安放一个铁架子，架子上方安一个齿轮状铁轱轳，两边安置摇把，铁轱辘上缠绕一圈铁链子，铁链子一头从水簸箕圆孔中穿过，下到铁皮桶内，深入井水。每节铁链子中间是一块厚铁片，上下用厚胶皮垫固定，胶皮垫略大于铁皮桶直径，封闭较好。当摇摇把时，就将井水带到水簸箕里，流到水筲里。

20世纪70年代末到80年代初，各家各户打机井，一般下7～8节缸管（水泥管，上边不渗水处用封闭缸管，下边用渗水性能好的粗粒缸管），建成压水井，下边是一根铁管，下到井水里，上边是一个圆肚形粗铁筒，焊到铁管一头，再按一个压柄，压柄分为两节，末端是一块圆形铁板，铁板两边安一块很厚的胶皮垫，皮垫略大于圆筒，圆筒一边沿上焊两个耳子，中间打一个圆洞，用一根铁棍儿横插到两个圆孔中间，将压把儿固定在圆孔上头。初次压水时需要向圆筒内灌一瓢水，再向下压，利用虹吸原理将井内水压出来。

20世纪80～90年代，大多数农户将潜水泵下到井底，将水抽上来。

1991年，村里安装自来水以后，压水井被淘汰。

2010年划属秦皇岛经济技术开发区以前，铁官营村吃的自来水井还是20世纪80年代打的，随着逐年沉淤，井深只剩5米多，旁边还有一个污水坑，每到雨季，污水倒灌，井水被污染，卫生环境差。为了解决群众的吃水问题，2016年，秦皇岛经济技术开发区无偿为村里打了一眼100米深的机井，群众用上了干净的自来水。

饮　食　1949年以前，由于土地瘠薄，粮食产量低，亩产仅有60千克左右，大多数家庭都吃不饱、穿不暖。条件好的家庭以粗粮（高粱、谷子、白薯、玉米）为主，只有过年才能吃上饺子。贫困家庭整年吃糠咽菜，仍然是吃了上顿，没了下顿。20世纪50～60年代，除了交售国家征购任务外，每人每年口粮100～150千克，多数人家到了开春儿就没吃的了（俗称“春荒”），东借西凑，将就到夏季，到自留地里挖白薯。1959～1962年3年闹饥荒，每天人均不足300克粮食，人吃草根、树皮，最后连草根、树皮都吃光了，孩子大人青皮寡瘦，饿死10多人。有的人饿死了，抬死尸的人抬着抬着就饿昏过去了。孩子上学因吃不饱，上课没精神，耷拉着脑袋。

20世纪70年代，种植水稻，实行玉米、小麦两茬种植，推广使用优良品种，粮食产量逐年提高，口粮逐渐增加，群众生活水平日趋提高。当时主食以苞米和高粱为主。尽管村里种了水稻，但是大多数家庭的粮食都不够吃，用大米换秫米。每年春节时每家能分到1～1.5千克猪肉。1983年实行家庭承包经营责任制以后，土地由各家各户经营，粮食产量大大提高，每家屋内都存放1000～1500千克稻子、苞米。家家户户养猪，每年每家宰一头肥猪，除了留够自家过年用外，还可售卖。

在20世纪70年代以前，主要食物有苞米、秫米、白薯干、小米。70年代种植水稻、小麦以后，有大米、白面。80年代以后，日常食用大米、白面，苞米茬子、秫米、小米作为调剂辅助食品。

过去主要菜类有白菜、萝卜、芹菜，偶尔吃些水豆腐、干豆腐、黄豆芽、炒花生米、闷黄豆粒等。冬天有渍（jí）菜（酸菜，不放盐）、咸菜（用食盐淹的白菜）、瓜子（用食盐淹的萝卜）。90年代以后，日光温室大棚普及以后，冬季有韭菜、芹菜、黄瓜、西红柿等。但是铁官营村以劳务输出为主，吃菜主要靠买，北戴河村、榆关五王庄一带有大棚，村里超市从外地进菜。

住　房　中华人民共和国成立以前，贫雇农没有房住，靠租借富裕人家的房屋。1965年4月25日统计，1946年前，全村有富农3户，22人，拥有房屋44间，最多的有27间，最少的6.5间，人均2间房。上中农2户，13人，有房13间，人均1间。中农8户，48人，有房48.5间，10间以上的2户，最多的11间，最少的2.5间，人均1.01间。下中农8户，40人，有房37间，人均0.925间。贫农有房户13户，74人，有房56.5间，人均0.76间。贫农无房户8户，共32人，无房居住。

据1972年2月23日调查，1949年前，全村有50户，其中富农3户，有房屋54间；贫农38户，有房屋32间。1946年土改后，将富农、上中农家多余的房屋没收，分给贫农，多是破烂旧房。1965年4月25日统计，全村有房户55户，247人，209.5间，人均0.85间；另外有6户，23人没房住。全村平均人均住房0.78间。房子最多的2户：6人，11间和10.5间；最拥挤的户11人，仅有3间房。1949年前后，都是砖木结构，房顶上铺一层厚厚的黄土。70年代以后才用焦子打房顶。

房屋的结构一般是3间，大户人家5间，中间厨房叫外地下，做饭用。东西各有1个灶膛，安放2个大铁锅，富裕人家再建1个火炉子。炕都用黄泥加稻草作的大坯铺成，炕洞里铺设小坯或砖垛，大坯放到小坯或砖垒砌的坯或砖垛上，大坯上再抹一层泥，炕上再放上炕席（芦苇编织的）。炕的另一头建有烟道，从房顶伸出，上边安放烟囱。炕坯2～3年换1回，炕坯土沤成农家粪肥。1949年前后，个别家庭房屋低矮，家庭人口多，在一间屋子内搭成南北两个大炕。

早期的窗户很小，北边不开窗口。南边窗口都是木质，底下窗框有3大块玻璃，可以从上边摘下来；上边是活动的，窗棱用白纸糊上，夏天炎热时可以将上扇窗户打起来透风。外地下南边是灶膛，北边东西两侧放家具，存放碗筷、盆子、粮食等物品。20世纪70年代以后，随着玻璃工业的发展，窗户都改成玻璃的，透光性强，屋里亮堂。

从20世纪60年代开始，允许个人盖房，都是砖木结构，每年向上级申请建房占地指标，60～70年代每户占地0.30亩。1981年7月20日抚政（1981）70号文件（抚宁县人民政府《关于农村社员宅基地的几项规定》）和1982年10月23日抚政（1982）92号文件（抚宁县人民政府《关于颁发<抚宁县村镇

建房用地管理实施办法>的通知》）规定，每户宅基地面积控制在0.25亩以下。只有孩子年满18周岁时才允许报批宅基地。

20世纪60～70年代，盖木结构的三间简易房需要1000~2000元，也就是一家6个劳动力1年的收入。一年也建不了几户。20世纪80年代出现现浇房。90年代以后进入建房高峰期，凡是有条件的都可以建房，建房户有80～100户，都是钢筋混凝土的现浇房。2000年以后，新盖的住宅多为二层楼房。原来砖木结构的老旧房屋有70%都翻盖了。现在年轻人居住的都是现浇顶水泥房，厨房、卫生间、洗澡间，彩电、冰箱、电脑样样齐备。

2020年，全村共有房屋160多处，其中楼房35处，人均住房面积40～50平方米，比20年前翻了一番。每家都有1套房，多的有2~3套房，老人和子女分住2处，各不相扰。

商业供销 供销社。1973年，五保户王柏山搬到养老院后，榆关供销社买下她的三间院落（在第二生产队队部东、王廷顺家西），开办联村中心供销合作社（辖区有铁官营、北杨各庄、郑家店、东甸、腰排、西岭），俗称合作社，经销日用品、化肥、农药等物资，由榆关公社供销社派人经营。1983年承包给潘庆章经营，20世纪90年代将房产卖给潘庆章。

村内翠文超市

小卖店。20世纪80年代以后，徐会平、杨守先、王金海等人先后在村内开设小卖店，经销一些日常用品。

超市。20世纪90年代以后，李文佐、潘丽萍先后在村东西两侧开设2个大的超市，经营商品有蔬菜、肉食、粮食等，品种齐全，花样繁多。

村容村貌整治 过去村里柴草乱堆乱放，垃圾乱倒，脏水横流，侵街占道，私搭乱建现象时有发生，整个村庄给人的印象就是脏乱差。不仅街道狭窄，难以通行，而且每年冬季都几次发生火灾，对群众生命财产构成很大的威胁，造成巨大的损失。2015年，在秦皇岛经济技术开发区的帮助下，村里配备了卫生专管员，建立了垃圾池，村民按照规定的地点，将生活垃圾都倒入垃圾桶内。秦皇岛经济技术开发区为村里配发了垃圾运输车辆，清理了河道，铲除了街道旁和路边的杂草，柴草不进村，做到了街清路净，还杜绝了火灾的发生。2016年，村里街道旁进行了绿化，每隔几米就栽植樱花树，每到春季，樱花怒放，气味芬芳，风景迷人。2020年，全村共设立垃圾点1个，垃圾桶384个，每户2个，配备保洁员2名。

过去，村内没有路灯，到了晚上，村里漆黑一团，群众出行都打着手电筒，尤其到了冬季，有的群众将脏水泼到街上，道路结冰，一不小心就会摔倒。2016年，在开发区城市发展局等部门的大力支持下，村里安装了30多盏太阳能路灯，解决了夜间照明问题。晚上村民活动日渐丰富。

信息通信 中华人民共和国成立初期，庄里订阅《人民日报》《解放军报》《红旗》杂志（俗称“两报一刊”）《河北日报》《唐山劳动日报》等，群众主要通过报刊获得国内外新闻。此外，还有上级发下来的各种文件，组织党员群众学习。每次放映电影前，须播放中央新闻电影纪录片厂录制的一段新闻纪录片，俗称“加演”，了解国内外重大新闻。早期的通信联系近处主要靠派人联络，远处靠书信往来。1958年，从榆关公社广播站架设至各大队的有线广播线路，村里有高音喇叭，各户都安设舌簧式纸喇叭。公

老式手机和BP机

社广播站设有广播员，每天播放各种新闻和上级指示精神。20世纪70年代，收音机开始普及，群众主要听广播。榆关公社召开大会，都通过有线广播，由公社广播员广播。1983年电视机开始进入农户，1995年前后普及到各户，用铝线或易拉罐自作的电视接收天线。2006年，有线电视网络入村，家家户户看有线电视节目，到2012年全村159户家家都有彩色电视机。2003年，小学教师张淑英家第一个购买电脑；2010年，潘占伟、马文同家第一个安装宽带上网，通过电脑上网获取各种信息。到2012年底，全村共有40多户安装宽带。到2020年底，随着智能手机的普及，全村有100多家安上宽带。

1958年，架设从榆关公社到各大队的有线电话线路，大队部设有摇把电话机，如果向县里打电话，得逐级中转，先要通榆关公社电话站，再由公社电话站要通榆关区电话站，通过榆关区电话站再要通抚宁县邮电局，通过县邮电局再要通某个单位，中转层次多，等待时间长，电话经常占线，打不通的时候比较多。1988年，抚宁县程控电话开通后，林尚齐等7户安设了自拨电话，以后电话陆续进入家庭，到2009年全村有固定电话60部。1998年以后，开始流行传呼机（BP机），分汉显和数字2种，汉显的功能多，费用高，一般用数字的，只显示呼叫人电话号码。最初的手机因体型较大叫“大哥大”或“砖头子”，刚开始时2～3万元，最后降到1万元，每月大约需要2000～3000元，使用费用高。2000年以后，随着手机价格的降低，传呼机就淘汰了，人们开始使用手机。1998年以前手机都是模拟的，以后全部是数字手机，随着通信资费的下降，手机的拥有量不断提高，固定电话逐年淘汰了。到2018年底，全村有手机420多部，手机普及率达到90%以上，手机成为人们日常生活不可或缺的重要工具。到2020年，全村家家户户都有彩色电视机，总台数近200台。全村85%人都有手机，共有手机400多部，而且智能手机占绝大多数。全村有电脑80多台，占总户数的42%。

生活保障 2013年8月，铁官营村土地被秦皇岛经济技术开发区征收，发放征地款，全村人均18万元左右。为了解决失地农民的生活补助问题，2014年开发区为铁官营村办理了生活补助和养老保险。全村失地人员60岁以下的发放生活补助费，每月180元；60岁以上的，根据年龄大小，金额不等。60周岁第一次发放养老金每月700元左右，以后逐年调整。到2018年，全村共有121人领取养老保险金（其中男55人，女66人），占全村总人口的26.08%。满60周岁的每月900元左右，65周岁的每月1200元左右，70周岁以上的每月1400元左右，基本上解决了农民失地后的生活之忧。到2020年，全村参加养老保险的共有85人，其中男44人，女41人。已经领取养老保险金的132人（其中男59人，女73人），占全村人口总数的28.09%。

征地款发放现场

新农合缴费标准呈逐年递增趋势，2018年为220元/人，2019年为250元/人，2020年提高到285元/人。医院不同，报销比例也不同。从2016年起，政府每年给返50元。2020年，全村参加新农合的410人，占全村人口总数的87.23%。

文教卫

文化设施 大队原有图书室，购置各种图书供群众阅读。20世纪60~70年代，大队有锣、鼓、镲、二胡、手风琴等，个别户有口琴、横笛等乐器。80年代以后，村民自己买书、借书或租书看，2000年网络普及后，村民学习和娱乐方式都发生了变化。

1949年以前，一些群众冬季里，娱乐方式有打麻将、掷骰子、游壶等。中华人民共和国成立以后，政府禁止带有赌博性质的娱乐活动，群众主要活动有下象棋、军棋、打扑克、拉二胡、手风琴、吹口琴等。2020年农闲时节，群众有玩麻将、打扑克、下象棋、看电视节目、跳广场舞、扭秧歌等活动。

文化活动广场

2014年，在秦皇岛经济技术开发区的大力支持下，铁官营村建立了农家书屋，设立了图书管理员，有儿童读物、科技类、养殖类、人物传记、小说、名人名著等各类书籍上千册，每周群众可以自由借阅，极大地丰富了村民的业余生活。

2016年8月中旬，为解决文娱活动场地不足问题，村党支部、村委会自筹一部分资金，建立了文化广场。又在开发区城市发展局驻村干部、村党支部第一书记孟繁星（2015年驻村任第一书记，2017年3月调回）和臻鼎科技股份有限公司等单位的支持下，添置了各种健身器材和文娱设备。自从村里有了宽敞的场地和足够的活动器材，群众一有时间就到广场去健身，一到晚上，就去跳广场舞，扭秧歌。每逢重大节日，还举行大型文娱活动。铁官营村2016年、2017年连续2年被秦皇岛经济技术开发区评为“平安村”。

文娱活动　早些年，农村没有什么文艺活动。白天劳累一天，晚上回家早早地就睡觉。冬季里农闲时节，木匠在家打家具，作平屉（方言读dì）等，手艺人忙个不停，刨笤帚、炊扫、编筐、编篓子等。妇女在家纺线织布、做衣服、做鞋、织毛衣等，没有闲暇时间。

中华人民共和国成立初期，村里组织扫盲活动，夜间将群众组织起来，教大家学习文化。20世纪60～70年代，每天晚上学习上级文件和农业技术。冬季时在家里挑红小豆（外贸出口用），剥花生种。

看电影是20世纪60～70年代的主要娱乐活动。榆关公社设有电影放映队，几个月才能到村里放映一场电影，由于当时电影放映机少，影片也紧缺，一部影片放完要赶紧跑到另外一个村去放，几个邻近的村轮番放映，俗称“跑片”。黑白银幕悬挂在2个电线杆子中间，放映时左近三庄的群众都来观看，人数较多。放映革命现代京剧《红灯记》《智取威虎山》《沙家浜》《红色娘子军》《白毛女》等样板戏，还有《奇袭白虎团》《地道战》

《地雷战》《平原游击队》《海霞》《春苗》《创业》《龙江颂》《朝阳沟》《上甘岭》《冰山上的来客》等，还有朝鲜影片《卖花姑娘》《鲜花盛开的村庄》《看不见的战线》等，苏联影片有《列宁在十月》《列宁在1918》等，南斯拉夫影片有《桥》《瓦尔特保卫萨拉热窝》等，阿尔巴尼亚影片《第八个是铜像》等，罗马尼亚影片《沉默的朋友》等。每次放影片前播放一段新闻纪录片，叫“加片”或“加演”。有时群众到北杨各庄、郑家店、东甸等村看电影。1980年前后，小营大队买了电影放映机，经常给广大社员放映电影。1983年实行家庭承包经营责任制以后，电视机逐步进入家庭，到1990年前后，电影放映就取消了。

演节目。有时大队组织社员演些文艺节目，主要是阶级斗争等题材。形式有快板书、相声、三句半、唱歌、诗朗诵，拉二胡、手风琴，吹口琴等，村内社员多才多艺。

1964年3月6日春节演出留影：潘静慧（左一）杨成吉（左二）潘庆芳（中）马俊芳（右二）周秉政（右一）（杨勇提供）

冬季里，偶尔组织扭秧歌、吹喇叭等。文娱活动主要是看电视、打麻将、打百分儿、打台球等。20世纪80年代中后期，电视机进入家庭以后，主要看电视节目。2018年，全村有线电视覆盖率达100%。2003年，电脑开始进入家庭，玩游戏，看大片。2010年，开始安装宽带，年轻人主要是上网玩游戏、QQ聊天等。2020年，全村有100多户安装了宽带，手机普及率达到95%。大多数人都有微信，浏览新闻，看快手、抖音等小视频，玩游戏，聊天，网上购物。

2015年，秦皇岛开发区向铁官营村派驻驻村干部，帮助村里搞规划，建设文化活动广场，添置文体器材。每到晚上，群众就自发地到广场，跳广场舞、扭秧歌。特别是2016年戴河生态园建成以后，群众经常到戴河生态园里去游玩、敲锣打鼓、唱歌跳舞、扭秧歌。

20世纪60～70年代的儿童游戏。下连儿（方言读“lianer”）挤懒（卵，lǎn）子：在地上划一个正方形方框，框内划九横九纵线，每人各执十根小木棍或石子，谁的木棍或石子被对方包围，就是被吃掉了。

藏猫猫。也叫捉迷藏。几个孩子一起玩儿。先“钉、钢、锤”或“石头、剪子、布”分先后，谁输了，谁寻找。输的孩子先眯上眼睛，其他孩子藏起来，墙旮旯儿、房山子、树后头、柴火垛里，藏好以后喊一声：“离（方言读lí）了（藏好了的意思）！”这个孩子就开始寻找其他孩子，谁被发现，这场游戏结束，由被发现的孩子再寻找其他孩子。

老鹰抓小鸡。几个孩子一起玩儿，一个人逮，其他孩子排成一大队，前面第一个人护着其他人，后面的人随着第一个人躲闪，谁被抓到，这场游戏结束，第二场由被抓到的人抓。

弹玻璃球。因铁官营村一带距离秦皇岛比较近，通过下乡知青、亲属、朋友从耀华玻璃厂弄来玻璃球。玻璃球有两种，一种是白球，工业制造玻璃钢板用的无色原料；一种是花球（花梨瓣），球体中间有绿色或黄色图案，比白色的贵一些。20世纪60～70年代比较流行。在地上挖一个小坑，叫“圆兜”或叫“兜”，几个人把球摆放在一起，一个人先开球，把球打散，把所有的球打远处去，自己把球弹到兜里，就算赢了。

砸（方言读zháo）大渣（方言读zhǎ）：大渣就是大的石块，放到前面7～8米远处，竖立起来，几个孩子拿石头向大渣扔去，谁砸到了算谁赢。

锛老头。几个人一条腿着地，另一条腿卷曲着，用膝盖撞其他人的膝盖，谁站立不住，把腿放开着地就输了。

抢山头。主要是从打仗电影中学来的，一般分为两拨人，一拨人在土堆上，一拨人在下边，下边的人向上冲，上边的人往下搡，只要下边的人冲到土堆上就算赢了。

吹笛（方言读bié）儿。有两种：一种是清明节前后，用细嫩的柳树条子，剪成一二寸长，拧一下柳条，将中间木棍儿抽出，将一头树皮剥去一点儿，就可以放到嘴里吹了。另一种是用箭（方言读jiàng）杆儿尖（高粱秸顶端的一节），切成一二寸长，将一段细蔑（米）儿（秫秸外皮）掀起，尾端留一段，在细蔑儿下边挖一个长方形槽子。放到嘴里就可以吹响了。

玩泥人儿。20世纪60～70年代，庄里常来外地换泥人儿的，用废旧胶皮鞋、牙膏皮（锡制）、破铜烂铁交换。泥作成老虎形状，中间用毛头纸粘连在一起，一推一拉，老虎发声。

弹弓打鸟。用一根八号铅丝（粗铁丝），底部弯成一个圆把儿形，上部作成U形，顶端各弯成一个耳子，耳子两侧拴一段皮筋（一般用自行车里带，最好用赤脚医生用的听诊器软管儿，弹力大），皮筋系到一块方形皮兜（猪皮、牛皮）上。将石子放到兜里，拉皮筋，对准树上或墙上的鸟打出去。

上树下河。上树掏鸟蛋，捉小鸟。下河洗澡，摸鱼。“洗澡”，游泳的意思。“洗澡”分为狗刨（面朝下，四肢并用）、仰浮（读fù，面冲天，用手划，用脚蹬）、踩水（身体直立，用脚踩水）、扎猛子（从岸上跳入水中）等几种姿势。夏季里，男孩子到西河捉鱼，用铁条打鱼，用蛤蟆大腿钓螃蟹，烧蛤蟆大腿吃。小桥那里长年流水，特别是夏季这里螃蟹、鱼类很多，夜间打着马提灯到小桥处照螃蟹。

夹纽（jiániú）打鸟。铁丝作成的夹子。夹纽分两种：一种是死夹纽，两个粗铁丝弯成半圆形，底部弯个把儿，底部缠绕上钢丝，地下拴一根短线绳，一头拴到夹纽底部，一头拴一段细木根儿，木棍儿顶端系个食儿——虫子（玉米、高粱秸秆里的白色虫子）；再从底部拴一根细绳，顶端拴到一根支棍儿上，从夹纽半圆形上端绕过来，支到拴食儿的小细木棍儿上。一旦鸟吃虫子，就会拨动支棍儿，被夹在两个半圆形铁圈中间，一般都会把鸟打死。另一种叫活夹纽，也叫网拍子，底部半圆形铁圈用细铁丝编织成网状，上部半圆形铁圈编织成拱圆形，中间有鸟的活动空间，即便是鸟吃食儿，夹在网子中间，鸟也不会被打死。打耗子使用死夹子，诱饵有花生米、苞米粒，最好用一块火烧过的肉，味香，诱惑力大，但是一只耗子被打死后，散发出一种气味，其它耗子躲得远远的，就必须用火燎一下夹子，消除气味。

雪天扣鸟。下雪天，家雀儿出来觅食。把地上的一片雪扫干净，用个草筛子，中间支根木棍儿，棍儿的底部拴一根绳子。地上放些粮食，鸟来觅食，拉动拴在木棍底部的绳子，鸟就被扣到筛子里了。

粘蚂螂。用铁丝弯成一个圆圈，插到向莲（向日葵）杆上，再把铁圈缠上蜘蛛网（罗罗网）。拿着网去粘蜻蜓。

划冰车子。两根木楞上钉上若干个木板，木楞下边安两个粗铁丝，叫“冰车子”。一根木棍一头插入一根粗铁丝或粗铁钉，俗称“冰扎子”。人坐在冰车子上，两手各拿一根冰扎子，向前划。

挤旮旯儿。几个人一起玩儿，一个人在墙旮旯儿，其他人往前挤，最后一个人从后面冲上来撞到前面的人。边挤边喊：“挤旮旯儿的窝呀，越挤越暖火（nǎng huó）呀！”

堆雪人。下大雪后，把雪堆起来，做一个头部，上边放上石头、树棍儿等做成鼻子、眼睛、眉毛、嘴、耳朵等。

女孩子玩的游戏有。跳皮筋，欻（chuǎ）髁儿（猪、羊骨头节）跳绳、踢签儿、踢籽儿（方块缝的口袋，里面装些粮食或石子）等。20世纪80年代以后，这些游戏逐渐消失。

进入21世纪后，互联网发展迅速，随着电脑和手机游戏开始普及，孩子们的游戏娱乐项目也开始多样化。

教　育　铁官营村子小，学生少，历史上从未设立过学校，适龄儿童到村北500米远的北杨各庄小学上学。

北杨各庄小学原来是一座寺院，始建于清朝光绪末年。据北杨各庄村民张秀丽母亲（2018年92岁）回忆，该寺叫圆通寺（也有说叫娘娘庙的）。据民国18年（1929年）《临榆县志》记载，北杨各庄区立初级小学校，级数一，学生49人。早期是由铁官营、北杨各庄、郑家店3个村合办的，20世纪70～80年代仓上村参与其中，按照该村人口数量分担投资数额，4个村的学生都到此就读。学校南北两大排教室，东西各有2个大教室，中间为大门洞。东侧3间瓦房，西侧为五间平房。北排东侧为2个大教室，西侧为校长、教导处和老师的办公室。2010年10月，北杨各庄小学与铁官营、北杨各庄、郑家店等村一同由抚宁县划属秦皇岛经济技术开发区管理。

民国时期和中华人民共和国成立初期，小学分为初级小学和高级小学2种，学制6年。初级小学，简称初小，学制3年，从小学一年级到三年级。高等小学，从四年级到六年级，简称高小。“文化大革命”时期，小学实行五年制，初中、高中2年制，都是春节前结束，过年后上新的年级。1976年，学制延长半年，由原来的春节升学延迟到暑假后升学。

1987年北杨各庄小学南门

附：1948年以后北杨各庄小学历任校长名单（吴国臣提供）：王维全（平

铁官营村孩子们就读的北杨各庄小学

市庄人，1948年任）→李树勋（紫草坞人）→齐富（牛头崖人）→安瑞和（安庄人）→李国富（榆关黄土坎今永顺庄人）→赵永纯（郑家店人）→温树云（温庄人）→李书翰（紫草坞人）→孙金贵（孙庄人）→高俊友（高家店人）→刘兴礼（紫草坞人）→赵永纯（郑家店人）→王绍清（西岭人）→赵克仁（北杨各庄人）→李健伟（沙河人，2002年任）→杨洪宝（鸭儿峪人）。

初中都到庄西十里榆关公社初级中学上学，1976年至1980年北杨各庄曾设一段初中，后来初中撤销，又到榆关社中上学。高中一般都到榆关国办高级中学学习，学习成绩好的有考入抚宁县城关中学（后改称抚宁县第一中学）、海阳中学（后改称抚宁县第二中学）、太和寨中学（后改称抚宁县第三中学）、榆关国办高中（后改榆关农业技术中学，现为抚宁区职业教育中心）。

中华人民共和国成立以前，铁官营村穷人较多，上不起学，文盲较多。1964年7月9日统计，在全村267人中，12岁以下不在校儿童62人（其中7～12岁儿童12人），不识字的51人（其中13～40岁12人），初识字的16人（其中13～40岁11人），初小80人（13～40岁24人），高小38人，初中19人，高中1人。

“文化大革命”期间，实行大队、公社推荐上大中专学校，只有贫下中农子弟、干部子弟才能上学。地主、富农子弟只能在乡劳动改造。1977年9

1978年北杨各庄小学初中班毕业合影（小营庄人：第三排杨志芬，教师，左一；学生周丽杰，左二；潘素艳，右四。第四排马立胜，左一；王志利，右二；李利峰，右一）。（周丽杰提供）

月恢复高考后，凭考试成绩上学。

科举。举人马式游，道光二年（1822年）顺天乡试举人，选授直隶顺德府（今河北邢台市）南和县儒学教谕（见该志附录《马举人考》）。

历年大中专学校毕业生、在校生。20世纪50年代初期，铁官营村人穷人多，上不起学，加之文化意识差，不太重视教育，故而考出来的人数不多。1977年9月恢复高考制度以后，人们对文化的重视程度普遍提高，大中专学生逐年增多。

马山林：1953年7月考入抚宁师范学校，1956年8月考入丰润师范学校，1958年3月毕业。

潘庆兰：潘殿卿次子，1955年，考入山海关中学，1958年，考入吉林工业大学。

马丽苓：张成林长女，1960年考入唐山启新水泥学校（中专），1963年毕业后在启新小学教书。

马素兰：马和林女，1960年考上一所中专学校，毕业后留在唐山工作；

杨志华：杨守先长女，1974年至1976年在昌黎师范学校学习，毕业后在榆关初中任教，1983年调入中国工商银行秦皇岛分行工作。

李利峰：李润林子，1978年考入抚宁县海阳中学，1980年考入河北农业大学，1984年7月毕业后分配到抚宁县政府农业办公室工作。1996年6月任县委研究室主任，1998年8月任县委办公室副主任。2002年4月任县档案局（馆）局（馆）长，2010年6月任县政府办公室副主任兼县档案馆馆长，2015年9月任秦皇岛市抚宁区政府办公室副主任兼区档案馆馆长，2016年8月任区政府办公室主任科员兼区档案馆馆长；2020年10月任区委办公室三级调研员。

李利峰（左）与林尚齐合影

潘亦彤：潘德明次子，太和寨中学毕业，1981年考入长春冶金地质学院，现在北京经商。

周丽杰：周兆兴三女，海阳中学毕业后，在太和寨小学任教，后迁南戴河，1990年在抚宁县教师进修学校进修。

王志利：王金良长子，城关中学毕业，1982年考入河北公安学校，1984年分配到河北省司法厅工作；2007年任承德监狱政委、狱长；2013年1月任鹿泉监狱狱长。

马俊江：马永林次子，1982年考入河北昌黎师范学校，1985年毕业后到抚宁县太和寨师范学校（2015年改称河北对外经贸职业学院）任教。

周秉魁：周兆兴子，1985年考入太和寨师范学校，1988年毕业后到榆关初级中学任教，现在抚宁区教育局工作。

李文彬：李彦吉次子，1991年考入昌黎县师范学校，现在海港区石门寨镇中学任教。

周秉栋：周兆昌长子，1993年考入河北大学图书馆系，现在秦皇岛市第一人民医院信息中心工作。

马立宾：马俊雨长子，1993年考入邯郸工业学校，1997年7月毕业后，分配到抚宁县驻操营镇工作，历任驻操营镇财政所所长、镇党委委员、宣传部部长、副镇长。2015年7月任驻操营镇党委正科级组织员。2019年，海港区农业农村局任职。

赵莹伟：赵一铁、张淑英女，1995年9月考入南戴河师范学校。1998年毕业，现在大刘庄小学任教。

周丽娟：周兆栓女，1995年考入南戴河师范学校，2007年考入首都师范大学硕士研究生，现在河北科技师范学院任教。

马立新：马俊雨次子，1998年9月考入河北大学哲学系，2001年7月毕业后应征入伍，在北京空军第四飞行学院服役，2016年12月转业到天津市公安局南开分局工作。

马文杰：马俊芳子，1999年9月考入秦皇岛教育学院，曾在抚宁县（区）第三中学任教，现在抚宁区第四中学任教。

潘鹏程：潘瑞子，1994年考入秦皇岛市商业学校，曾任海港区林业局森检站站长、副局长。2016年4月任驻操营镇副镇长。

潘颖霞：潘少华女，2000年考入唐山师范学院，2003年毕业后，在北京泛华玻璃制造有限公司工作。

林枫：林尚坡子，2002年考入秦皇岛经济管理干部学校，现在京秦高速秦皇岛管理处工作。

李冬生：李彦和子，2004年毕业于河北大学，现任北京一家企业高管。

张爽：张书华长女，2004年考入河北科技师范学院，2008年在北杨各庄小学任教。

潘倩倩：潘树彤女，2004年考入沧州师范学院，2007年在北京韩国SK公司工作。

马长红：马立宽子，2004年9月考入山海关中铁山桥高级技工学校，2006年3月毕业后在中铁六局工作。

潘志明：潘占忠子，2005年考入合肥工业大学，2016年获得北京航空航天大学硕士学位，现在北京正奇晟业有限公司秦皇岛分公司工作。

马秋月：马俊刚长女，2005年考入石家庄青年管理干部学院，2007年毕业，现在锦州宝地物业公司工作。

马欣慰：马立勇子，2008年考入河北师范大学；2012年8月考入长春理工大学硕士研究生，毕业后现在北京富吉瑞科技有限公司研发部工作。

王志刚：王金余子，2008年考入张家口师范学院，2012年考入滦南县司法局公务员。

潘珊珊：潘占滨女，2008年考入承德医学院，现在抚宁区人民医院工作。

潘力群：潘作阳子，2009年～2011年在唐山学院学习，2018年考入中南大学，先后在唐山金磊、君瑞、泰达等公司工作。

潘壮：潘树彤子，2009年考入邯郸学院，2011年曾在天津一家公司工作，现在秦皇岛一家电器公司工作。

周越宁：周秉政孙，周朝海子，2010年考入中央美术学院。

周彬：周朝汉女，2012年考入河北农业大学；2015年9月考入西北农林科技大学硕士研究生，2018年考入张家口市怀来县林业局选调生。

李萌：李文革女，2010年考入河北科技师范学院欧美学院。

张清：张书华次女，2011年考入河北女子技术学院。

潘慧慧：潘德忠长女，2012年考入河北外国语职业学院。

李媛：李文杰长女，2012年9月考入中国环境管理干部学院。

马静：马俊祥女，2012年考入燕山大学函授班计算机科学与科技专业，2017年毕业，现在秦皇岛5.8同城工作。

李美娜：李国彬次女，2014年8月考入重庆人文科技学院。

潘子粮：潘占滨子，2014年8月考入山东服装职业学院。

陈怡彤：陈志强女，2014年9月考入河北联合大学秦皇岛分院。

马萧萧：马保安女，2014年9月考入河北外国语职业学院。

潘璐：潘卫彤女，2015年9月考入南阳理工学院。

马巍：马保静女，2015年9月考入辽宁大学。

王鑫平：潘立新女，2015年8月考入青岛黄海学院。

杨晓晨：杨勇长女，2015年9月考入河北民族师范学院。

李建业：李彦平子，2015年9月考入赤峰学院。

周星志：周秉良子，2016年8月考入燕山大学里仁学院。

周健：周潮汉子，2016年9月考入北京大学。

李昂：李文革子，2016年9月考入唐山工业职业技术学院。

安峻松：安银峰子，2017年9月考入新疆大学。

李文超：李河子，2017年9月考入河北建材职业技术学院。

王童麟：王贵成之子，2018年考入廊坊卫生职业技术学院。

杨博远：杨勇次女，2018年考入河北工业大学。

王佳：王志忠之女，2018年考入河北公安警察职业学院。

潘维豪：潘德丰之子，2018年考入石家庄传媒学院。

马佳亮：马继丰子，2018年考入邢台学院。

杨东岳，2019年6月考入河北经贸大学金融贸易专业。

徐悦，2019年6月考入石家庄政法学院法律专业。

卫　生　1968年，村内建有卫生所，推行农村合作医疗制度，由大队和社员集资，为社员群众提供费用较低的医疗保障，杨成吉担任“赤脚医生”（因时常参加农业生产劳动，也叫“半农半医”，1985年以后改称“乡村医生”“村医”），1976年调榆关公社卫生院。1976年潘彩盈担任村医，直到90年代末期。

村医杨成吉

为了解决群众看病难、看不起病的问题，2006年，抚宁县推行新型农村合作医疗制度以后，村党支部、村委会积极发动群众参加“新农合”。最初个人交60元参保，各级政府补贴每人100元，住院报销比例70%左右，一年最高限额5万元。2016年个人缴纳150元，各级财政补贴420元。2020年个人缴纳285元，政府每年给返50元，报销比例根据医院不同保险比例也不同。群众对参加“新农合”的认识逐步提高，到2020年全村所有村民都参加了“新农合”。随着个人缴费和政府补贴的逐年增加，个人报销最高限额已经达到8万元，超出部分还可以到商业保险进行报销，最高限额30万元，群众就医有了基本的保障。

文物古迹

20世纪70年代，社员在大碱地东侧南坑挖河泥时发现有一个古老的“捣米缸”（学名石臼，古时候人们用来舂米的石器）；在双堰地拉沙子时发现古人耕作遗迹，沟垄清晰，并有不少碎陶片，说明很早以前铁官营一带就有人类活动，但是尚未形成村落。1966年夏季，村中很多文物遭到人为破坏，殊为可惜，尚存几处古迹，现分述如下。

马俊祥家北院外清代镇宅石刻“泰山石敢当”

石　刻　清代镇宅石刻。马俊祥家后院墙外镶嵌着一块条形黑色石刻，内侧高25厘米，宽12

厘米，上面刻有“泰山石敢当”，另外，马俊祥家南门外原有拴马石，后埋在地下。

清代买地残碑。在潘少华家北门外有一块残碑，其碑文如下：

□□□□头宽贰拾□□□□一段
计东西长垅伍拾九条南北至熟地
东西至官道南边长拾捌丈北边长
拾叁丈伍尺东头南北宽拾丈零六
尺西头宽拾壹丈五尺

置买程姓地壹段座落中街路南荒场地
南至道北至井沿中间分界东至杨
姓墙根西至外墙根地基南北长东
边拾贰丈伍尺西边长拾叁丈南头
宽七丈八尺北头宽七丈整

置买李姓地座落北街后院荒地壹段南
北原垅八条南至道北至河东西至
荒场东西宽壹丈三尺南北长拾捌
丈杨树毛子在内

属国社钱粮三亩整

潘少华家北门外清代买地残碑

清代俄国人墓碑。在马保静家南大门外，有一方形石碑，上刻有一些俄文字母。经东北大学秦皇岛分校、河北对外经贸职业学院俄文教师辨认、翻译，这块石碑是一块墓碑，死者名叫“米沙·阿舍诺夫”，（生于）“1887年6月”，

马保静家南门外清代俄国人墓碑

“安息吧！我的儿子……”。铁官营村没有住过俄国人，这块墓碑是村民马保静十几年前从北戴河海滨运过来的，立碑者为清末民初居住在北戴河海滨的俄国传教士。

清代石兽浮雕。杨冬生家南门外有一对石兽，门里门外镶嵌四块浮雕。

杨冬生家南大门

杨冬生家大门外抱鼓石

杨冬生家大门外石浮雕

庙　宇　潘庆章、潘占伟家西侧有一个大水坑，水坑西土坡上小树林中原有一座小庙，人们都叫“小庙”，具体名字已经无人知晓了。小庙坐北朝南，带屋脊的瓦房，有一间屋那么大，没有塑像，墙壁上画有妖魔鬼怪图案，案前有7个大香炉。庙前悬挂一座铁钟，清朝光绪年间重修时所造，铭文记载着村名“铁官营”的来历。

古民居　南李老宅。李润林家有五间院落，占地2.14亩，清朝咸丰年间经李氏始迁祖李金象所建。南院墙上有花墙，用瓦镶砌，高约20厘米。南门外为菜地。南大门完好，两扇木门，有门栓、门鼻、门插棍、门钌铞、门横杠等。门洞东西两侧有烟斗，旧时放置蜡烛或油灯，或者春节时烧香之用。原有东西三间厢房，北院东北角碾道房，南院内二门，皆民国初拆

林尚柱家老宅院

潘少华家老宅院

李彦明家老宅院

周鸣鸾家（曾改作大队部）

除。门前两座石兽，官道北侧影壁墙，1966年夏季被人拆毁。现存五间正房，砖木结构，保存完好。东有驴棚，西有猪圈。

周氏老宅。原为周鸣鸾家所有，清朝同治、光绪年间所建，五间院落，南北两排正房，前院有东西各三间厢房。1946年土改时，除东厢房留给周鸣鸾家自用外，南排五间留作大队部，其余分给潘振起、李庆云等家。北院李庆云家五间正房于20世纪70、80年代翻盖。东西三间偏房和南排五间正房，除窗户有所改造外，其余保存较为完好。

老物件 随着科学技术的进步和社会的发展，生产生活用具不断更新，过去使用的一些东西现在早已不见踪影了。

升、斗。早期使用的一种称量粮食的容器。用柳木片作成，圆柱形。一斗等于10升。

棒槌。早期农村洗衣服时用来在河边石头上捶打衣服用的一对木棒，70年代以后已不用。用一根木头作成，末端为手柄，棒头作成纺锤形，中间有些鼓肚。

纺车。早期使用的纺线工具。民国时期乃至50、60年代，农村穿的衣服、盖的被褥都是用家织布作的，妇女们将棉花脱籽，作成棉花瓜子（皮棉），用纺车纺成棉线，再用织布机织布。

织布机。早期织布的工具，木制。

笸了（pěle）。笸箩。一种纸做的盆儿。50～60年代，用来盛放旱烟叶、卷烟纸或者花生、葵花籽等零食。70年代已不再使用了。

茓（xué）子。一作“踅子”。一种用高粱杆皮编织的长条形席子。把茓子一层一层向上围起来，围成圆筒状，中间堆放粮食。

苇薄（báo）。一种用芦苇编织成的帘子。过去，农村盖房时，椽子上铺一层苇薄，苇薄上堆放一层土，土上再打焦子（煤炭燃烧后的遗留物，透气性强，分量轻）。

凉帽岔儿。早年头上戴的一种凉帽，用细篾儿（精细的高粱僵干儿皮）编织成的草帽，蘑菇形状，中间安个帽圈。

草帽。用麦秸编制的一种遮凉帽子，上边圆柱形，下边有帽沿儿。

草鞋。用蒲草编织的鞋子，一般多儿童穿。

蒲墩。用蒲草编织的坐垫。

蓑衣。早年用草编织成的一种雨披。20世纪70年代，塑料雨衣、雨伞普及以后，蓑衣就淘汰了。

戏匣子。老式电子管收音机。20世纪70年代，半导体收音机普及后，电子管收音机就退出历史舞台了。

矿石收音机。20世纪50～60年代使用的一种自制收音机，由一根磁棒、一副线圈（漆包线）、一个检波器、一个可变电容、一个固定电容、一副耳机（喇叭）组成，可收听中波频道广播节目，不用电源。

翎掸子：用公鸡尾部羽毛绑在木棍儿上头，用于掸去家具上的灰尘。20世纪60～70年代还在使用，后来不用了。

蝇甩子：早期使用的一种驱赶苍蝇的用具，用马尾巴上的鬃毛，绑在一根木棍上头，用于拍打苍蝇，作用相当于现在的蝇拍子。早已不再使用。

火盆。取暖用的铸铁盆子。早些年农村屋里生不起炉子，炕上放一个火盆儿，里面放些木炭或苞米骨头。

穿子。也叫水汆子。早期冬季里，农村用大锅烧开水，因有味儿，改用穿子。用铁皮打造的圆筒，圆筒前方安一个拐脖儿，把水灌进穿子里，烧火做饭时，放到灶膛里一侧，水烧开以后，灌到暖壶里，这样烧的开水没有异味儿。80年代以前，还有人使用。90年代以后就淘汰了。冬天取暖使用土暖气后，烧煤炭生炉子，一般都使用水壶烧水了。2000年以后改用电热水壶烧水，或使用饮水机。

鼓风机

纺车

盖藤

茓子

木匠锯

马提灯

风箱

风匣。也叫风箱。木制，长方形，后头底部开个通风孔，通风口处有个小舌头。用两根条形木条，前方安一块木板，木板四周粘上鸡毛，起封闭作用。靠近灶膛处开一个通气孔，与灶膛连结。外边安一个木把，烧火时拉动拉杆儿，风从后部的通风孔进来，当推进去的时候，后面进气孔处的小舌头关闭，风通过灶膛处的通风孔进入灶膛，起供氧的作用，使柴火烧得更旺盛。有了电吹风机后，风匣就淘汰了。俏皮话“风匣里的耗子--两头受气”由此而来。

掏灰爬。过去农村用秫秸烧火作饭，灶膛里堆满灰后，用掏灰爬往外掏灰，前面有一块方形木板，后边安一个木把儿。

盖藤。用稻草编织的半圆形锅盖，过去农村用大锅烀（hú，蒸的意思）白薯、蒸饺子时盖在大锅上。

平屉（dì）。用大锅蒸东西时使用的木架子。用长的木片或竹片钉上木框上，蒸饺子时放在一层屉布，饺子放到屉布上，放到大锅里去蒸。

马架子。也叫马扎，用木条或铁片制成两个长方形框，交叉在一起，中间用粗铁丝穿连，木架上两头钉上帆布或使用剩下的线制裤带，不用时折叠在一起，使用时掰开。也有的叫马褡子。

瞎掰。用一块木料作成的凳子，不用时折叠起来，用时再掰开，故称瞎掰。另外，“瞎掰”也用来指没有根据的瞎说。

花轱轳车。民国时期及20世纪50～60年代使用的一种车辆，车轮用木制成，用木楞固定到车轮上，车轮外面钉上大铁钉。车厢用铁皮制作的，叫铁瓦车。

马鞍（nān）子。旧时放到马身上的架子。

驴垛子。旧时放到驴脊背上的木头架子，驮东西时使用。

汗沓（tá）子。用家织白布作的跨栏背心。

袜护（hu）搭（da）。用家织布做的苫在鞋背上，后边有两根带儿，系在一起，防止泥土进入鞋内。

钱褡（dá）子。用家织白布作的长方形口袋，赶集上店儿背着，放贵重物品。

勉裆裤。农村自家做的棉裤，因裤裆特别的肥人，穿好后还需要把裤裆再“勉”（“勉”，“折叠”的意思）回来，用线绳编的裤带系好。

大立柜：清朝到民国时期农村使用的一种家具。上边两开门，中间有隔板，隔板下有抽屉。下边木板是死的，放被褥、棉衣、包裹等物品。顶上放一对箱子。

板（bǎng）柜。20世纪70年代以前使用的一种家具，长方形，上面有半扇盖儿，里边放衣服、被褥、针头线脑、粮食等物品。

椿凳子。早期农村家里放的一种长条形木凳，大约50厘米高，一米半长，50厘米宽，能坐2个人。一般用香椿木料制作。

石磨、石碾子

拜匣。过去用于送礼或请柬等物品的小方形木盒。

炕琴。农村早期使用的一种木制家具，放在炕的一头，约有50厘米高，下边有两开门，存放一些针头线脑。上边堆放被褥。

八仙桌。早期农村吃饭用的桌子，正方形，放到炕上。

鞋拔子。一种用牛角、铜片或铁片制作的半弧形用具，约10余厘米长。过去农村都是穿家作的布鞋，比较紧，穿鞋时，将鞋拔子附到脚后跟儿处，与脚一同穿入鞋中，有助于穿鞋。后来，用“鞋拔子”来形容一个人蛮不讲理的意思。

洋油。煤油。过去农村没有电，夜间照明主要靠点煤油灯照亮，点洋蜡一般家庭用不起。1949年以前，所用煤油都是从外国进口，因而称洋油。洋油灯，一般用个药瓶子，上边焊一个铁皮做的盖儿，盖儿中间凿一个孔，孔中间插一个筷子粗的铁皮卷成的铁筒，用线绳或毛头纸作灯捻。时间一长，两个鼻孔，都是黑烟子。

洋筲、洋桶。水桶、水筲。过去，凡外来物品都带个“洋”字。

刺攮子。匕首、刺刀。

老式收音机

猫（máo）橱。碗橱。因农村防止猫晚上偷吃的橱子。共分三层，最上一侧开口，无橱门，存放碗、盆儿、筷子等日常用具；中间一层，存放吃剩下的食物，两边是死门，有通气的窗棱，中间开两扇门，关紧后划上。最下层存放粮食。

三转一响带咔嚓。20世纪60～70年代，年轻人结婚时的彩礼。三转：自行车、手表、缝纫机，会转动的；一响：戏匣子，能听唱的；咔嚓：照相机，能照相用。

人 物

历史是由人来书写的，故凡志书必有人物篇。该志人物部分分为人物传记和人物简历两种：

人物传记 本着生不立传的原则，为铁官营村已故知名人士撰写人物传记。分为革命烈士、村干部、铁官营籍人士三部分。

革命烈士。马仲林（1927～1951）（1948年4月4日抚宁县第五区小营村党员登记表、1956年榆关乡旭光农业社烈军属劳动力规划表、1965年4月小营大队阶级成分登记表作马中林；1968年12月1日榆关公社党委革命烈士家属登记卡片、1981年7月抚宁县民政局革命烈士英名录作马忠林；1983年6月16日国家民政部颁发的革命烈士证明书、1990年版《抚宁县志》烈士英名录名字为马仲林），男，1927年10月出生。幼年时在北杨各庄小学上四年学。因家境贫寒，辍学回家种地五年。1947年7月20岁时于该村自愿参军，参加革命工作。1947年8月1日加入中国共产党。1948年8月编入东北人民解放军铁道纵队。1949年5月，铁道纵队改编为解放军铁道兵团。1951年2月，马仲林随中国人民志愿军入朝鲜作战，任战士，1951年3月8日在大榆岭抢修

马仲林革命烈士证明书

铁路过程中，遭到敌机轰炸，英勇牺牲，安葬于朝鲜。（榆关公社党委1968年革命烈士、现役军人家属登记卡，永久，第70卷；抚宁县民政局1981年抚宁县革命烈士英名录，永久，第61卷；1990年版《抚宁县志》）。

村干部。马和林（1900～1974年），男，1900年生人。初小毕业。1937年3月至1940年2月任小营村闾长。1942年，小营村建立抗日民主政权，他担任村主任。秘密参加共产党活动。1943年至1944年任小营村保长。1945年1月至8月再任保长。1944年11月北杨各庄村（小营村北一里）驻有一个小队的日本兵（13人），日伪军封锁严密，严防共产党和八路军到此地活动。他担任保长期间，小营村正处于敌我拉锯区，表面上应付日伪政权、国民党地下组织催粮征夫，修建炮楼，修筑工事，同时秘密为共产党和八路军工作，组织村民为八路军运送粮食、制作衣服、鞋袜。1946年至1955年任村长（期间1948年任北戴河第9保副保长2个月，后又任村财粮委员2年）。担任村长期间，村内由于长期受到日伪军、国民党政权的破坏，经济萧条，民不聊生，他带领群众恢复生产，响应党的号召，兴办农业生产互助组，发展经济，改善民生。1974年去世。

周兆龙（1923～1987年），男，1923年生人。11～13岁上学，17岁开始外出扛活、卖短工。20岁回家种地。1944～1945年间，参加临抚昌联合县区小队。抗战胜利后，从临榆县区小队回到铁官营村后开展工作。1946年夏，积极参加农会组织，实行土改，贫苦农民获得了土地。1946年10月3日，经潘作芝（李文光）介绍，加入中国共产党，1947年4月5日转为正式党员。介绍潘振江、马永林等人加入党组织，于1947年4月创建小营村党支部，并任第一任党支部书记（当时党的活动未公开），直至1951年。1959年修鸽子塘水库9个月，后回家种地。1987年去世。

李文光（1916～1989年），本名潘作芝，男，1916年3月生人。1924年至1929年在家上学。20岁在山林警察局当先生。22岁在吉林省蛟河县住地方当店员。1930年至1933年到黑龙江哈尔滨宾县隆大号当店员。1934年1月至1935年2月回家种地。1935年3月至1939年在哈尔滨德顺元织布厂当学徒工人。1940年1月至1947年1月回家务农，任村主任。1945年5月12日，经"忠诚"（真实姓名不详）和临抚昌联合县第五区区委书记华仲民介绍，全村第一个加入中国共产党，成为铁官营村历史上第一名共产党员。1946年4月任抚宁县第五区（榆关）中心村指导员，10月介绍周兆龙入党，成为小营村党组织奠基人。1947年5月至1949年1月，脱产当干部，历任抚宁县城工部干事、公安局四股干部。因工作需要，化名李文光（姥姥家姓李）。1947年8月6日夜里，李文光带领抚宁县飞行组（8名平市庄民兵），突破北戴河、牛头崖和北宁铁路等封锁线，悄悄摸进"海滨大局子"（国民党海滨警察分所，地点在今解放军281医院），经过4分钟战斗，俘敌5人，毙敌2人，伤1人，缴获步枪6支，子弹250发，一举捣毁了敌警察分驻所，史称"拿大局子"（1990年6月抚宁县档案馆编《抚宁县大事记（1945–1987）》）。1949年2月，随军南下，任河南陈留县五眼庙乡工作队队长。1950年3月，因病回家休养。1954年任村党支部组织委员，1954年至1955年间任北杨各庄乡治保主任，1956年至1961年5月任郑家店大队治保主任，1961年5月至1965年8月任小营大队大队长，1963年8月至1965年8月兼任小营大队党支部书记等职务。担任支部书记和大队长期间，注重发展农业生产，发展水稻种植，动员社员个人养猪，增加群众收入，使全村经济得到恢复，群众生活得到改善。

1989年去世。

杨润身（1926～1991年），男，1926年1月出生。16岁到东北密山县杂货铺当店员，19岁回家。1947年8月1日加入中国共产党。1951～1956年任小营村第二任党支部书记。1956年任旭光高级农业社主任。1962年5月～1963年8月任村党支部书记。他担任党支部书记期间，处于国民经济恢复时期和三年经济困难时期，群众生活极度困难。他带领群众响应党的号召，发动群众发扬团结互助的精神，积极兴办互助组、初级社、高级社，走集体化的道路，帮助贫困群众发展生产，改善生活，度过了三年经济困难时期。1956年至1962年任党支部副书记（1958年在秦皇岛焦炭厂工作），1971~1975年任支部副书记兼治保主任。1991年12月去世，享年67岁。

杨守先（1929～1997年），男，1929年8月出生。1937年1月～1943年在北杨各庄小学上学，1943年12月回乡务农。历任小营村民兵中队长、战勤、团书记，北杨各庄乡团书记。1955年9月26日加入中国共产党。1958年9月榆关人民公社成立后任郑家店大队党总支副书记兼大队长。他响应党的号召，积极开展农业生产自救，帮助困难群众发展生产，使郑家店大队经济得到恢复和发展，群众生活有了较大改善。1964年"四清"运动前任小营大队第二生产队队长，1965年8月至1966年7月任大队长。70年代中期，任大队革委会主任、党支部书记。他带领全大队党员和群众大搞农田水利建设，开展养猪积肥活动，推广新型农机具和先进农业种植技术和优良品种，粮食生产得到较大发展，群众生活水平有了较大提高。1983年上级号召推行家庭联产承包责任制，他不辞辛苦，深入农户，进行动员，统一了全村干部群众的思想认识，将全村土地承包顺利到每个农户。通过实行家庭承包经营责任制，极大地调动了家家户户的生产积极性，加强了田间管理，促进了粮食大丰收。1988年因年岁已高，主动辞去村党支部书记职务。1997年7月11日去世。

张永贵（1919～2004年），男，原籍抚宁县平市庄南村。1919年12月出生于平市庄，家庭生活困难，上不起学，从10岁起就给地主家放羊，20岁起到滦县马城大孟庄扛活8年。20世纪40年代初，投奔本家叔叔张祥来，到小营庄落户。1946年，小营村解放后，实行土改，分入土地4.65亩，房子1.5间，碾道2间，生活有了着落。1947年7月28岁参加八路军，编入东北野战军第11纵队第31师第92团。1948年4月5日加入中国共产党。1948年10月在葫芦岛市塔山阻击战中，右肩胛被炸伤，被评为三等丙级残废军人。1949年3月从热河省复员，回村务农。20世纪60年代初历任第一生产队队长、大队党支部副书记兼第一生产队政治队长，1965年8月至1970年任大队党支部书记。2004年12月7日去世，享年85岁。

马永林（1928～2006年）。1928年6月出生，1940～1943年上学，1944年回家务农。1947年10月加入中国共产党。1948年至1952年任小营村民兵连长。1953年至1956年任村主任。1957年至1958年任生产队队长。1959年至1961年任村党支部书记。在担任党支部书记期间，正值三年经济困难时期，他带领社员群众发展生产，开展生产自救，使全村群众度过了饥荒。村里开办油坊，压榨花生油，方便了群众生活，增加了集体收入。1961年春至1965年7月任民兵连长兼治保主任。“文化大革命”时期任贫下中农协会主席，作为贫下中农代表，参与北杨各庄小学的管理。2006年7月18日逝世。

马俊峰（1930～2006年）。初小毕业。历任第一生产队会计、第一生产队队长、大队会计，党支部副书记、大队长。积极配合党支部书记杨守先工作，发展集体粮食生产和副业生产，使小营大队粮食自给有余。1983年至1989年任村经济联合社（简称经联社）主任。当时抚宁县委、榆关工委号召将集体土地承包给农户经营。他反复宣传实行家庭联产承包责任制的意义，讲清“家庭承包经营”与“分田单干”的区别，反复做群众思想工作，最后大家统一了认识，很快将土地分包下去。此外，还兴办村办砖厂，增加集体积累，减轻了群众负担。2006年去世，享年76岁。

马俊坡（1934～2010年）。10岁至17岁上学，以后回家务农。1960～1961年在吉林省长春市务工。1964年至1973年担任第一生产队会计。1976年10月至2007年2月，担任大队会计、村文书。几十年来，马俊坡对工作认真负责，兢兢业业，任劳任怨，出色地完成了大队财务账目管理、统计报表和文书工作。1979年实行“两统一包”责任制，1989年、1999年实行土地承包期间，他一丝不苟，认真核对承包地块、亩数，逐户填写，为承包任务的顺利完成打下了很好的基础。1982年农村宅基地确权、发证期间，他与公社土管人员不辞辛苦，逐户测量，调解邻里矛盾纠纷，为顺利发放房屋使用证做了大量工作。2010年11月6日去世。

铁官营籍人士。李文成（1914～1975年），本名潘作霖，潘仲长子、李文光（潘作芝）长兄。1944年4月，日军成立伪唐山冀东特别行政公署渤海训练处，准备培养培训一支汉奸、特务队伍，到山海关田氏中学征召毕业生，李文成等爱国学生拒不当汉奸，为躲避日军征召，跑到东北，又从东北跑到张家口。1944年下半年返回家乡后，到郭高马坊村教学，不久参加八路军，1946年1月至1947年2月任临榆县公安局第二任局长（1991年河北人民出版社出版、县委组织部、县委党史办、县档案局编《中国共产党河北省抚宁县组织史资料（1942～1987）》）。20世纪60年代任天津市水上公安局局长（正县级干部）。1975年去世。

潘庆兰（1935～1993年），潘殿卿次子。1935年生人。11～22岁在北杨各庄村小学、太和寨村完全小学、北戴河海滨初级中学、山海关第一中学读书。1958年23岁时考入吉林工业大学，成为铁官营村历史上第一位大学生。27岁毕业后在内蒙古呼和浩特畜牧机械研究所工作，担任高级工程师。1993年去世。

杨守国（1928～1995年），杨守先次兄。1928年出生。8～13岁在北杨各庄小学读书4年。1946年11月加入中国共产党，参加八路军。1948年11月

1957年杨守国与家人合影

抚宁解放前夕，到某军官学校学习，1957年前后在武汉空军地勤担任师级军官，1995年去世。

马山林（1933～1999年），男，1933年11月7日出生。1943年～1951年4月在北杨各庄小学学习，其间，因家庭困难，两次辍学。1953年7月考入抚宁县师范学校。1956年7月考入丰润师范学校，1958年3月毕业。1956年6月5日在抚宁师范学校加入中国共产党。1958年4月至8月在马家峪小学任教，因工作需要，又调到坟坨乡从事扫盲工作。8月至10月调到抚宁县文教局工作。1958年11月至1959年1月调卢王庄小学工作，任副校长。1958年与卢王庄大队妇联副主任陈桂芝结婚，定居卢王庄。1959年1月至1961年4月任秦皇岛市东风公社（此地曾设牛头崖公社、乡，1988年改设牛头崖镇）干事。1959年4月至7月在唐山地委党校学习政治经济学，历时3个半月。1959年在东风公社工作时，"因工作积极肯干"，被评为秦皇岛市模范工作者。1961年4月至1970年3月曾经担任枣园公社党委秘书、宣传委员兼共青团委书记、党委专职委员、秘书（组委）。1970年3月至1974年3月任县委办公室干事，任前后两任县委书记强华、董静华秘书。1974年3月任驻操营工委副书记，1975年4月26日任驻操营工委书记。1977年7月22日任县委宣传部副部长。1980年1月2日恢复县委统战部后，任副部长，主持一年工作（当时部长空缺）。1985年12月至1987年10月兼任县委对台办公室主任。1987年12月13日任县委统战部部长。至1992年12月9日，任县委统战部正部级调研员，退居二线工作。1999年5月10日凌晨4：20在北戴河女儿家中去

马山林

世，享年65岁。

潘庆珠（1928～2001年），潘殿卿长子。1928年6月出生。1943年9月，到抚宁县平市庄参加八路军冀东第七地区队（俗称“马骥部队”），成为铁官营村第一位八路军战士。因为当时他年龄小，不够参军年龄，让他当卫生员。他经常夜间出来到敌占区买药，天亮前再返回部队。后来探亲回家，不久又去寻找部队，到东北民主联军肖劲光部队，担任卫生员。1948年9月17日，在中国人民解放军与国民党军队争夺烟筒山战斗中，潘庆珠被敌军炮火震晕，机智脱险，投奔东北第四野战军第四十军韩先楚部队，参加辽沈战役。其后又随军南下，参加淮海战役，一直打到海南岛。1950年4月下旬，在第四十军攻打海南岛战役中，潘庆珠臀部受伤，昏迷不醒，部队在打扫战场时把他从死人堆中救出。1955年被授予上尉军衔，1960年被授予少校军衔。1955年春，到解放军225医院工作，任放射科主任（正团职干部）。1982年离休，到秦皇岛军分区干休所休养，2001年12月17日去世。

潘庆珠

人物简介 在铁官营村长期担任村干部，有较大贡献，至今仍然健在者，以人物简介形式按照任职时间叙述其人生简历。

李庆雨，男，1925年9月生人。15岁扛长活，1947年10月加入中国共产党，1953年参军，1956年复员。曾任第二生产队指导员二年。“四

李庆雨

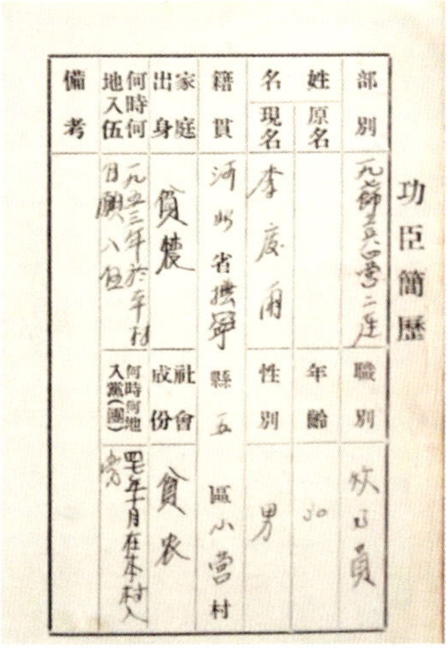

功臣簡歷

部别	姓名 原名	姓名 現名	籍貫	家庭出身	何時何地入伍	備考
[illegible]		李慶雨	河北省撫寧縣五區小營村	貧農	一九五三年於本村自願入伍	
職别	**年齡**	**性别**		**社會成份**	**何時何地入黨(團)**	
炊事員	30	男		貧農	四七年十月在本村入黨	

李庆雨功臣简历

清”运动前任党支部副书记，1966年7月兼任大队长，1968年3月任小营大队革委会主任，1970年至1971年任大队党支部书记。当时大多数生产队秋后实行“人七劳三”的粮食分配政策，为照顾“人多劳少”户（人口多、劳动力少的农户）吃粮难问题，小营大队实行“人八劳二”的分配方式。组织生产队购置大车，从村西河套拉沙，销往北戴河火车站，增加了全大小队的集体经济收入，改善了社员群众的生活。1983年实行家庭承包经营责任制以后，他积极响应上级号召，在全村率先饲养黑白花奶牛，牛奶销售到秦皇岛市区，成为全村第一个养殖专业户。

李彦吉，李庆先次子。1945年5月生人，8~16岁上学，后回家种地。1968年至1971年任大队党支部副书记兼民兵连长。1972年至1976年任党支部书记、革委会主任。1972年，在南岭坡地栽种果树100多亩，结束了小营大队无果树的历史。1983年实行家庭经营承包责任制后，群众发展果树的积极性空前高涨，果树收入一度成为群众收入的重要来源。注重发展水稻生产，打井修渠，1975年，全大队水稻种植面积达到230多亩，获得大丰收，总产达到13.25万斤，占全大队粮食总产的31%，改善了社员群众的膳食结构。1984年10月，通过私人关系，引进河北第四建筑公司，在东岭修建占地50亩砖厂一座，年产机制红砖2000万块，年利润3万元以上，增加了集体收入，为后来村里解决群众

“三提五统”费用、水电费奠定了基础。2006年3月至2009年3月任村委会主任。2006年，为村民安装有线电视，帮助25户村民申请宅基地指标，在南街后院建成二层小楼，改善了村民居住条件。

林尚齐，林茂荣长子。1953年5月出生，7岁在北杨各庄小学读书，14岁回家务农，在第二生产队担任记工员，18岁赴海河修工，20岁去滦河大黑汀水库修工，担任榆关公社民工连六排排长。1974年4月加入中国共产党。1974年12月参军，任战士。1977年2月份复员回乡。1977年12月任大队党支部副书记兼民兵连长、村电影放映员。1982年底，任铁官营第一届村委会主任。1989年任村党支部书记。2002～2007年任村党支部书记兼村主任，先后担任村主任、党支部书记长达24年。1983年在推行家庭承包经营责任制过程中，与村党支部书记杨守先、经联社主任马俊峰、文书马俊坡等一道，耐心做群众思想工作，将全村土地承包到各农户，将集体生产资料分给社员户。1984年10月，为发展乡镇企业，由村民李彦吉引进河北省第四建筑公司投资60万元，在东岭修建占地100亩砖厂1座，与村党支部书记杨守先、经联社主任马俊峰、民兵连长陈祥、村文书马俊坡等一道奋战在建筑工地，顺利完成了建设任务。年产红砖2000万块，年产值70万元，实现利润15万元，每年为农户节省“三提五统”费用6万元。1984年10月份，投资6万元，在村南修建变压器1台，组织2个生产队社员打机井60眼，架设低压线路5000米，解决了全村300多亩稻田浇水问题。1991年4月，与村主任陈祥、村文书马俊坡等筹措资金，在村南打深水井一眼，铺设地下自来水管道1万米，解决了村民吃水难问题。1992年6月份，在村东南东岭荒地上修建占地30亩的养鸡场1座。1983年至2007年间，为改善村民居住条件，他积极帮助村民申请建房指标，共有70多户新盖住宅。

马素芹。马仲林烈士长女，1946年10月出生。1965年8月28日加入中国共产党，1965年至2002年间几次担任妇联主任。几十年来，她积极团结带动全村广大妇女，响应党支部号召，积极投身农业生产，促进了全村粮食生产的发展。广泛宣传计划生育政策，为计划生育工作做出了应有的贡献。

陈祥，迁建户陈喜峰第三子。1951年5月出生。1974年7月7日，23岁加入中国共产党。1974年12月任民兵连长。1976年至1983年任第一生产队队长。1989年至1998年任村主任。担任生产队长期间，他积极支持实行家庭承包经营责任制，丈量土地，划分等级，公平合理，把第一生产队的土地全部顺利承包给社员个人经营。在担任村主任期间，正值抚宁县推行农村第一轮土地承包时期，为了解决人多地少矛盾，打破了原来的承包关系，有些群众不理解，甚至有抵触情绪。他与村党支部书记林尚齐挨家挨户做群众工作，最后顺利完成了第一轮土地承包工作，为后来的调整产业结构和发展大户生产创造了基础条件。

下乡知识青年 为缓解城市就业压力，1968年12月22日，毛泽东主席发出“知识青年到农村去，接受贫下中农的再教育，很有必要”的号召。小营大队下乡知识青年（简称“知青”）共分两批：第一批1969年2月，唐山东矿区南范各庄矿9名社会青年响应毛主席关于知识青年上山下乡的号召，到小营大队集体插队落户，参加农业生产劳动，“接受贫下中农再教育”，参加生产劳动。他们是：孙桂琴，女，20岁，高小，籍贯丰润县；王梅琴，女，21岁，初中，籍贯永年县；王金生，男，19岁，初中，籍贯丰润县；王振顺，男，17岁，高小，籍贯滦县；李连香，女，18岁，高小，籍贯丰南县；王振荣，王振顺姐姐，女，19岁，高小，籍贯滦县；刘国林，男，18岁，高小，籍贯辽宁辽阳；李子忠，男，18岁，初中，籍贯丰润县；张宪玉，男，17岁，小学，籍贯滦南县。（抚宁县劳动人事局知青办公室1969年榆关公社城市社会知识青年下乡登记卡片，永久，第97卷）。下乡知青在大队部西北六间房居住。到1970年剩7人，1971年剩4人，1973年9人，1974

原大队知识青年宿舍

年9人。第二批，1975年7月，秦皇岛市13名社会青年到小营大队落户，他们是：黄作贵，男，1978年1月病退；常玉江，男，1978年1月招工离开；王福存，男，1978年12月15日病退；康永志，1978年12月参军；赵光顺，男，1978年12月招工；刘立柱，男，1978年12月招工；高美丽，女，1978年11月病退；刘国庆，男，1978年11月病退；王晓春，女，1978年11月招工；王永芝，女，1979年4月招工；吴淑娥，女，1979年4月招工；褚荣香，女，1978年11月困退。到1979年4月，下乡知青全部返回市里。

宗 族

铁官营村始建于清朝顺治年间（1644～1661年），民族皆为汉族。据1983年12月抚宁县地名办公室编《抚宁县地名志》记载，清顺治年间，汪、温、袁、马四姓由山东迁此地落户。1981年，村民马世林、马云庆介绍，汪氏、马氏从山东大柳树迁来。据马俊祥家保存的清乾隆三十三年（公元1768年）卖地契约记载，“立卖契人”潘宏儒，“买房人”潘福，“中见人”潘佐、潘君、潘立、林起凤、潘起

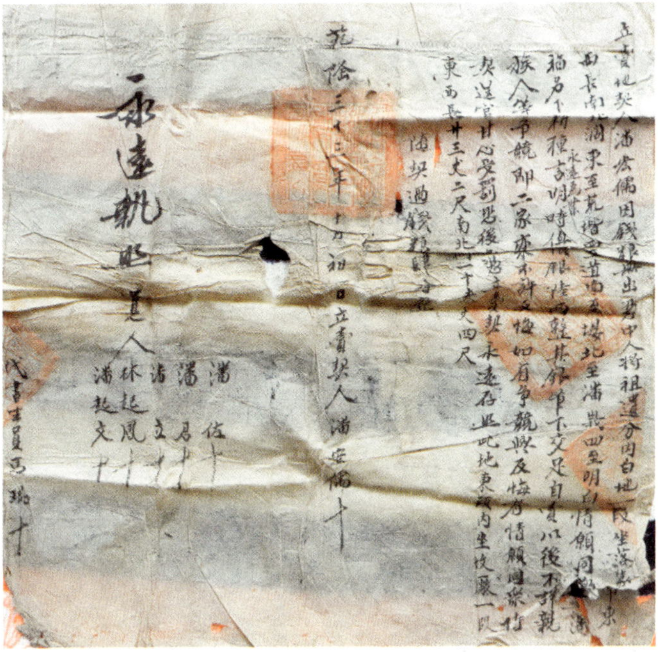

清乾隆三十三年（公元1768年）卖地契约

文，“代书”生员马琨。据林尚齐家保管的清朝同治元年（1862年）二月林廷模、林廷楷兄弟分债单记载，“中人”有刘汝链、石振敢、林廷棣；“书分单人”马式源。光绪十一年（1885年）五月林宜春、林义春、林雨春、林利春兄弟分家单记载，“中见人”有杨景先、林廷棣、徐柱、陈起时、林熙春、马壮真、马友三、马逢茇、马逢蔚。“代笔人”潘子举。光绪十五年（1889年）十二月林国涛买杨宝的房契记载，“中人”杨与贵、杨与隆（当是杨重新家族人士），“代笔”人马友三。据杨纯增家保存的光绪十年（1884年）七月马济川买马宝兴家房屋契约上记载，“中人”有程文元、马晋明、马益谦、马式瀛、马式江、马壮真、马萃孚、马逢莀、潘玉润、潘玉书、潘承宗、潘文银，“代笔生”潘国均。光绪二十六年（1900年）正月，杨盛荣买马逢茹、马逢荃家房屋契约上记载，“中见人”马逢芸、马逢茇、马云路、马云书、杨名三、张福成、赵世臣、张开光，“代笔人”何荫棠。据马俊祥家保存的清光绪二十七年（1901年）马益谦、马逢荃房屋典当契约记载，典当人马益谦，中人马逢蔚、单茂照。这些人士是铁官营村除《林氏家谱》以外最早的人士。

清末“四大家族” 清朝同治、光绪年间（1862～1908年），铁官营有4个大户人家，皆因在东北做买卖发家，人称“南李、北李、东杨、西杨”。后来，又有“东西杨南北李，潘仲周虎（周洪元）无人比”的民谣。

南李　李金象家。明朝万历年间（1573～1620年），李氏始迁祖从山西洪洞县大槐树迁徙到北戴河村北大寺定居。李金象，道光初年（1821～1850）出生于北戴河村，少时父母双亡，闯关东，到辽宁绥中县靰鞡铺学徒当伙计，后来有了些积蓄，自己开个靰鞡铺，家道殷实。同治年间（1862～1874）迁到外祖父家铁官营村，购置房屋、土地等财产，家有80亩土地、5间正房院落。光绪末年80余岁去世。生五女、一子李文德，光绪三年（1877年）生人。李文德，年轻时去东北杂货铺当账房先生，以后回家，因眼睛近视，不能参加农业生产，家中土地、房产逐步变卖。1946年土改前，全家4人，有土地13.5亩，租地15亩，正房5间，耳房2间，车门房1间，小棚子1间，碾道2间，驴1头。土改时分入地6.53亩。土改时定为中农，1965年8月改定为下中农。高级社时家有土地17.58亩。1960年83岁去世。

李文德生二子、二女：

长子李澍林，字子厚，伪满时期在黑龙江克山县作买卖，搬迁至克山，富甲一方，当地解放后全部家产主动交给国家（生一子李春明，随父在黑龙江克山县居住，十七八岁时得痨病，早亡）。

次子李润林，1935年4月出生，因父亲李文德丧失劳动能力，13岁辍学回家种地，1956年19岁时跟郑家店李瑞丰学木匠手艺，1958～1960年在榆关木业社、北戴河海滨作木工，1961年回家种地。60～70年代在榆关供销处、榆关兵营、马坊兵营、牛头崖、北戴河海滨等地干木匠活。2005年11月去世，享年70岁。妻子张桂英，董庄人，1938年1月出生。生一子：李利峰（历任中共抚宁县委研究室主任、县委办公室副主任、县（区）档案局（馆）长等职。长子李璐，2014年7月毕业于河北科技大学，在河北港口集团秦港股份有限公司铁路运输公司工作；长孙李沐轩）；三女：长女李春兰（嫁本村潘庆成次子潘占华）；次女李秀兰（嫁东甸村）；三女李玉兰（嫁北杨各庄村）。

长女：李湛青，嫁给深河乡仓上村周士达（1908年5月生人。1930年山海关田氏中学毕业，1931年初考入东北讲武学堂，九一八事变后被迫辍学回家，曾在北杨各庄、马坊、榆关、太和寨小学任教，1944年迁居海滨刘庄，在北戴河一中、拨道洼中学等地教书。1950年至1960年当选秦皇岛市人大代表。北戴河知名文史专家。1989年3月去世。）。

次女：李艳青，嫁北戴河海滨刘庄刘崇岱（曾在平市庄一带教书，后调海滨暑期供应站当会计，迁居海滨刘庄）。

北李。李向辰家（李金象外祖父家）。李向辰，原籍海港区慕义寨，清朝道光、咸丰年间（1821～1861）迁居铁官营村，在家种地；子李庭柱，20多岁去哈尔滨当店员，25岁回家做买卖，家中有七八十亩地，后来家境衰落。侄李庭栋，原来在张永贵院居住，1949年以前迁居秦皇岛。长孙李树荣，1918年生人。13岁开始种地。1958年去密云修水库，后回家务农。次孙李树棠，在保定住地方，情况不明。李树荣，土改前家有5人，房子6间，土地14.21亩。土改时分地9.42亩。高级社时有土地23.63亩，牛1头，折价60多元入社。生二女（长女李桂芬，嫁小薄荷寨村；次女李桂兰嫁本村杨润身次子杨纯增）、一子李国彬（娶本村潘庆成长女潘素敏）；李国彬生二女：长女李美玲、次女李美娜。

东杨。杨重新家。大约清朝咸丰年间（1851～1861年）从北戴河赤土山搬迁到小营庄。据林尚齐家保存的光绪十一年（1885年）五月林宜春、林义春、林雨春、林利春兄弟分家单记载，"中见人"有杨景先；林尚齐家保管的光绪十五年（1889年）十二月杨宝与林国涛卖房契约记载，"中人"为杨与贵、杨与隆。杨景先、杨与贵、杨与隆系杨氏先祖，辈份不详。杨重新，从小在东北住地方，50多岁回家。家中有七八十亩地。

长子杨玉×，早年去世，情况不详。

次子杨玉峰，1880年生人。从小在家种地，经销粮食。

三子杨玉秀，清光绪十三年（1887年）出生，年轻时曾在东北住地方，1955年病逝。

杨玉峰生三子：

长子杨守忠，1949年以前曾在秦皇岛市冶金厂工作，落户秦皇岛河东；有二子：长子杨成立，次子杨成厚。

次子杨守国，生三子、一女：长子杨成千（1947年生人，9—11岁在北杨各庄上小学，以后在武汉上学，后在武汉市文化局剧团工作）；次子杨成×、三子杨成顺；女杨汉英。

三子杨守先，土改前，家有7人，房子3间，土地28.5亩，驴1头，破车1辆，树16棵。土改时分地9.45亩。高级社时，家有土地42亩，牛1头，车1辆，树46棵，折价250元入社。1965年4月时，家有房屋10.5间。子杨成吉，1947年生人，1967年任第二生产队队长，1968年创办卫生所，担任大队赤脚医生，1976年调到榆关公社卫生院工作；女二（长女杨志华，1976年昌黎师范学校毕业后，到榆关公社初级中学教书，1983年调到秦皇岛市工商银行工作；次女杨志芬，嫁本村马立勇，曾在北杨各庄小学教书）。孙杨勇，妻子李立杭，生二女：长女杨晓晨、次女杨博远。

西杨。杨盛荣家。清朝光绪年间（1875～1908），杨盛荣娶妻马氏（小营村人），从北戴河赤土山搬迁到小营（杨纯增家保存有清朝光绪二十六年、公元1900年杨盛荣与马逢茹、马逢荃买房房契）。年轻时在吉林开代理店。子杨殿文，家有70多亩地，雇有长工，还在吉林住地方。

长孙杨润田，早年去东北，失去联系。

次孙杨润身，土改前家有房子11间（其中正房5间），猪圈2个，耳房1间，后门房1间，驴1头，车1辆，土地23.35亩。土改时分地3.85亩。高级社时有土地28.9亩，车1辆，牛2头，加上树木总折款385元入社。生三子：长子杨继增、次子杨纯增、三子杨祥增；二女杨淑艳（嫁归提寨村）、杨淑华（嫁归提寨村）。

长子杨继增，妻子潘庆荣长女潘素芬，生一子杨寒祥、一女杨寒英。杨寒祥，妻子白秀敏，生一子杨楠。

次子杨纯增，妻子李树荣次女李桂兰，生二子：长子杨冬生，妻子王丽英，生一子杨佳林。次子杨冬杰，妻子周文杰，生一女杨梓琳。

三子杨祥增，迁居归提寨村。

民国初期两大家族 清朝光绪末年至民国初期，铁官营有两大家族，人称“南潘”（潘仲家）、“北杨”（杨殿文家）。

南潘。潘振刚，家有80亩地，骡、驴各1头，车1辆，雇用3个长工。年轻时在黑龙江滨州、吉林药铺当掌柜的。晚清至民国初期，潘氏家族崛起，成为小营庄的两大家族之一。

子潘仲，商人出身，子承父业。在家开过粮栈，种地30～40亩。曾任北杨各庄小学校董、小营庄村正。

长孙潘作霖，化名李文成，生一女潘静娴（又名王月洁），原为解放军海军148医院医生。

次孙潘作芝，化名李文光，土改前，家有10人，土地13亩，租种10亩，房子14间，猪圈2间，驴1头。土改时分地32亩。高级社时有土地45亩，全部入社。生三子、一女。长子潘德明，1934年生人。1966年至1976年任大队会计，2010年5月去世；二子潘少新；三子潘少华。长女潘静慧，1944年生人。

潘德明，先后在北杨各庄、太和寨、北戴河海滨上学，22岁秦皇岛后师毕业，在秦皇岛市公安局工作，后回家务农。妻子马秀英，生一女潘盈蔚（嫁本村潘作阳）；二子：长子潘树彤；潘树彤，妻子史桂华，生一女潘倩倩（2007年沧州师范学院毕业）、一子潘壮（2011年邯郸学院毕业）。次子潘亦彤，曾在中信渤海铝业有限公司（秦皇岛）工作。2002年以后到北京经商。生一女潘瑜，2006年考入中央美术学院，2010年考入中央美院中国画学院硕士研究生，曾任教于北京城市学院，2018年9月考入清华大学材料学院博士生。

潘少新，妻子王秀英，生一子潘卫彤、一女潘颖红（丈夫侯德明，子侯跃文）；潘卫彤，妻子马春凤，生一女潘璐、一子潘昊宇。

潘少华，妻子刘秀文，生一女潘颖霞、一子潘志同。潘志同生二女，长女潘思媛，次女潘思羽。

北杨。杨殿文（杨润身父）家（略，见前），小营村大家族中惟有杨氏繁荣时间最长。

民国以来大家族 铁官营村人口众多的大家族，从东到西有：

南街林氏家族

据清朝嘉庆四年（公元1799年）三月林中举编撰的《林氏家谱》（至今保存在林尚齐家）记载，清朝初年，林天寿和林自亮叔侄二人从乐亭县迁到铁官营居住。林自亮有三子：林从富、林从宝、林从财。

（一）长门林从富之后（后代迁居东北，概不赘述）。

（二）二门林从宝之后：

二世祖林从宝生三子：林文铎、林文明、林文元。

三世祖林文明生四子：林起程、林起翔、林起鸾、林起玉。

三世祖林文元生五子：林起鹍、林起鹤、林起有、林起俊、林起发。

四世祖林起玉生四子：林中轼、林中轩、林中辙、林中辕。

四世祖林起鹍生三子：林中昇、林中兴、林中茂。

五世祖林中轼生一子：林廷棣。

五世祖林中茂生二子：林廷模、林廷楷。

六世祖林廷棣生三子：林万春、林季春、林向春。

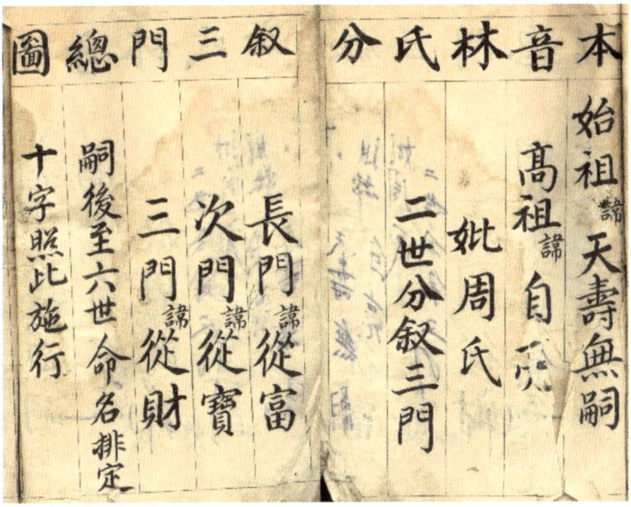
本音林氏分叙三門總圖

始祖諱天壽無嗣

高祖諱自亮

妣周氏

二世分叙三門

長門諱從富

次門諱從寶

三門諱從財

嗣後至六世命名排定

十字照此施行

嘉庆四年林氏家谱

六世祖林廷楷生四子：林宜春、林义春、林雨春、林利春。

七世祖林季春生二子：林国利、林国富。

七世祖林利春生一子：林国秀。

八世祖林国富，1964年以前去世，房子卖给马殿元。妻子林张氏，1907年生人。土改前家有7人，房子3间，土地17.31亩。土改时分地11.17亩。高级社时有土地28.48亩，全部入社。生三女：林淑荣（丈夫马俊令）、林芝荣（丈夫马杰林）、林玉荣（嫁牛头崖）。

八世祖林国秀，生一子：林茂荣。20多岁去吉林住地方，给地主扛长活。25岁回家种地，兼作小买卖。

九世祖林茂荣，1917年生人。土改前家有2人，土地10.33亩，房子3间，驴1头，猪圈1间。土改时分地2.81亩。高级社时，家有土地22.49亩，牛1头，车1辆，折价70多元全部入社。1965年家有6人，房子3间，猪圈1间，猪4口，树10棵。年轻时期给北杨各庄、长不老口地主家当长工。1947～1948年参军。妻子王桂芹，仓上村人，王廷顺之妹。

林茂荣生五子、一女。

长子林尚齐，妻子张晨华，生一子林明（户口登记为“林晓明”）。林明，在北京经销医疗器材，妻子李亚囡，生一女林奕婷。

次子林尚杰，妻子王良玉，生一子林森（林森生一女林星桐），在秦皇岛做买卖。

三子林尚坡，2009年3月至2012年3月任村主任。妻子本村周静贤（户口登记为“周瑞贤”），生一子林枫（林枫生二女：长女林奕欣、次女林奕佳），1998年毕业于秦皇岛经济管理干部学校，在京秦高速公路秦皇岛站工作。

四子林尚东，妻子郭秀英，生一女林静（丈夫赵久财，落户铁官营，生一女赵心爱）、一子林海。

长女林尚英，嫁深河乡华义庄村。

五子林尚柱，妻子王爱君，生一子林松。林松，生一子林星野。

（三）三门林从财之后：

二世祖林从财生二子：林文宣、林文良。

三世祖林文良，生二子：林起鹏、林起鸿。

四世祖林起鹏，生六子：林中辅、林中辂、林中轫、林中举、林中舆、林中辑。

五世祖林中辅，字树先，庚午年（乾隆十五年，1750年）生，生四子：林廷柱、林廷栋、林廷樑、林廷标。

五世祖林中举，字秀昇，号荐扬，辛巳年（乾隆二十六年，1761年）生，嘉庆四年（1799年）《林氏家谱》编纂者。无子，过继林中辅四子林廷标。

六世祖林廷标，字殿候，乙卯年（乾隆六十年，1795年）生，生二子：林润春、林舒春。

七世祖林舒春，生三子：林国忠、林国均、林国印。

八世祖林国印，娶王氏，迁到北杨各庄村，生三子：林茂盛（生三子：长子林尚武、次子林尚臣、三子林尚儒。林尚武生一子林树柏；林树柏生二子林海成、林海瑞）、林茂申（迁往东北）、林茂财。（因已迁出，不再赘述）。

南街周氏家族

铁官营周氏家族，发源于深河乡仓上村。据1983年12月抚宁县地名办公室编《抚宁县地名志》记载，明朝洪武年间（1368～1398年），四品带刀护卫周斌随燕王扫北，全家迁此地（仓上村）落户。大约清朝咸丰、同治年间（1851～1874年），周姓由仓上村迁入小营村。周姓为仓上村大姓，辈分排序：耀字辈→开字辈→士、世字辈→维、继、连字辈→洪、鸿字辈→鸣、明

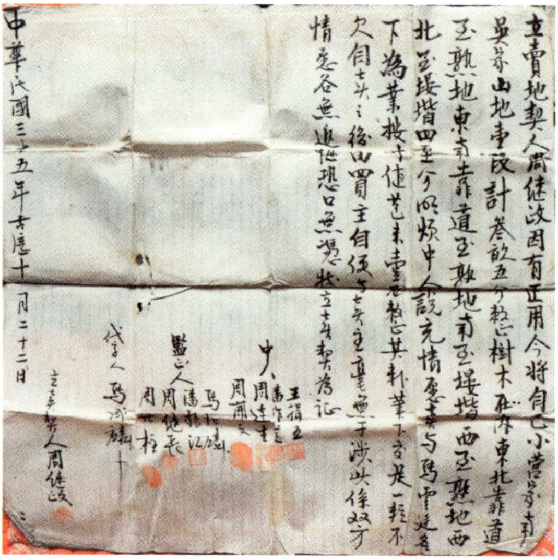

马俊祥家保存的民国三十五年
周继政、马云廷卖地契约

字辈，与小营周姓辈分排序相一致。

小营周氏家族辈分排序：光耀开士道，鸿鸣兆秉朝。从1965年4月“抚宁县榆关公社小营大队阶级成分登记簿”看，鸿、洪字辈（周洪生、周洪元、周鸿云、周鸿禄）→鸣、明字辈（周明利、周鸣玉、周鸣鸾、周鸣鹤、周明山）→兆字辈（周兆祥、周兆龙、周兆兴、周兆昌、周兆栓）→秉字辈→朝字辈→。

周洪生一支：

周洪生，家庭困难，以卖日工为生。生二子：周明利、周鸣玉。

周明利，20岁去东北，回家一次，后在山城子扛长工，一去未还。

子周兆祥，1919年生人。土改前家有5人，土地13.89亩，房子3间，租种或与别人和种土地14亩。土改时分地16.8亩。高级社时有土地30.7亩，驴1头，折价60多元入社。1965年家有11人，房子3间。妻子马玉珍，妻弟马云腾（原本小营西街人，后迁到辽宁省兴城县头台大队居住）姐姐，妻姐夫王廷贵（王廷顺二哥，四清时期任仓上大队贫协主席）。生九子、二女：

长子周秉忠，1942年生人。1958年、1959年去鸽子塘、密云修水库，1959年参军，曾在张家口赤城县服役。1963年转业到新疆生产建设兵团石河子农场，任油毡厂厂长，落户于新疆；

次子周秉政，1944年生人；妻子史文仙，生一子周潮海。周潮海，妻子王秀华，生一子周越宁（2010年考入中央美术学院）。周越宁生一女周沐晴；

三子周秉文，1947年生人，1968年2月参军，复员后到榆关供销社工作，落户于榆关河西（生一子周潮军、一女周雅洁）；

四子周秉伍，初生一子周朝伟；养女周晓雨；

五子周秉恒；

六子周秉新，妻子石秀艳，生一子周潮亮（妻子陈姗姗，生一女周子淇）、一女周颖；

七子周秉申，妻子王素敏，生一女周潮凤（嫁马坊店村）、 子周潮国；

八子周秉华，妻子李素芝，生二女周丽雪、周悦；

九子周秉杰，妻子刘淑娟，生一女周言、一子周朝磊。

长女周艳苓（嫁牛头崖村）、次女周艳斌（嫁辽宁兴城市）。

周鸣玉，从小在家种地，青年时到吉林卖苦工为生。

子周兆龙，1923年生人。土改前家有4人，房子3间，土地13.28亩。土改时分地2.87亩。高级社时有土地14.91亩。1965年有房子3间。生二子周秉田、周秉成、一女（周艳萍，嫁驻操营镇庄河村）：

长子周秉田，1946年生人。妻子李秀茹，生有二子：周朝汉（娶本村王金成长女王春玲，生一女周彬、一子周健）；次子周朝军（妻子史江杰，生一女周彤、一子周鑫）。

次子周秉成，娶马俊峰长女马丽芝，生二子：周潮勇、周潮刚。

周洪元一支：

周洪元，早年在吉林住当铺，当掌柜的，55岁回家。年轻时在东北住地方，回乡后买房置地。周洪元，又称“周虎”，系晚清小营庄房产最多的家族，南街西侧拥有两大院落。

长子周鸣凤，在吉林开设故衣铺，雇有店员，其他不详。

次子周鸣岐，在黑龙江当俄文翻译，其他不详。

三子周鸣鸾（一作“周明兰”），1901年生人。在伪满大兴当当主任经理，20世纪30～40年代铁官营大户人家。1947年有土地50多亩，房屋27间，骡子1头，车1辆。高级社时，有土地12.7亩，牛1头，树11棵。1965年时家有6人（在外地1口），房子5.5间，小棚子1个，猪圈1个，猪3只。1946年土改时土地、房产被没收，前面门房三间作为村党支部、村委会办公室；东偏房三间留给周家居住；西偏房三间分给杨守国居住，后卖给潘振起（潘瑞之父）居住；北边五间正房，东两间半分给李庆云，西两间半分给抚宁县第五区（驻榆关）副区长李纯阳，1963年前后李纯阳（70年代任县煤建公司书记）调走后卖给李庆云家。东院三间院落，亦系周氏所有，土改时分给李庆峰（前院）、李庆雨（后院）家。

周鸣鸾生二子：

长子周兆林，在外地（其他不详）；

次子周兆兴，1930年生人，9～14岁上小学，15～16岁在东北上中学，1949年秋回家，1950年9月在北杨各庄小学教书，1969年到韩义庄小学教书五年，1974年调到榆关公社初级中学，从事后勤工作。1990年退休后返聘，2004年回家。70年代末，将潘振起家三间西偏房买下来，1987年将原大队部三间正房买下。妻子马淑芬（马石林女），1935年生人。生三女：长女周玉华，嫁长不老口村；次女周新民，嫁大苏庄村；三女周丽杰，1978年考入海阳中学，毕业后到太和寨中学（后迁到南戴河）、牛头崖小学任教；一子周秉魁，1991年调县教育局办公室工作，生有一子周朝丰、一女周竹卉。

周兴一支（世字辈）：

周兴，从小在家种地。

子周鸿云，从小念二年书。种12年地。30岁时去黑龙江住杂货铺当店员，40岁回家。

孙周鸣鹤（一作“周明贺”），1921年生人。上小学三年后，以种地为生。表弟史文瑞，四清时任榆关公社东甸大队民兵连长，为杨守先妻弟。土改前，家有7人，房子6间，猪圈1个，土地26.13亩。土改时土地没出没入。1965年家有7人，房子6间。生二子：周兆昌、周兆栓；三女（三女周静贤，嫁林茂荣三子林尚坡）。

周兆昌，1946年生人。妻子张兰贞，生二子：长子周秉栋（现在秦皇岛市第一医院工作）；次子周秉良，妻子王春红，生一子周星志。

周兆栓，妻子史学明，生一子周秉和（妻子马云，生一子周金果）；一女周丽娟（现在河北科技师范学院任教）。

周鸿禄一支：

周鸿禄，年轻时在吉林会泉号住地方，30岁以后还乡种地，50岁去世。

长子周明（鸣）山，1896年生人。土改前家有3人，土地28.2亩，房子3间，驴1头，车1辆，树11棵。土改时分出土地14亩。高级社时有土地14.2亩，车1辆，折款八九十元全部入社。1965年时家1人，房子3间。13岁去东北吉林同升当铺当掌柜的，36岁回家种地。

周鸿恩一支：

养子周明春，原籍深河，原在小营居住，后搬到紫草坞腰排。

南街潘氏家族

相传南街潘氏，大约于清朝乾隆、嘉庆年间（1736～1820）从山东搬迁到铁官营村。光绪十一年（1885年）五月，南街林宜春、林义春、林雨春、林立春哥四个分家单代笔人“潘子举”，为潘氏先祖。

南街潘氏分为三大支，辈分排序：（潘永等）→振字辈（潘振刚、潘振雨、潘振江、潘振起、潘振东）→潘仲、潘俊、潘森、潘瑞→作字辈（潘作霖、潘作芝、潘作臣、潘作祥、潘作生、潘作阳）→德字辈（潘德明、潘少

新、潘少华、潘德忠、潘德丰、潘德新、潘德民、潘德强等）→彤字辈（潘树彤、潘亦彤、潘卫彤、潘志彤）→

南街东侧潘振刚一支（略，见“南潘”）。

南街道南潘振雨一支：

父亲（名字不详），青年时在关外住地方，早年故去。

叔父潘永，生二女。家有正房3间，土地7.42亩，树木5棵。

潘振雨，20岁开始当过长工，打过短工，50岁以后回家种地。妻子潘陈氏，1890年生人。生一子潘森（一作潘申、潘深）。

潘森，1926年生人，23岁参军，24岁复员回家劳动。土改前家有9人，房子6间，土地24.47亩，驴1头。土改时分地4.43亩。高级社时，有土地21.97亩，牛1头，铁车1辆，折价140多元入社。1965年家有10人，房子3间，猪3口。妻子张玉兰，1927年2月生人。生四子、三女：

长子潘作臣，1944年生人。生二子：潘德忠、潘德丰。潘德忠，妻子揣桂红，生一女潘慧慧、一子潘维璠；潘德丰，妻子马淑凤，生一女潘惠杰、一子潘维豪；

次子潘作祥，1951年12月生人。70年代末曾任第二生产队队长。妻子本村李庆先次女李素芬。生二子：潘德新（妻子王爱爱，生二女：潘美旗、潘美彤）；次子潘德民（妻子马金凤，生一子潘维轩、一女潘美晴）；

三子潘作生，1954年1月生人。妻子杨凤兰，生一子潘德强；潘德强生一子潘逸；

四子潘作阳，娶潘德明长女潘盈蔚，生一子潘力群；

女三：长女潘素娥，嫁马坊店村；次女潘素琴，嫁马坊店村；三女潘素艳，嫁本村潘庆荣长子潘占伟。

潘振洋，有房子17间，土地50多亩，在东北开缸窑。子潘平（原居住在今周兆昌家院内，大约清光绪二十年、公元1894年迁居北杨各庄村），土改时家有13人，房子7间，土地27亩，驴1头，车1辆。生三子：长子潘作卿，14岁到东北住地方，31岁回家务农，后参加翻身团，编入正规军，1955年复员参加生产（生三子：潘德任、潘德全、潘德秋）。次子潘作庚，生一子一女。三子潘作荣（生四子：潘德生、潘德成、潘德祥、潘德友）（因已迁出，概不详述）。

南街西侧潘俊一支：

潘俊，从小给地主家打活。父亲名字不详，从小卖短工为生，后在家种地。母亲潘郑氏，生五子：

长子潘振江，1903年生人。从小给地主家扛活卖短工，后在家种地为生。土改前，家有4人，房无一间，土地9亩，与五弟潘振东一起耕种，四弟潘振起在外卖工夫维持生计。土改时分地8亩。高级社时有土地33.54亩，树6棵。1965年有房一间半，自留地0.23亩。70年代去养老院。潘振江，岳父杨玉峰，妻弟杨守先。

次子、三子外出、名字不详，情况不明。

四子潘振起，1918年生人。早年以扛长活、打短工为生，1958年去密云修水库一年，回来后参加农业生产劳动。土改前家有4人，无房，1944年、1945年先后买土地9亩。土改时分入土地8亩。高级社时有土地33.54亩，树6棵。1965年有房子一间半。生一子潘瑞，妻子衣秀侠，生一子潘鹏程（历任海港区林业局森检站长、副局长，2016年4月任驻操营镇副镇长）。

五子潘振东。1924年生人。1965年有房3间。妻子陈素芹。生二女（长女嫁往子店，次女嫁沧州）。

南街李氏家族

清朝光绪初年（1875～1908年），李永昌从抚宁镇白果树村搬迁到榆关镇西岭村，居二载，又迁到铁官营村。李氏家族辈分排序：永字辈（李永昌）→青字辈（李桂青、李果青）→庆字辈（李庆先、李庆峰、李庆雨、李庆云）→彦或平字辈（李彦明、李彦吉、李彦成；李彦和；李和平，李春平；李彦平）→文字辈（李文革、李文杰、李文权、李文彬、李文佐）→

李永昌，给地主家扛活，40多岁当泥瓦匠。生二子：李桂青、李果青。

李桂青一支：

李桂青，从小给地主家扛活，一直到土改。

子李庆先，1921年生人。土改前家有6人，土地9.42亩，租地10.62亩。土改时，有土地26.09亩，房子3间。高级社时有土地36.09亩，牛1头，车1辆，树1棵，折价300多元入社。19岁时给地主家扛活，21岁时去哈尔滨住药铺，23岁回家，卖短工。1947年参军并入党。1948年6月，意外负伤，回家养伤。后来因病退伍。妻子李王氏，1919年生人。

李庆先生三子、二女：

长子李彦明，1943年生人。15～16岁在沙河民办中学上学，17岁去唐山机械厂工作，一年后回村务农。70~80年代在榆关玻璃纤维厂工作，2002年退休。妻子高秀荣，生一女（李丽军，嫁仓上村）、二子：李文革、李文杰。李文革，妻子周立娥，生一女李萌、一子李昂；李文杰，妻子王忆文，生一女李媛（生二女：吴凡、吴非）、一子李挺。

次子李彦吉，1945年生人。妻子马玉华（马殿元幼女），生一女（李丽茹，外甥女倪静、景鸽）、二子：长子李文权(生一子李红达)。次子李文彬（现在石门寨镇中学教书，生一女李子月）；

三子李彦成，1948年生人，妻子史淑霞，生三女（长女李丽娟，嫁小乐安寨村；次女李丽红，嫁甘各庄村；三女李丽娜，嫁义卜寨村）、一子李文佐。李文佐，妻子刘晓庆，生二子李帅、李爽。

长女李树英，嫁马坊店村；次女李树芬，嫁本村潘作祥。

李果青一支：

李果青，从小给地主家扛活，50多岁回家，靠打短工为生。

长子李庆峰，1922年生人。12岁给北杨各庄村地主家放羊，13～24岁给高家岭村地主家扛活。1958年参加修建榆宏（榆关至宏量寺）公路，后到唐山煤矿工作三年后回家。四清时任第二生产队队长。土改前，家有8人，房无一间，土地10.23亩，租地8亩。土改时分地25.94亩，房子5间。高级社时，有土地36.22亩，树1棵，车1辆，牛两头。1965年时家有7人，房子3间。生一女（李凤英，曾在北杨各庄小学教书，嫁郑家店）、三子：长子李和平，妻子刘秀珍，生二女李晶（嫁闪水庄村）、次女李莹（丈夫安银峰，外孙安峻松、外孙女李星言）；次子李顺平，18、19岁病逝；三子李春平，生一子李恺；李恺，妻子陈娜，生一女李诗、一子李策。

次子李庆雨，生一子李彦和，娶本村张祥来次女张会珍（1974年至1985年任妇联主任），生二女李玉红（嫁海阳镇大白庙村）、李玉梅（嫁深河村）、一子李冬生；李冬生生一子李智源。

三子李庆云，1929年12月出生。妻子本村马瑞芬（马印姐），生四女（长女李凤兰，嫁唐山；次女李凤琴；三女李凤贤，嫁张万林之子张建平；四女李凤娥，嫁长不老口村）、一子李彦平；李彦平，妻子温爱华，生一女李婷、一子李建业。

北街王氏家族

铁官营村王氏家族发源于榆关镇北杨各庄村，晚清时一支迁于深河乡仓上村，一支迁于榆关镇铁官营村（王福财等）。二十世纪20～30年代王廷顺过继小营村王福财，由仓上村迁居小营村。辈分排序：王龙生→王绳魁→廷字辈（王廷顺）→金字辈（王金良、王金儒、王金成、王金丰、王金余、王金海）→志字辈（王志利、王志国、王志权、王志刚、王志杰）→

祖父王龙生，依靠做短工为生。

父亲王绳魁，兄弟五人。土改前，家中11人，1头驴，4个劳动力。土改时分房8间，土地44亩，后买1匹马、1辆大车。1956年分家。1960年去世。

妻子王杨氏，在家务农。

王廷昌，深河乡仓上村人。15岁学纸扎匠，外出住地方，后来回家种地。土改前靠种地维持生计。

王廷贵，深河乡仓上村人。9岁给人家放牧，17岁去哈尔滨住地方，33岁时参加抗日联军，后来当了八路军，1949年41岁时复员回家种地。

王廷顺，1917年生人。民国时期过继给王福财，由仓上落户到小营村。养父王福财，曾在吉林当过果子匠，60多岁回家。王廷顺，土改前，家有8人，土地16.5亩，房子7间，牛1头，铁瓦车1辆。土改时分地8亩。高级社时家有土地36.5亩，牛1头，树4棵，车1辆，折款170多元，全部入社。1965年有房子4间。妻王苏氏，1911年生人，牛头崖镇闪水庄下坡子人。生六子、一女。

王廷瑞，榆关镇郑家店村人。土改前家中一贫如洗，土改后3人，分房子2间，分地9亩。高级社时房子2间，入社土地9亩。1944年18岁时参军四年，后回家务农。（岳母郑万珍；妻子陈桂荣，郑家店村人），迁居郑家店，长子王全有。

王桂芹，林茂荣妻子。

王廷玉，仓上村人。家中6人。1956年分家时，分到房子3间，土地13亩。从小给北杨各庄、仓上地主家放牛。17岁参加八路军，18岁回家。

王廷顺生六子：

长子王金良，1940年2月生人。1961年至1965年任小营大队现金兼第二生产队会计，1966年以后从事木匠手艺。妻子高玉兰，生一女王春荣，嫁本村张祥来次子张书华，2007年3月至2020年任村妇联主任、计生专干；二子：长子王志利，历任承德监狱政委、狱长、鹿泉监狱狱长等职（生一女王晨，现在浙江杭州消防总队服役）。次子王志国，妻子史学军，生一子王涛（2013年夏在秦皇岛经济技术开发区交警第三大队工作）；

次子王金儒，1944年生人。1964年2月参军，1968年12月在河北人民出版社警卫部队，担任连长。1970年代转业到唐山煤矿医院，任纪检副书记。生一女王鑫；一子王伟。

三子王金成，1946年生人。生一女王春玲，嫁本村周朝汉；一子王志权；王志权生一女王岩、一子王卓；

四子王金丰，1949年10月生人；妻子韩秀芳，生子一王志忠、一女王春华；王志忠，妻子赵喜荣，生一女王佳、一子王松；

五子王金余，1952年2月生人；妻子杨国娟，生一女王春明；生一子王志刚，现在唐山市滦南县司法局工作；

六子王金海，1955年3月生人。妻子杨桂贤，生一女王春杰、一子王志杰；王春杰生一子王梓瑞；王志杰生一子王子钒。

北街潘氏家族

北街潘氏发源于抚宁县留守营镇潘官营村，属第一生产队（今第一村民小组）。据1983年12月抚宁县地名办公室编印的《抚宁县地名志》记载，明朝洪武年间（1368～1398年），燕王朱棣扫北时，潘官、赵官、李官从山东来此安营扎寨，取名三官营。永乐年间（1403～1424年），赵官、李官分别迁出，只剩下潘官，改名潘官营（潘官营《潘氏族谱》记载，明朝永乐二十年（1422年），潘姓始迁祖“御大夫”潘大功随明成祖朱棣第三次北征，从“山东青州府诸城县毛竹屯”迁到“驻守长城内永平府抚宁县城南十五里洋河社三甲地”，即今潘官营村）。清朝康熙年间（1662～1722年），有老哥两个从潘官营搬迁到小营和东甸，小营为哥，属东大门；东甸为弟，属西大门，迄今已有十余代。据马俊祥家保存的清乾隆三十三年（1768年）潘宏儒、潘福卖地契约记载，立卖契人潘宏儒，中见人潘佐、潘君、潘立、潘起文。据杨纯增家保管的清朝光绪十年（1884年）正月杨盛荣与马逢茹、马逢荃房屋买卖房契上记载，“执照中人”有潘玉润、潘玉书、潘承宗、潘文银，“代书生”潘国均。这些人都应该是北街潘姓人士。北街潘氏家族辈分排序：秉字辈（潘秉忠）→玉字辈（潘玉润、潘玉书、潘玉凤、潘玉林、潘玉文）→殿字辈（潘殿魁、潘殿勋、潘殿云、潘殿利、潘殿卿）→庆字辈（潘庆宇、潘庆荣、潘庆芳、潘庆珠、潘庆兰、潘庆成、潘庆章）→占字辈（潘占甫、潘占林、潘占忠、潘占华、潘占伟、潘占滨）→立字辈、丽字辈

潘秉忠，以种地为生。生五子：潘玉文、潘玉×、潘玉林、潘玉×、潘玉凤。

长门潘玉文，经营商业，开铁钉铺，兼土地耕种。

长子潘殿魁，1875年出生，初小毕业，开铁钉铺，兼土地耕种，常年雇工。民国时期小营村大户人家。1960年病逝。

长孙潘庆×（名字不详），早亡，无嗣。

次孙潘庆宇，生一子潘占林，1949年以前到吉林安图县谋生，20世纪80年代初迁回铁官营。生一子潘立新；潘立新，妻子王瑞君，生一女王鑫平、一子潘伟鹤。

三孙潘庆荣，1931年生人。土改前家有10人，土地46亩，房子10.5间，碾道2间，猪圈2间，树木60棵。土改时分出地2亩，小铧40张，青苗8亩。高级社时，有土地24.48亩，牛1头，车1辆，树40棵，折款300元入社。16～21岁在家种地，22岁去哈尔滨参加工作，1962年从镇江下放回家。妻子刘连茹（刘长春之女），1930年生人。生三女、二子：长女潘素芬，嫁本村杨继增；次女潘素文，嫁吉林伊通县；三女潘素梅，嫁北戴河区甘各庄村。长子潘占伟，娶本村潘森三女潘素艳，生一子潘志强。潘志强，妻子高国荣，生一子潘建旭、一女潘依诺；次子潘占滨，生一子潘子粮、一女潘姗姗。

二门潘玉×（名字不详），子潘殿×（名字不详）无嗣，过继潘占林。

三门潘玉林，子潘殿勋（无嗣，过继潘庆成），年轻时在哈尔滨杂货铺当店员，40多岁回家种地，经营土地主要靠雇工夫，兼营小商卖铁器。

四门潘玉×（名字不详），生一子潘殿利，孙女潘素霞。

五门潘玉凤，20岁去东北做饭，40岁回家种地，当时家有房子2.5间，土地8.5亩。

长子潘殿云，除耕种自己4亩地外，还扛长活，维持生计。1961年7月病故。孙潘庆芳，1933年9月生人，土改前家有3人，自有土地4亩，主要靠卖工夫维持生活。土改时分入土地8.4亩。高级社时家有土地11.6亩全部入社。1965年时家有3人，房子5间。1953～1956年在北戴河海滨上学，1961年在内蒙古参加工作，1961年9月回乡劳动。生一子潘占甫。

次子潘殿卿，1902年生人。16岁去东北住地方，40多岁回家种地，家庭比较宽裕。1945～1947年担任村财粮委员。土改前，家有7人，房子2.5间，自有土地27.22亩，租种土地7.72亩，驴1头。土改时分入土地11.79亩。高级社时有土地34.72亩，驴1头，大豁子1套，折价20多元全部入社。1965年有房5间，小棚子、猪圈2间。

潘殿卿生四子：

长子潘庆珠，生二女（潘丽云、潘丽新）、一子（潘立民）；

次子潘庆兰，生一女（潘丽梅）、一子（潘立宾）；

三子潘庆成（过继给潘殿勋），1942年生人。土改前家有3人，土地14.89亩，房子3间。土改时分房3间。高级社时，家有土地14.89亩。1965年家有房子3间。7～16岁上学，17岁参加劳动。（表兄王洪志，曾任第一生产队队长）。妻子郑玉珍，生二子：长子潘占忠（妻子杨凤英，生一子潘志明，现在北京正奇晟业有限公司秦皇岛分公司工作（妻子张倩，河北师范大学硕士研究生毕业，生一子潘璟齐）；次子潘占华，娶本村李润林长女李春兰，生一子潘磊（妻子武云霞，生二女潘奕冰、潘奕洁）；二女（长女潘素敏，嫁本村李国彬；次女潘丽敏，嫁孤家子村）。

四子潘庆章，1946年10月出生。1966年6月入党，1968年秋，到平市庄参加“斗、批、改”工作队，后又到五王庄。1971年5月到榆关供销社工作。1983年承包铁官营联村供销社。在驸马寨等地承包200多亩山场。妻子李秀芹，生一女潘丽萍；二子：长子潘力生；次子潘立翔（妻子张美娜，生一子潘智宇，一女潘楚畅）。

长女潘彩盈，1949年生人。14～16岁在海阳中学学习。1976年担任大队赤脚医生，到20世纪90年代。嫁本村马俊芳。

西街马氏家族

清朝顺治年间（1644～1661年），马氏家族从山东大柳树迁居到铁官营西街，繁衍较快。据1981年地名普查时，村民马世林、马云庆说，马氏是从山东大柳树（具体地点不详）迁来的。清顺治元年（1644年）四月清军入关后，大批八旗子弟“从龙入关”“尽族西迁”“山海关外，荒城废堡，黎庶凋残”。清廷下令东北地方官招抚流民，开垦荒地。据《大清会典事例》和《清朝文献通考》记载，清顺治八年（1651年），清廷谕令“民愿出关垦地者，山海关造册报部，分地居住。”顺治十年，清廷又颁布《辽东招民开垦例》，开放辽东。规定：“招至百户者，文授知县，武授守备；六十名以上，文授州同州判，武授千总；五十名以上，文授县丞、主簿，武授百总；招民数多者，每百名加一级。所招民每名口给月粮一斗……给种六升，每百名给牛二十只”“燕鲁穷氓闻风踵至”，其中“鲁民移民东北者甚多”“地利大辟，户益繁息”。马氏家族就是随着这股“闯关东”移民潮

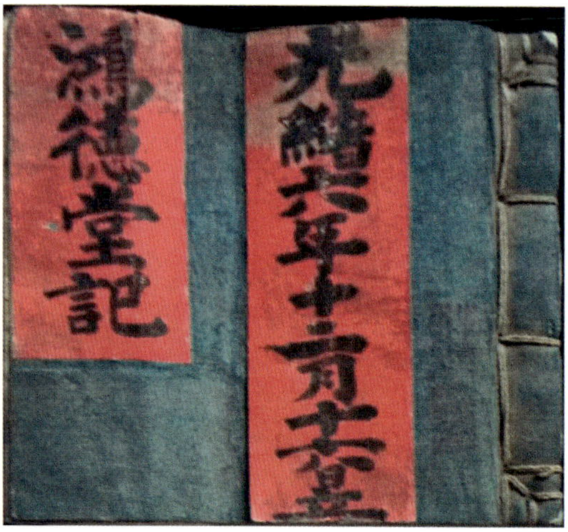

马氏鸿德堂（马成林记账簿）

从山东大柳树迁徙到铁官营的。

清朝早期马氏始迁祖名讳失考。清乾隆三十三年（1768年）潘宏儒、潘福卖地契约代书人“马琨”，是铁官营记载最早的马姓人士。从林尚齐家保存的林氏分家单中得知，大清同治元年（1863年）二月，林氏分单人书写人有“马式源”。光绪十一年（1885年）五月，林氏分家单“中见人”有“马壮真”“马友三”“马逢茭”“马逢蔚”。光绪十五年（1889年）十二月，林氏买房房契代笔人有“马友三”。从杨纯增家保管的光绪十年（1884年）七月马济川、马宝兴房屋买卖契约得知，“执照中人”有马晋明、马益谦、马式瀛、马式江、马壮真、马萃孚、马逢蒧；光绪二十六年（1900年）正月杨盛荣与马逢茹、马逢荃房屋买卖房契得知，“中见人”有马逢芸、马逢茭、马云路、马云书。

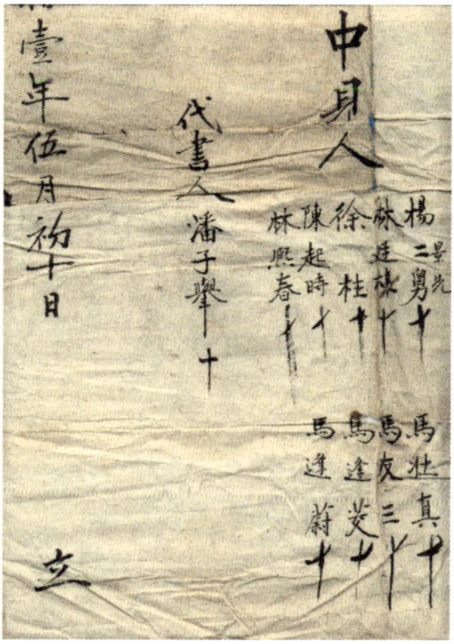

林尚齐家保存的清光绪十一年林氏分家单“中人”有马壮真、马友三、马逢茭、马逢蔚。

从文字记载看，马氏家族辈分排序：马琨→？→马晋明、马益谦、马济川、马宝兴、马萃孚，辈分不详）→式字辈（马式游、马式源、马式瀛、马式江）→珍（真）字辈（马泰来、马廷珍、马壮真）（马萃孚、马济川、马宝兴、马友三辈分不清）→逢字辈（马逢云、马逢蒧、马逢茹、马逢荃、马逢蔚、马逢茭、马逢春、马逢时、马逢顺、马逢山）→云字辈（马云廷、马云吉、马云凤、马云路、马云飞、马云从、马云起、马云龙、马云瑞、马云书、马云青、马青山、马云贺、马云庆、马银奎、马殿元、马殿胜）→林字辈（马胜林、马玉林、马成林、马兴林、马和林、马石林、马茂林、马庆林、马世林、马义林、马长林、马正林、马仲林、马景林、马永林、马德

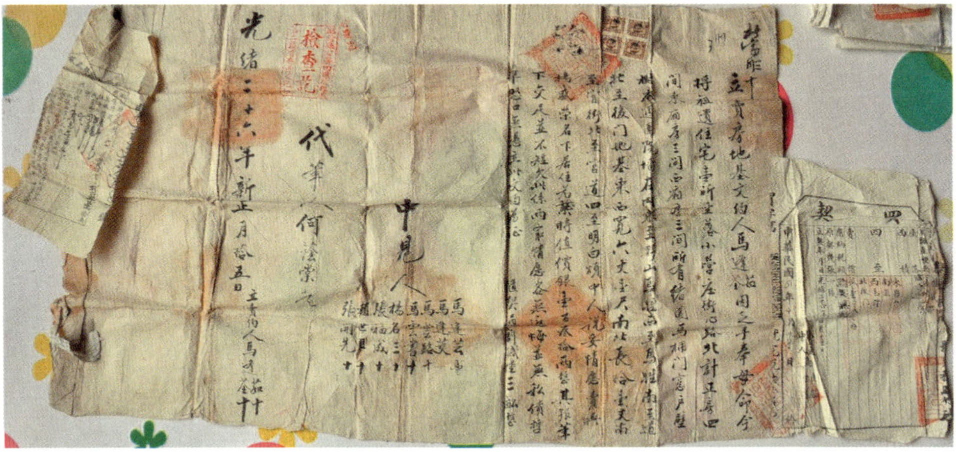

杨纯增家保存的清光绪二十六年杨盛荣与马逢茹、马逢荃房屋买卖房契

林、马国林、马山林、马印、马义、马杰林、马起林、马兆林、马祥林、马贵林、马中林）（马中林七岁时随父兄搬迁到北戴河村）→俊、继字辈（马俊祥、马俊海、马俊国、马俊东、马俊芳、马俊秋、马俊峰、马俊雨、马俊平、马俊志、马俊杰、马俊才、马俊令、马俊奎、马俊江、马俊明、马俊坡、马俊华、马俊甫、马俊记、马俊新、马俊良、马俊文、马俊成、马俊英、马继全、马继先、马继峰）→立（马立本、马立民、马立成、马立顺、马立胜、马立宾、马立新、马立勇、马立宽、马立广）、文（马文超、马文革、马文全、马文杰、马文同、马文勇）、保（马保全、马保存、马保安、马保静、马保立、马保甲、马保贺）、锡（马锡忠）等字辈→以后无规律。

马泰来一支：

长子马逢莀、次子马逢蔚

长门马逢莀，青年时在家种地，卖过棉花，40多岁去世。

孙马云龙、马云瑞、马云书、马云青。

马云龙，生三女，过继马德林。

马云瑞，在吉林省怀德县八家子杂货铺当掌柜的。生二子马和林、马石林。

马和林，1899年生人。土改前，家有7人，土地32.28亩，驴1头，房3间。土改时分地2.28亩。高级社时有土地32.28亩，驴1头，折价60元入社。1974年去世。

马和林，生二子、一女：

长子马俊明，曾在长春建筑公司工作，其他不详；

次子马俊坡，生二女（长女马银菊，嫁郑家店村；次女马银丽，现在秦皇岛居住）、一子马锡忠。马锡忠，妻子郑金娜，生一子马岩。

一女马素兰，嫁唐山。

马石林，生二女：长女嫁东北；次女马淑芬，嫁本村周兆兴。

马云书，生一子马茂林。马茂林后迁海阳镇岳父家。

马云青，十几岁时去东北八宝户住杂货铺当店员，37岁到长岭县住酒厂当店员，50岁到四平市住地方，56岁回家种地。土改前与父亲一起生活，家有10人，房子8间，土地23.92亩。土改时分地18.23亩。高级社时家有土地46.1亩，树60～70棵，牛1头，车1辆。1961年去世。妻子马孙氏，1968年秋病故。马云青生三子：马德林、马国林、马山林。

马德林，1922年生人。1947～1948年参加解放军，后回家种地。1958年到秦皇岛焦炭厂当木工，1961年回家。1965年时任第一生产队队长。土改前家有10人，房子8间，土地23.92亩。土改时分地18.23亩，高级社时有土地46.1亩，树60～70棵，牛1头，车1辆。生三子：

长子马俊华，20世纪80年代迁居太和寨村，生二子：长子马保全、次子马保存（毕业于唐山师范学院，现任秦皇岛经济技术开发区太和寨中学教导处主任）、一女马乐影，嫁到北戴河村。

次子马俊甫，生二子（长子马保安，2009～2012年春任村党支部书记；妻子张海娥，生一女马萧萧、一子马腾龙；次子马保静，妻子李玉英，生一女马巍）。

三子马俊记，妻子杨艳华，生一子马保贺（马保贺生一女马梓晴）、一女马兰，嫁北戴河车站村。

长女马素英，曾在太和寨敬老院工作。

次女马素霞，现居住在太和寨村。

三女马素彩，现居太和寨村。

马国林，1928年生人。“四清”时期曾任大队贫下中农协会副主席。土改时与父亲、哥哥一起生活。生二子马俊谁、马俊刚、一女马素艳（嫁郭高马坊村）。

马俊谁，妻子王金兰，生二子：长子马保立；次子马保申（妻子秦凤伟，生一子马子萱，一女马子涵）。

马俊刚，妻子张翠华，生二女：长女马秋月、次女马秋双。

马山林，1958年4月河北丰润师范学校毕业，历任卢王庄小学副校长、东风人民公社（牛头崖）干事、枣园公社秘书、抚宁县委办公室干事、驻操营工委副书记、书记，县委宣传部副部长，县委统战部副部长、部长。生三子（马俊新、马俊良、马俊文）、一女（马俊萍）。

二门马逢蔚

马逢蔚，念书三年，在家种地。生五子：马云凤、马云路、马云飞、马云从、马云起。

（一）马云凤：1948年以前在吉林省四平市裕庆亭杂货铺当掌柜的，置办一些土地、房产。生二子马庆林、马世林（一作马士林）、一女（嫁桐叶村）。

长子马庆林，1893年生人。土改前家有10人，房子10间，土地48.8亩，牛1头，铁瓦车1辆。土改时分出地14亩。高级社时有土地39.3亩，树50多棵，车1辆，驴1头，折合193.2元全部加入农业合作社。16岁去东北杨大城万生泉酒厂当店员，42岁回家务农。1937年至1942年任保长。无嗣，过继马俊峰。

次子马世林（一作马士林），1910年生人。14岁到东北八面城学染房手艺，25岁回家种地三年，28岁去东北染房住地方一年，29岁回家种地。土改时分地14亩。高级社时，家有土地39.3亩，树50多棵，车1辆，驴1头，折款193.2元全部入社。

长孙马俊峰，1930年生人。土改前家中10人，房10间，土地48.8亩，牛1头。马俊峰生二子：长子马立本；次子马立民（妻子刘春杰，生二女：长女马翠，外孙刘洛辛；次女马娇）。二女：长女马丽芝，嫁本村周兆龙次子周秉成；次女马丽华，嫁本村徐金志次子徐会平。

次孙马俊雨，1941年7月生人。1958年到辽宁省叶柏寿（今建平县）建筑工地工作2个月，后到石门寨矾土矿工作三年，1962年7月下放回家。妻子王云芬，生二子：长子马立宾（历任抚宁县驻操营镇财政所长、宣传部长、副镇长、正科级组织员等职。生一女马一然）；次子马立新（大学毕业后参军，2016年转业到天津市公安局南开分局工作。生一女马常瑄）。

三孙马俊平，妻子王立秋，生一女马玉莲、一子马玉宝。马玉宝生二子马子涵、马子桐。

孙女二人：长孙女马素珍，嫁本村张永春（张永贵弟），居沈阳市；次孙女马素贤，嫁深河村。

（二）马云路：早年曾在辽宁锦州谋生。生二子（马义林、马长林）、二女（长女嫁南新庄村、次女嫁蒲兰村）。

长子马义林，曾在哈尔滨道外区鞋厂工作，百岁去世。生二子一女：马俊志（曾任中国工商银行哈尔滨南岗区支行行长）、马俊杰（清华大学毕业，曾在沈阳610研究所工作）、马立英（嫁哈尔滨）。

次子马长林，曾在中国人民银行锦州中心支行工作，生一子马立新（曾在中国人民保险公司锦州市公司工作）。

（三）马云飞：曾在四平、吉林煤店当先生，39岁去世。

子马正林，1908年生人。土改前家有7人，土地14.71亩，房子三间半，自家种地，在秦皇岛中兴客栈当先生。土改时分地19亩。高级社时，有土地33.7亩。17～30岁在四平住粮栈，30～37岁在秦皇岛住地方，37岁以后回家务农，1948年至1955年任村粮秣委员。生二子（马俊才、马俊令）、二女：

长孙马俊才，1931年生人。1958年在秦皇岛铁厂做工一年后回家种地，后到陶瓷厂工作。后回家务农。

次孙马俊令，妻子本村人林淑荣，生三子：长子马立成，妻子顾凤君，生一子马铁（马铁生一女马紫媛）；次子马立顺，妻子隋桂芝，生一女马云、一子马学良（妻子娄雪，生一子马浩恒）；三子马立胜，妻子王士梅，生一子马洪波（马洪波生一子马昊泽）。

长女嫁牛头崖村；次女嫁郑家店。

（四）马云从：曾在吉林省怀德县八家子烧锅管院子二年后，回家种地，与马云凤一起生活。

生一子马仲林（一作“马忠林”“马中林”），1927年10月出生，自幼上学四年，因家境贫寒，种地五年。1947年7月参军，1951年3月8日在朝鲜上牺牲。土改前，家有4人，土地10.09亩，房子3间。土改时分地8.47亩。高级社时家有土地18.56亩，树7棵。长女马素芹，嫁本村陈玉。次女马素英，生一子马学军（马学军生一女马一凡）。

（五）马云起：1890年9月生人。以种地为生，1965年9月去世，享年76岁。生二子五女：长女（20岁夭折，名字不详）、马玉珍（嫁蔡各庄村）、马景林、马永林、马玉芹（嫁张家马坊村）、马玉芬（嫁华义庄村）、马玉兰（嫁郭高马坊村）。

长子马景林，在长春被服厂当店员，辽沈战役中失联。

次子马永林，1929年生人。土改前家有7人，土地9.22亩，房子4间。土改时分地28.92亩。高级社时有土地38.16亩，牛2头，树木5棵，折款70多元入社。妻子王云舫（北杨各庄村大财主王东阁次女），生二子三女：马素君、马俊魁、马素敏、马素环、马俊江。

长孙马俊奎（1985年搬迁到慕义寨村，生一子马智光，2004年7月昌黎师范学校大专毕业，现在秦皇岛市水务局工作）。

次孙马俊江，1985年昌黎师范学校毕业后，分配到抚宁太和寨师范学校（今河北对外经贸职业学院）工作（生一女马智烨，2016年7月毕业于沈阳理工大学，2017年9月考入中国科学院化学研究所硕士研究生）。

长孙女马素君，嫁枣园村；二孙女马素敏，嫁北戴河区东坨头村；三孙女马素环，嫁太和寨村。

马式瀛一支：

马式瀛（一作“马士营”），以种地为生。

子马廷珍，1949年以前卖烧饼，家中房地皆无，生活极为困难，母亲刘氏以要饭为生。

孙马逢顺（一作“马丰顺”），1903年生人。14～25岁，先后在本村南街潘氏、西街李氏家扛活。31岁去东北当小贩，54岁回家，在生产队当饲养员。土改前2人，无房无地。土改时分地4.95亩，高级社时4.95亩土地入社。1965年有房2间。

马壮真一支：

马壮真，清朝同治、光绪时期人，教书，人称马先生，家境比较宽裕，有地，有车，有牲畜。

子马逢时，年轻时在黑龙江哈尔滨双城堡住油房，后在哈尔滨逢顺蜡厂当外柜，在关外去世。

孙马云庆，1909年生人，15～17岁在哈尔滨振元久钱粮业，18岁在沈阳住钱庄，19～21岁在洮南在屯堡（奉军）公署当文书4个月，后调到旅部管收发，在沈阳军需教育班训练3个月，到第三团军需处。22岁时1931年“九一八事变”后回家种地，当小商贩，卖粪篓、凉帽、竹耙等。生四女、三子：

长子马杰林，1934年生人。妻子林国富女林芝荣，林茂荣族妹，1942年生人。土改前家有9人，和父亲马云庆一起生活。有土地7.62亩，房子9间，驴1头。土改时分地29.17亩。高级社时有土地36.79亩，牛、驴1头，铁瓦轱辘车1辆，树木100多棵，折价500多元入社。生五女：长女马丽君，嫁本村马俊海；次女马丽青（丈夫李春祥，生一女李洋洋、一子李保益。李洋洋生一子李绍鹏）；三女马丽生，嫁西岭村；五女马丽萍，嫁蔡各庄村。

次子马起林，1941年生人。9岁至10岁上初小一年，后回家种地。1958年去密云修水库1年多，1959年到秦皇岛市钢铁厂1年，后回家种地。

三子马兆林，1944年生人。生二子：长子马继先（生一子马佳明）；次子马继峰（生一子马佳亮）。

马云廷一支：

清乾隆年间马琨，生员（临榆县学生员，俗称“秀才”）。

马式游，道光二年（1882年）举人，任顺德府南和县教谕。

马云廷，15岁在长春学作成衣，20岁回家种地，还卖短工（父亲名字不详，年轻时去东北，一去无还，杳无音信）。生四女（长女嫁东北，次女嫁董庄村张有柱，三女嫁本村张永贵，四女嫁洼儿庄村）、一子马胜林。

子马胜林，1939年1月生人。1960年去唐山马家沟开滦煤矿做工2个月。1958年去密云修水库一年。土改前家有6人，土地9.25亩，还租种10亩地，驴1头。土改时分地13亩。1970年当选小营大队贫下中农代表。生一子马俊祥。马俊祥，妻子宋秋艳，生一女马静。

马逢芸一支：

马逢芸，从小在吉林住当铺，后去双城当店员，一年后病逝于双城。生一子马云吉。

马云吉（一作马云集），16岁去吉林源茂当住地方，当店员2年。40岁后去黑龙江宾县集股开“福和兴”杂货铺当店员。1943年回家种地。1960年去滨县居住，1961年冬病逝。

马云吉生三子：

长子马玉林，在东北的名字叫马天锡，生一子（名字不详）。

次子马成林，1919年生人。1949年以前铁官营富裕人家。1934年15岁时去黑龙江宾县，16岁去纳城德丰号杂货铺当店员，17岁到绥中县义升东杂货铺、油坊当店员，23岁到秦皇岛当店员，24岁回家种地。土改前家有6人，房子6.5间，牛1头，铁车1辆，土地55.5亩，1946年买地4.5亩，共60亩。高级社时有土地34.41亩，牛1头，树木66棵，折款311.91元入社。1965年有房子6.5间。生三女（长女马丽苓，唐山启新水泥工业学校毕业后，到启新小学教书；次女马丽华，嫁榆关后庄村；三女马丽娟，嫁东甸村）、二子马俊海、马俊国。长子马俊海，娶马杰林长女马丽君，生一女马文侠（外孙子高加成、外孙女高加欣）；次子马俊国，娶王洪志次女王艳娥，生一子马文超。马文超，妻子李雪妍，生一女马艺桐。

三子马兴林，1923年生人。16岁去宾县华盛新杂货铺当店员四年，1941年去纳城蜚克图福和祥杂货铺当店员四年。1943年迁入东北。1944年到宾县贸易局学织布。1949年迁回铁官营村。土改时在东北分房15间。高级社时家有土地11.93亩。妻子韩素范，1920年11月29日出生，2017年10月27日（农历九月初八日）逝世，享年97岁。

马兴林生三子：

长子马俊东，1923年生人。16岁去宾县中医院学习，后当中医。曾在抚宁县中医院工作，后到秦皇岛行医。生二子（长子马文革；次子马文全）、二女（长女马晓梅、次女马小超）；

次子马俊芳，娶本村潘彩盈，生一子（马文杰，在抚宁县第三中学任教）、二女（长女马春燕，嫁北戴河村；次女马春凤，嫁本村潘少新子潘卫彤）；

三子马俊秋，妻子张淑芹，生二子：长子马文同（妻子安金艳，生一子马冲）；次子马文勇（妻子李海军，生一子马遥）。

马银奎一支：

马银奎（一作马云逵，属云字辈），上过几年学，曾经在家开豆腐坊。

子马祥林，年轻时去东北住过酒厂，两年后回家种地。

长孙马俊荣、次孙（名字不详），在东北生活。

三孙马俊英，1929年生人。土改前家有3人，房子4间，土地19.07亩。高级社时，家有土地21.94亩。妻子郭素贤（妹妹郭素兰，马印妻子），生三子：长子马立勇，娶杨守先次女杨志芬，生一子马欣慰（妻子柳旭，生一女马宁）；次子马立宽，妻子杜秋芬，生一子马长红；三子马立广，妻子韩玉华，生一子马晨。

马逢春一支：

马逢春，1871年生人。青年时在东北住地方，后回家种地，家有7亩地。1957年病逝。生二子：

长子马云贺（鹤），年轻时在东北当店员，30多岁时病故于东北。孙马印，1928年生人。（姐夫李庆云；妻姐夫马俊英）。土改前家有5人，土地21.44亩，骡子半匹，车1辆，房子6间，棚子2间，猪圈2间，树40多棵。与马义家伙过。土改时分地4.06亩。高级社时，家有25.9亩土地，牛2头，树木38棵，大豁子1套，折价300多元入社。生二女（长女马静茹，嫁深河南关；次女马静华，嫁郭高马坊村）、一子马继全。马继全，生一子马家兴。

次子马青山，在吉林市当店员。孙马义：1937年生人。土改前家有5人，土地21.44亩，骡子半匹，车1辆，房子6间，棚子2间，猪圈2间，树40多棵。与马印家伙过。土改时分地4.06亩。妻子刘连英（岳父刘长春、妻弟刘连圃，妻姐夫潘庆荣）。1965年有房子1间半。生四女（长女马秀敏，嫁韩义庄村；次女马秀玲，嫁药马坊村；三女马秀丽，嫁仓上村；四女马秀凤，嫁毛义庄村）、一子马俊成。马俊成，生一女马海生，嫁往甘肃；一子马海东。马海东生一子马梓轩。

马逢山一支：

马逢山，种地为生，70多岁去东北纳城住药铺，80多岁还乡。

长子马殿元（属云字辈），1905年生人。16岁去黑龙江哈尔滨市学熟皮子手艺，当30多年皮匠。1946年回乡参加劳动。土改时家有5人，房子3间，牛1头，土地20.71亩，租种土地8.19亩。高级社时，有土地28.96亩，牛1头，树10多棵。最初在西街居住，四清时期搬到南街。生四女（次女嫁华义庄村，三女嫁哈尔滨），四女马玉华嫁本村李彦吉。

次子马殿胜，年轻时哈尔滨东北药房住地方。

外来户

铁官营人少地多，有不少外村人投亲靠友，迁居于此。

北街徐氏：

徐金志，1928年生人。祖籍地不详，约清末投亲迁居小营。光绪十一年五月，林氏分家单中有中见人“徐柱”，是为徐金志祖父，以种地为生。父亲徐振才，年轻时去东北吉林靰鞡铺学手艺四年，后回家当长工。土改前，家有2人，房1间半，土地2.5亩。父子以当长工为生。土改时分地6.53亩。高级社时有土地9.03亩。1965年家有5人，房子1.5间。徐金志从小给小营庄西街老马家放过牛，1945～1949年给解放军跑过情报，以后在家种地。生四子：

长子徐会民，妻子潘翠娟，生二女：长女徐静（生一子孙浩楠）、次女徐凤（丈夫王佰成，生二女：长女王梦然、次女王薪然）；

次子徐会平，妻子马丽华（马俊峰次女），生二女：长女徐辉，外孙女李昂轩；次女徐敏，嫁西岭村。

三子徐会安，妻子秦桂清，生一子徐大明；

四子徐会权，1987年参军，1989年参加对越自卫反击战。妻子左秀芝，生二女：长女徐悦、次女徐秋雨。

北街张氏（一）：

张祥来，1931年11月生人。原籍抚宁县平市庄南村，1940年前后投奔其姨王柏山（女婿刘桐林在小营村居住十几年后，又迁回原籍榆关镇董庄村），迁居小营村。土改前家有5人，无房无地。祖父（名字不详），从小给地主家扛活；父亲张柱，租地18亩，当长工，打短工。土改时分地27.43亩。1965年家有7人，房子4间。8岁在北杨各庄上学，12岁开始参加劳动。1965年任第二生产队队长。妻子潘素霞（潘殿利女），1935年12月生人，生二女（长女张会先，嫁榆关镇上徐各庄村；次女张会珍，嫁本村李彦和）、二子：长子张书深，1976年参军，1982年转业到唐山，后调到抚宁县砂石管理处工作；次子张书华，娶本村王金良长女王春荣，生二女：张爽、张清。

北街张氏（二）：

张万林，原籍深河乡永宁寨村。1916年生人。祖父张士盈，以种地为生，雇有长工，有骡子，有车。父亲（名字不详）青年时住买卖地方，先后在北戴河酒厂、海阳酒厂住地方，以后倒卖烟酒粮食，在家种地。土改前家有8人，土地50亩，房子4.5间，猪圈耳房2间，驴1头，树50多棵。18岁去开源恒达，27岁回家种地。1944年任民兵中队长（相当于现在的民兵连长）。1946年又去开源，1947年7月回到永宁寨村。1947年12月永宁寨土改时被揪斗，家中土地、财产被农会没收，全家逃到北戴河海滨陆庄，1948年搬到小营时，分得土地16.2亩，房子3间，树8棵。1949年当税收员。1959年在鸽子塘水库当管理员。1965年家有4人，房子三间，树1棵。生一女、一子：张建平，1958年10月生人，娶李庆云三女李凤贤，生二女：长女张维伟（嫁到邢庄）；次女张明明（丈夫李国政，迁居铁官营村，生一子李东哲、一女李佳珠）。

西街道南刘氏：

刘长春，1906年生人。原籍紫草坞腰排村。父亲刘忠全，从小上几年学，青年时去东北吉林元生河杂货铺当店员。以后又到哈尔滨电灯局当统计员。后来自己做小买卖。刘长春，土改前，全家5人，无房无地。15岁去哈尔滨义丰园绸缎庄闲住，16岁在哈尔滨世益堂当店员，以后自卖故衣（寿衣）二年。1947年在化工厂作临时工，1948年在兽医研究所、飞机场、兰州等地当工人。1957年从东北迁到小营庄。生三女、一子：长女刘连茹，潘庆荣妻子；次女刘连英，马义妻子；儿子刘连圃，1938年出生，9～14岁在哈尔滨马家沟上小学，13～14岁在北杨各庄小学上学，14～15岁在沙河民办中学上初中。1958年回家，去密云修水库一年。后在榆关小学、北杨各庄小学当过代课教师；1963年回家参加劳动。幼女刘连君，嫁深河乡韩兴庄村。

西街张氏：

张永贵，原籍抚宁县平市庄南村。祖父张忠元，以扛活为生。父亲张广发，给地主当长工，早逝。

张永贵，土改前，无房无地，靠当长工维持生活。20世纪40年代初，投奔本家叔叔张祥来，到小营村落户。土改时分地4.65亩，房子1.5间，碾道2间。1965年家有6人。从小家庭困难，没上过学，10岁开始给地主放羊，20岁到滦县马城大孟庄扛8年长活。历任第一生产队队长、大队长、党支部副书记、书记。

张永贵生三女、二子：

长女张淑英，曾在北杨各庄小学教书（丈夫赵一铁，迁居铁官营村）；次女张淑娥，嫁药庙马坊村；三女张淑娟，嫁刘马坊村：

二子：长子张潮海，妻子揣凤茹，生一子张小冬（妻子王利敏，生一子张智博）；次子张潮江，妻子杨凤仙，生一子张小峰（妻子张亚丽，生一子张鹏博）、一女杨媛媛。

西街王氏（一）：

王洪志，原籍深河乡望海店。祖父王宪增，早年曾东北住地方，晚年回家。

父亲王井（景）元，年轻时在哈尔滨大罗庄新住地方。

叔叔王井（景）全，在呼兰县当社员。

王洪志，1938年生人。1958年8月在东北铁路海拉尔局桥梁队做工。1961年8月下放回家种地，投奔亲属潘殿勋，落户小营庄。土改前家有3人，租种土地4亩，土改时分地1.38亩。1965年时家有5人，无房。妻子温淑芬，生五女（长女王艳华，嫁南大寺村；次女王艳娥，嫁马成林次子马俊国；三女王艳玲，嫁朱马坊村；四女王艳秋，嫁本村王金成子王志全；五女王艳青，嫁新店子村）、一子王桂成。王桂成，娶宋志次女宋丽芹，生二子：长子王童林、次子王喜林。

西街王氏（二）：

王克俭、王克志兄弟。祖父王化新，平市庄腰街人，在山海关西街复义街故衣铺当掌柜的。父亲王印堂，1906年在绥中县前所大增当当店员，后回家务农，家有土地20多亩，一座山，土地大部分和别人伙种，自己留一部分，叫日工。

兄王克俭，1921年生人。土改前家有8人，土地5亩，和别人伙种（1946年卖出）。王克俭当时在东北昌图，1945年当伪满兴农合作社职员，1946年跑行商和在烧锅当会计，1947年当烧锅经理，1948年当油房经理。弟弟王克志在粮站当店员。1962年压编城市人口，投奔表兄杨润身（时任小营大队党支部书记），全家搬迁到小营村。1965年家有5人。1995年去世。生二子：

长子王旭东，次子王旭太；女（王冬梅，嫁紫草坞村）。王旭东，妻子王振英，生一子王春雨。王春雨，妻子田爽，生二子：长子王烨峰、次子王烨浩。

弟王克志，1931年11月生人。1938年在平市庄上学。1942年12月，全家搬到吉林海龙县山城镇居住。1943年3月，全家搬迁到辽宁昌图县城北瓦盆窑村居住，1945年搬到昌图县城庆昌和粮栈习商。1946年，住昌图站德聚成当店员。1947～1948年，住昌图县城内恒昌源当店员。1948～1949年，在沈阳市大西关大什字街永恒代理店暂住。1949年到鞍山钢铁公司机械总厂当电工学徒。1951年从东北来到小营，后又回东北，1962年随兄长王克俭到小营落户。1965年家有2人，与母亲韩淑贤生活。1993年4月去世。

西街杨氏：

杨汝森，原籍郭高马坊人，1949年以前无房无地，依靠租种土地为生，家中10人。土地改革时全家分到房子3间。1949年以前在东北当店员，1951年参军，1955年复员。1956年在海阳供销社当会计，1960年当工人。四清时在秦皇岛市上庄坨矿校当炊事员。1956年与烈士马仲林遗孀温桂兰结婚后，迁居小营村。生有二子：长子杨有田、次子杨克生、一女杨秋香（嫁大新立庄村）。杨克生，妻子张玉君，生二女：长女杨盈华，嫁蔡各庄村；次女杨盈辉。

迁建户

1966年1月，洋河水库库区第二次搬迁，陈喜峰、杨树声、宋稳3户从台营镇北台庄迁到小营居住：

第一生产队一户：

陈喜峰

父亲陈柏，有土地25亩，房子6间，全家11人。陈喜峰，1901年生人。与父亲分家时分得土地9.95亩，房子5间。土改时，分进土地16亩，靠种地为生。合作化以后，土地全部入社。妻子陈张氏，1910年生人。

长子李玉（随母改嫁到陈家）。次子陈玉，1946年10月生人，妻子烈士马仲林长女马素芹，生一子陈志强。陈志强，妻子田学红，生一女陈怡彤。

三子陈祥，1951年5月生人。生一女陈丽荣（丈夫冯志永，外孙冯晨超），一子陈志鹏（妻子徐小娟，生一女陈思文）。

第二生产队两户：

杨树声

祖父杨顺，家有山地5亩，房子2.5间，全家3人，依靠种地和卖短工维持生计。父亲杨有胜，1892年生人。有土地13亩，房子5.5间，毛驴1头，全家6人，自己种地，兼卖短工。土改时分进土地，生活好转。杨树声，1938年生人。1974年7月1日病逝。全家6人。长子杨纯柏，曾在哈尔滨电机厂工作；次子杨纯学，房子3间，全家4人，岳父陈喜峰，1966年冬迁往榆关镇韩义庄村；长女杨会萍，嫁榆关镇五王庄村；次女杨会秀，嫁到榆关镇韩义庄村；三子杨纯思，生一子杨太洪（杨太洪，妻子马昆，生一子杨智博）；四子杨纯怀，生一女杨伟，嫁东王岭村。

宋稳

父亲宋万忠，有土地3.5亩，房子4间，全家11人，以种地、卖短工为生。宋稳，1888年生人，土改前全家7人，17岁去吉林学厨艺，在秦皇岛朝阳街药铺当厨夫，51岁回家。土改时全家4人，分进土地12.15亩。次子宋有安，1930年生人。1958～1963年先后在洋河水库、抚宁粮站、留守营粮站工作，后调石门寨粮库工作。儿媳田桂荣，大新寨镇田家沟人。生五子、一女（宋桂芝，嫁往子店村）。

宋志，生三女（长女宋丽英，嫁桃园村；次女宋丽芹，嫁王洪志子王桂成；三女宋艳蕊，嫁到迁西县）；

宋平，生二女（长女宋艳敏，嫁长不老口村；次女宋艳杰）、一子宋彦海；宋彦海，生一女宋贞贤、一子宋朝阳。

宋喜，生一子宋海新（宋海新生一子宋佳乐）、二女（长女宋艳梅，次女宋一然）。

宋利，生一子宋海江。宋海江，生一女宋奕彤。

宋高，生一子宋海生，一女宋艳玲。宋海生，生一子宋文烁。

1996年，按照上级部署，从青龙桃林口库区桃林口村搬迁来两户：

李河：妻子许翠连，生一女李小蕊、一子李文超；

徐云：妻子张桂华，生二女（长女徐丽娜，次女徐美娜）。

民俗·方言

铁官营村在三百多年的历史长河中，从语言到饮食，从节日到信仰，形成了独特的风俗，与附近村庄相比，大多数地方相同，但也有不同之处。

民　俗　祭祀祖宗。民间流传祭祖的习俗。自清顺治年间建村时起，每家在外地下（灶膛北侧）供奉祖宗板儿，即写有祖先名讳的牌位。除夕吃年饭前，家人抬出供桌，摆放祭品，在正堂挂出族谱。中华人民共和国成立以后，这些风俗被列为封建迷信，加以废止。改革开放后，改为年前到祖坟前上年坟，摆放祭品，焚纸烧香。

祭祀灶王爷。灶王爷，民间也称灶神，贴在灶膛上方。古人认为灶王爷是掌管一家炊烟的神祇。农历腊月二十三日至除夕，祭祀灶王爷，然后将灶王爷画像焚烧。除夕夜里，再贴上新的灶王爷画像。中华人民共和国成立以后，被列为封建迷信加以破除。

盖房的习俗。旧社会里，盖房地址选择是很讲究，先请人查看地形等。农村盖房都是坐北朝南，屋内阳光充足。过去，大户人家在宅院外南侧、正对大门处修建一道影壁墙，不让外人看到家里。院子分为南北两个院落。南院里建有二门，前院都是猪圈、柴草房、牲口棚等。后院一般有碾道、牲口棚、柴草垛等。中华人民共和国成立以后，特别是“文化大革命”期间，这些都被列为封建迷信破除了。改革开放后，古时候的习俗又开始流行了。主要有：动土、上梁、谢土。

婚俗。旧社会讲究“父母之命，媒妁之言”“门当户对”。1949 年以前，实行一夫多妻制，富裕人家可以娶妻纳妾。中华人民共和国成立以后，特别是 1950 年《中华人民共和国婚姻法》颁布实施后，实行一夫一妻制，体现了男女平等。国家对结婚年龄有了法律上的规定，不到法定年龄不允许结婚。

提亲。由男方家长委托媒婆到女方家提亲说媒，女方家长允诺之后，到男方“相家”，主要看人长得丑俊，家庭条件好坏，回家以后一家人商议，如果相中了，告诉媒婆，答应这门婚事。旧社会里，女子许配人家，叫做“许字”或“适人”。

会亲（qìng）家：结婚前，男方要与女方家长（叫亲家）见面，叫“会亲家”，约定婚期、彩礼。

押婚。订婚。过去，结婚前要举办押婚仪式，男方邀请女方家长和亲族长者到家，参加人数较少，一般都是至亲者参加，男方家热情款待，商议结婚事宜。80 年代以后，举办押婚仪式的很少了。

做被褥。男方、女方结婚需要做被褥，过去做八套被褥，80 年代以后作 4 套被褥，现代不时兴那么多了。做被褥者必须是“老全人”（丈夫在世，儿女双全）来做。现代一般只生一个孩子，有孩子者也叫“老全人”了。条件好的都买现成的。被褥四角放上大枣、花生、桂圆、栗子，意思是“早生贵子”。

押炕。结婚前一天晚上，要请四个童男睡在新房。

接媳妇：过去，把女子出嫁叫做“于归”，就是终于找到了归宿的意思。结婚当天早上，男方由家长代表、媒婆带着童男、童女到女方家接新媳妇儿。

新娘子要吃“离娘肉”，男方家拿一块肉，新娘子家切下一点儿做挂面汤，意思是要离开母亲，到婆家过日子去了。过去条件好的要坐花轿，或者大马车，现代坐汽车。新娘子家亲属叫新亲，视为上宾。结婚当天早上，新娘子家大门虚掩着，有人把守，不让进。男方接新亲的队伍中要找几个小伙子，到新娘子家“撞门”。男方不给红包，女方亲属不给开门。男方撒红包，趁机把新娘子家大门“撞”开，到屋里接新娘子。接新亲的车一到，马上燃放鞭炮庆贺。新娘子家人把鞋子藏起来，新郎给红包后，再把鞋子找出来。新郎官儿要把新娘子从炕上抱起，一直抱到车上，新娘子两脚不挨地。旁边的人撒彩纸。新娘子到炕上，要“坐福”，就是坐在新的被褥上，新亲和新郎家女性长者陪同。

结婚庆典。中午 12 点前几分钟举行婚礼，大摆筵席，邀请亲朋好友前来助兴。过去，条件差，都在家里举办酒席。现在都到饭店举行婚礼，由婚庆公司操办。

回门。结婚第二天，新姑爷和闺女要回到娘家，看望新亲。娘家置办酒席，款待亲朋好友。第三天再回婆家过日子。过去把已婚女子回娘家探望父母叫“归宁”，把新姑爷叫“乘龙快婿”。封建社会里，女子出嫁一般很少回家探亲，一年只有到了五月节、八月节、春节、父母生日等时间才能回娘家省亲。现在孩子随时可以回家。

中华人民共和国成立以后，婚俗大为改观，大力提倡自由恋爱，结婚程序也不断简化。婚礼都是由婚庆公司操办，酒席也是雇用饭店人员操办。结婚第二天回娘家，新郎探望岳父母，新娘子家再招待亲朋好友。

随礼。一家子人结婚，亲戚朋友前来祝贺，交一定数量的贺喜钱，俗称“随份子”“买饭票”。贺礼分拜钱和礼钱。拜钱数额大一些，礼钱数额小一些。普通朋友只交拜钱，至近亲属交礼钱。随着物价上涨，随份子的数额越来越多。拜钱，70 年代一两块钱，80 年代五六块钱，90 年代 50 ~ 100 元，

2000年以后500～1000元，直系亲属也有2000～5000元的，都是根据亲属关系远近和个人条件而定。礼钱，是逢年过节、家有大事小情需要走动的意思，80～90年代一两块钱，现在一般10～20块。

生子。已婚女子怀孕后称“有喜”。过去，农村人都是在家生孩子，只有难产时才上医院。临产前，家中准备小孩衣服、被褥、尿布等。农村都有接生婆，临产时将接生婆请到家里。家中准备热水、毛巾、煮熟的鸡蛋、红糖等用品。临产前，屋里不得有男人，由接生婆、婆婆或妯娌等人伺候。

孩子出生后，叫“落（lào）草”（古时产妇生孩子时，炕上垫上杂草，孩子出世时落到草上，故名）。喂产妇鸡蛋、红糖水等补充营养，炕头拄起帘子以避风。孩子出生后，亲属、朋友拿些鸡蛋挂面前来贺喜，70～80年代开始给礼钱，从10～20元到现在的100～200元，多的400～500元不等。孩子出生后，产妇要在炕上休养1个月，俗称“坐月子”。产妇要吃好消化的食物。坐月子期间，讲究不梳头、不洗脸，怕“受风”，落下产后风等病症。孩子出生一周时，招待亲戚好友，俗称“下奶”，也叫“送面”。孩子满月时，家人聚会庆贺，叫“做满月”。孩子出生1个月后，母亲带着孩子到姥姥家住上一段时间，叫“挪窝”。孩子出生100天后，“作百岁”，亲属好友前来祝贺，长辈们常给买银质“长命锁”或手镯、衣服等物品。孩子出生满一年时，“作周岁”，招待亲友。80年代开始，孕妇提前到医院体检，查看胎儿发育是否正常。临产前都到医院住院，在医院生孩子，新生儿成活率很高。

过生日与祝寿。过去，农村穷，过生日不那么讲究，只是做点好吃的，一般为涝豆干饭（白豆大米饭），顶多炒一两个菜。改革开放以后，农村经济发展了，群众生活水平提高，大多数家庭过生日时也时兴买生日蛋糕，送生日礼物。一般老人年龄到60、66、70、73、80、84、90虚岁时，家人要给老人做寿。家中子女和亲属前来祝贺，置办酒席。从65、66、67岁连续作三年。

丧俗。20 世纪 60 年代以前，家中老人提前打好棺材，准备“装老衣裳”（寿衣）。老人临咽气前，由家人给穿好“装老衣裳”。老人死后，家人在家大门口帖一张白纸讣告，说某某府君（某府老太君或老夫人）某姓讳某某，于某年某月某日某时去世，并将丧事日程安排告知亲属和乡亲。在外地下，用门板或木板搭成停尸台，按照男左（东侧）女右（西侧），停放死者，死者前用碗放些花生油或豆油（现在改用蜡烛），用线绳点燃，摆放祭品。亲友前来吊孝，家人陪着哭祭，然后请进屋里，叙述病人去世经过。亲友走后，家人不送到门口。在屋前搭灵棚，摆放供桌，放上死者遗像，摆放祭品，点燃香。亲朋好友赠送的花圈摆放在院内或门外，赠送礼品记入奠仪簿，以作为将来人家有事时参考。选好坟地，一般在祖茔，父母亲墓下方，儿子在左侧，儿媳在右侧，找人打墓子。晚上，由乐队吹唢呐，一般到半夜，叫“坐夜”。过去，人们把死去的父亲叫先考，死去的母亲叫先妣。第二天入殓。70 年代以前实行土葬，第二天将死者装入棺材内，钉上铁钉，俗称入殓。将棺材停放在屋前院内。棺材前多写个“壽”（寿）字，前面摆放供桌，桌上摆放三个大的白面作的寿桃，碗中插上三炷香。80 年代以后全部实行火化。第三天出殡，也叫“出柩”。亲族人等随行。根据亲属关系远近排列，儿子、儿媳先上香摆祭，之后其他亲属依次进行，男客由儿子陪同祭拜，女客由儿媳陪同。农村里上香时专门看姑爷哭丈爹、丈妈，必须大声喊叫三声，哪个姑爷嗓门大、声音洪亮，说明哪个姑爷孝顺。第七天，家人给死者过“一七”，到坟前哭祭。第二十一天，过“三七”，到坟前祭拜，不允许哭。过五七，闺女要给亡父（母）买花篮，坟前摆放长寿面。此外，还有十七，百（读 bāi）日，一周年，二周年。

吊孝。一家死人，亲戚朋友前来吊丧。过去，一般就是拿几张烧纸、一块帐子（深颜色布料）或花圈，90 年代以后，开始给钱，一般 10 ~ 20 块，2000 年以后涨到 50 ~ 100 元。2010 年以后 500 ~ 1000 元不等。

方　言　在几百年的历史进程中，铁官营人形成了独特的地方口音，既与东北地区相似，又与京津地区接近。最大的特点是前后音不分，fh不分。由于舌头比较僵硬，发音费劲，带有北部山区口音，俗称“北山根儿（gèner）”。比如“抚宁”说成“虎宁”，“四”念成“十”，元音前加辅音，o读作e，luan发作lan等；方言中常有带“子”字的词语，比如老婆子、老娘子、老爷子、老头子、小孩子、小伙子、小叔子、小舅子、小姨子、逗闷子、苞米棒子、苞米茬子、高粱茬子等；方言中带“的”字的词语也特别多，比如当家的、屋里的、掌作的、掌柜的、跑堂的、跑牌的（给伪政府办事的差役）、没心没肺的。方言中，尾音上翘，与昌黎、迁安、乐亭等地口音相近，但不太明显。

安（nān)

袄（nǎo）

笛（bíer）：常指用高粱秸秆尖制作的那种，将瓤子掏空，外皮做成哨子。俗话说：一个吹笛儿，一个捏眼儿。

草（鸡、驴）：母鸡、母驴。

干（ g án）饭：米饭。

波（pé）

仇（姓 choú）

鹅（né）

讹（né）人

农、脓（néng）

客（qiě）：客人。杀鸡问客，比喻虚情假意。

饿（wò 或 né）

腐乳（fǔlǔ，音“俘虏”）：抚宁出产的一种白色酱豆腐。

巷（gái）：街。上街叫上巷，大街叫大巷。

姑（gú）

姑娘（niǎng）：洋姑娘，一种植物的果实。

刮（ g uǎ）风

汗（hán 寒）毛

骒（kè）马：母马。

抠（koǔ）：抠抠索索、吝啬。

知（jī）了

叫驴：公驴。

褯（jiè）子：尿布，用旧布块作成。

銮、鸾、滦（lán 兰）

劣（lèi 类）

扔（léng）

猫（máo）：狸猫、猫腰。

捞（máo）（粥）：用清水把粘稠的粥冲洗一下。

投（tóu）：衣服用肥皂或洗衣粉洗完之后，再用清水冲洗。

魔（mé）怔

磨（mè）叽

墨（mè; mì）：墨汁（mèzhier）；八带、海兔子腹部的黑色液体，俗称“墨”（mì）。墨（mì）斗子，木匠用来划线用的工具，内有墨汁，棉线从墨汁中经过，染上黑色，划线时拉起来，再弹回去，黑线打到木料上。

棉袄（miánnǎo）

描肥：给庄稼追肥。

能（nèng）：泥泞。

牛头崖（nái）

哪（nǎi 奶）个

棉（nián）花

穿腾：挑拨、鼓动。比如，他不安好心，穿腾我打人。

操蛋：满语，品行不端、心术不正。

搭愣（dáleng）：（庄稼叶片因干旱）打蔫。

打圈：给老母猪配种。

打腰：在某人那里说话响亮、占地方。

颠憨：装糊涂。吃王八肉，喝王八汤，颠王八憨。

挑担（dan）、单（dàn）挑：连襟。

刀（dáo）螂：螳螂。

倒腾（dáoteng）：买卖经营。比如，你最近倒腾啥呢?

倒咕（dáo g u）：自言自语。

得济：满语，原意为“把酒敬给老人”“把得到的东西奉献给长辈”。引申为老人得到子女奉养。早养儿子早得济。

电棒：手电。秃老亮，打电棒，一照照到大天亮。

个叽：吵架。

格色（géshǎi）：贬义词，满语，原义为“不一样”，比喻一个人性格特殊。也称格路。

海滨：指今北戴河区刘庄、草场一带，北戴河区政府所在地。把北戴河村叫做“北戴河”。

河蟆：蛤蟆。

黑介：夜晚。

后丘：猪臀部。

后晌：下午。

大（小）尽（jín）：也作大（小）建。大尽为三十天，小尽为二十九天。

挠子：高粱挠子，高粱穗脱去籽粒后剩下的部分；松挠子，松树枝条。

闹圈：老母猪发情期的异常表现。

能带：一是能耐；二是鼻涕，比较粘稠、脓状的黏液。

垡（shǎ）地：耕地，深翻土地。

秫（sóng）米：高粱米。

乌米：高粱穗得黑疸病以后的果穗。

隖（wù）车：车子陷入泥中不能前进。

粽子（zhèng zhi）

走道：旧时指寡妇改嫁。

带肚（dǔ）子：旧时指寡妇改嫁时带过来的前夫的孩子。

二椅子：二刈子、二省子，不男不女。

讷（nèi）绷子：那一段时间。

乃（nǎi）绷子：哪段时间。

五脊（wúji）六兽：形容没意思，闲得无聊。“五脊”，中国古代建筑中有一条大脊（正脊）和四条垂脊。正脊两端有龙吻，垂脊上有五个蹲兽（狻猊、斗牛、獬豸、凤、押鱼）。自从建成之后，五脊六兽就在房顶上呆着，纹丝不动。比如，你看他闲得五脊六兽的。口语中说成“无鸡六寿”。

五马长枪：形容一个人情绪异常激动，破口大骂。

死皮赖脸：形容一个人不顾脸面，向别人要东西。比如，他死皮赖脸地一个劲儿地要，我怎好意思不给呀？

无了巴都：指水没烧开，温乎的，喝了容易闹肚子。

小肚鸡肠：或鸡肠小肚，形容一个人心胸狭窄，肚量狭小。

阳得二正：满语，心不在焉，马马虎虎。

一根筋儿：比喻人思想僵化，呆板，不会转弯。缺心眼。

油盐不进：固持己见，顽固不化，比喻听不进去别人的意见。

捉牙花子：为难。牙花子，牙垢，牙缝中间的残渣。

保媒拉签儿：给人家介绍对象。

成年到辈子：比喻常年忙碌。比如，她公公那个人可是个忙人，成年到辈子地不闲着。

逗焖子边儿：也作逗闷子。耍笑、占便宜。民间用泥旋子蒸焖子，焖子蒸好后，用刀切成长方形或方形，靠近旋子边儿的焖子不成形，叫焖子边儿，一般当时就给小孩子吃了。

贵人语话迟：意思是说孩子说话晚是“大器晚成”的征兆。

借引子闷儿：借机会，找理由。

没王法成精：太离壶了、太不靠谱了。比如，这孩子被他爹妈娇惯的不成样子，简直是没王法成精。

强至巴活（乎）：勉勉强强，非常费力地干什么。

穷得叮当响：比喻一家非常穷，家中四面见墙，啥家什都没有。“叮当”，满语，也是穷的意思。“响”，是后加上去的。

水米没打牙：指没吃东西。

瘦驴拉酱屎：勉为其难，瞎逞能，死要面子活受罪。

听三不听四：没有把话听完，就发表个人意见。

线缝的似的：像缝线一样，非常容易。

八竿子打不着：形容一点儿亲戚关系都没有。

七大姑八大姨：泛指一般亲戚，形容亲戚较多。

不够塞牙缝儿：形容吃的东西少。

不是省油的灯：老谋深算，阴险狡猾，不好对付。

陈芝麻烂谷子：比喻不值得提及的陈年往事。

风大闪（shān）了舌头：让说话人注意别说大话、不切实际的话。闪（shān 煽），指皮肤皲（jūn）裂。

七个碟八个碗儿：改革开放以前，农村条件有限，最高贵的客人用七个碟八大碗来招待，形容菜肴丰盛。他这家人可热情啦，我一去就七个碟儿八个碗儿地招待，怪不好意思的。

穷得蛤喇皮似的：形容一个人家徒四壁，一贫如洗。

三七四六疙瘩（gá da）话：阴阳怪气。

兔子不吃窝边草：比喻坏人也不愿祸害附近的人家。

黄嘴丫子还没褪净：小麻雀嘴丫为黄色，长大以后褪去，比喻年轻人不懂事，不成熟。

东一榔头西一棒子的：指说话没有顺序，前后不搭界。

兔子不拉粪儿的地方：形容土地贫瘠。

驴尾巴苫不过来驴屁股：比喻能力有限，自顾不暇，无力照顾别人。

艺 文

民间故事 早些年，大多数人不识字，没有多少书籍，很多大人都会讲些祖上传下来的神话故事，俗称“讲瞎话儿”，在文化生活贫乏的年代里，使人们得到一些心灵上的慰藉。可惜随着老人们的去世，很多都快失传了。每个民间故事都有一定的教育意义，劝人诚心向善，告诉人们人生哲理。

铁官营村的来历

过去抚宁县至山海关一带，凡是村名中带有“营”“寨”“关”“口”字样的，都是军事要地，驻有士兵把守，铁官营也不例外。先看看铁官营周围村庄的名字就知道了，东边三里仓上是明朝军队储存粮食的仓库，东南五六里地的张家马坊、郭高马坊、药王庙马坊、刘家马坊、马坊店等都是明军养马的地方，正南三里周家营（原来叫周先营，今称周营）就是驻扎军队的兵营，南八里地的北戴河（当时叫北大家河）从明朝永乐年间起就是山海卫的兵寨，东北八里地的深河是明军传递情报和转运军用物资的驿站榆关马驿。那么，铁官营是怎么来的呢?

明朝天启二年（1622年）正月，后金汗努尔哈赤率五万大兵，渡过辽河，攻打西平堡，宁远巡抚王化贞派三万明军迎敌，没成想明军不堪一击，全军覆灭，辽东经略熊廷弼、宁远巡抚王化贞放弃宁远（今辽宁兴城市），逃到山海关，关外之地沦陷后金兵之手。天启皇帝大怒，下令把熊廷弼、王化贞逮入锦衣卫监狱，急忙派东阁大学士、兵部尚书孙承宗经略辽东，到山海关督师。孙阁老大胆起用山石道袁崇焕、总兵祖大寿等名将，修建宁远、大凌河等九城、四十五堡，练兵十一万，收复失地四百里，屯田五千顷。天启三年，诸事停当之后，孙阁老在山海关城召开军事会议，听取各路军事准备情况。孙承宗说："各位将军，前些日子大家辛苦了，原来我军丧失的土地皆已收复，全赖皇上圣明、各位出力，但是后金亡我之心不死，必将还有大的血战。今天把大家召集来，就是要商议对策，早作准备。希望各位知无不言，言无不尽，集思广益，多献计谋，以保我大明江山万年稳固。"诸位将领踊跃发言之后，唯独山海关总兵尤世禄沉默不语，孙承宗就转过头来问道："尤将军，你那里有什么困难没有？"尤世禄说道："督师大人，部下兵器明显不足，如果后金再来攻击，恐难支撑太久，还请孙阁老早做决断。"孙承宗说："好！明天，你们几位就随本阁到后方基地看看去！"

第二天，孙承宗带着总兵尤世禄、赞画茅元仪（字止生）、兵部职方司主事鹿善继（字伯顺）等人到关内北大家河（今北戴河村）营寨，边走孙承宗边问茅元仪："止生，你是行家，打造兵器的地方有什么讲究？"茅元仪答道："阁老，打造兵器的地方一是水源必须充足，二是地势必须隐蔽。山海关附近的兵工厂都被后金兵破坏了。"又问鹿善继："伯顺，你看这个大家河怎么样？"鹿善继说："伯父，大家河水源倒是充足，但是地处平原，容易被敌兵发现，不太理想。"接着他们又往北走，查看了周先营（今周营村）的宿舍和伙食，看到士兵个个精神抖擞，斗志昂扬，孙承宗比较满意，就准备到马坊察看军马，转身对尤世禄说："尤总兵，到你们的养马基地看看去。"说着几个人就向北走，信马由缰，翻过了一道山岭，孙承宗向北一看，正东、东南、正南三面都有岭坡遮挡，是一块小盆地，还有三条河交错流过，北部是一片开阔地，高兴地对鹿善继和茅元仪说道："伯顺、止生，你们看这里是不是你们想要的打造兵器的地方？"鹿善继非常满意地说："伯父，这里南有周先营保护，东有仓上粮草保证，东南有马坊接应，地势隐蔽，水源充足，是打造兵器的最佳地点。"孙承宗说道："今日不虚此行啊！"转身对尤世禄说："尤将军，你看在这里打造兵器如何呀？"尤世禄回答道："阁老，卑职也正有此意呀！明天，我就派人到此查看地形，建造铁匠炉。"

回到山海关以后，尤世禄就派百户马家骏、把总汪铁生带着数十名铁匠和几十名士兵到此地驻扎，搭起帐篷，在南河岸边建造铁匠炉，开始打造兵器。不久，刀、枪、剑、戟、斧、钺、钩、叉等十八般兵器送到关城，经过测试，兵器质量为上乘。从此，南河岸边昼夜打造兵器，运往军前。但是好景不长，到了天启五年八月，孙承宗手下大将山海关总兵马世龙在柳河（今吉林通化市柳河县）战败，太监魏忠贤借机向皇帝进献谗言，孙承宗、鹿善继、茅元仪等被解职回乡。魏忠贤派来心腹滦州人高第接替孙承宗，放弃固守辽东的策略，收缩战线，改为固守山海关，把关外士兵都撤回山海关，这里的兵营就荒废了。

崇祯十七年（1644年）四月二十一日，闯王李自成率十万大军到山海关征讨平西伯、辽东总兵吴三桂，仅有三万人马的吴三桂力不能支，剃发降清，引清军入关，把大顺军打得落花流水，一败涂地。到五月份，清兵夺取京师，继续南下追剿李自成残部，一路追到山东境内，到七月份整个山东、河南被清军占领。

清朝顺治八年（1651年）春，从山海关逃回到老家山东大柳树的明军百户马家骏、把总汪铁生等人不甘心满清的血腥统治，发起反清复明斗争，不久被清军镇压下去，将二人斩首。汪铁生之子汪有成找到马家骏之子马嘶鸣说：“表兄，我看这大柳树咱们是不能待了，清兵早晚要秋后算账的。我父亲临死前对我说，抚宁县北大家河北边有一个旧兵营，比较隐蔽，他们曾在那里打造过兵器，咱们不如逃到那里去避一避吧！”马嘶鸣说：“有成，事已至此，只好如此了。咱们躲避一段时间再说，看看局势如何变化，我就不相信咱们大明朝就这样彻底完蛋了？先走一步说一步吧！”于是二人带着村中好友温登科、袁希胜十多人长途跋涉，来到抚宁县境内，找到了当年他们父辈们的旧兵营，看到残垣断壁，荒芜的土地，心里泛起一阵阵酸楚，如果不是明朝皇帝昏庸无道，宦官弄权误国，大明朝也不至于亡国，他们也不至于落难于此。汪有成对马嘶鸣说：“表兄，我看这里土地肥沃，水源条件好，咱们就在此安营扎寨吧！”马嘶鸣说：“好吧，那咱们给庄取个啥名字啊？”就对温登科、袁希胜说：“你们两位秀才腹中墨水多，学问大，给起个名字吧！”袁希胜说：“这里原有铁匠铺，又是旧营寨，不如就叫铁匠营吧！”温登科说：“叫铁匠营有些土气，还不如叫铁官营呢！汉朝时不就有盐铁官营嘛！”汪有成、马嘶鸣一听，说道：“登科说得有道理，就叫铁官营吧！”于是这个庄就叫铁官营了。这四大家在此定居下来，开荒种地，繁衍生息，一直到今天。

喇盒儿地的传说

小营庄南有一个趴桥子，路东有个大水坑，坑南一带叫喇盒儿地，也叫拉哈地。这名字起得有些古怪。

据说清朝康熙年间庄里有一位叫马起发的大财主，家里有二百多亩地，娶了三房姨太太，粮食满囤，肥猪满圈，不愁吃不愁喝的，就是有一件事情不顺心，年过五旬，黄土都快没脖子了，一连生了几个丫头片子，就是没有继承家业的儿子。有一年，从春到夏，一滴雨也没有下，地里都冒干烟了，眼看着全庄人就要没吃的啦。俗话说：日有所思，夜有所梦。有一天夜里，马财主做了一个梦，梦见佛陀给他托梦，说你平日待乡民太薄，阴德不积，阳寿必损，加之纵欲过度，身体空虚，七天之内，必有大祸临头，来世不得超生，必下十八层地狱，遭受万般折磨。老财主吓得浑身哆嗦，跪在佛陀面前说："佛祖，您大慈大悲，救救在下吧。"佛陀说："善乃人之本性。你若虔心向佛，我愿帮你渡过难关，就送你一部《雨宝陀罗尼经》吧，你诵读七天七夜，就可以逃过此劫。"可巧第二天，东山栖云寺明空法师到马家来化缘，老财主急忙出门迎接，明空法师说："施主，贫僧见你天庭暗淡，面色无光，头顶有一股黑气，七日之内定有血光之灾。"老财主求生心切，说道："大师，只要能保住在下这条命，让我干什么都行，还望师傅指点迷津。"老和尚从怀中取出《陀罗尼经》，对老财主说："施主若肯皈依我佛，昼夜诵读此经文，灾祸可免矣！"并说："为人者，必先为仁。广施仁德，普度众生，既是救人，更是救己啊。施主，众乡亲如今有难，你不能见死不救。村南那块地是你用不正当手段掠夺而来，才折损了你的阳间寿命。佛祖看你尚有佛性，委托我前来拯救你，只要施主诚心向善，肯舍弃那块地，挽救全村人性命，你就是功德无量啊！好心定会有好报啊！"老财主爽快地答应了。老和尚见马财主颇有诚意，就为他念起经文来："如我是闻……若有人欲受持此雨宝陀罗尼者，应供养一切如来，一夜、二夜或三夜，专心诵持，受敬净信三宝，诸天悉皆欢喜，即雨财宝谷麦。为彼读诵法师故，即说陀罗尼曰：南无帕嘎哇地，沙迦目那耶，达嗒嘎大呀，啊拉哈地……。"当老和尚念到这里时，突然戛然而止，化作一阵清风而去。老财主忽然觉得眼前一亮，丹田发热，好似一个火球在腹中燃烧，一股热气从后脊梁骨向脑门子涌来，打通了任督二脉，形成小周天，循环不止，急忙跪倒磕头："佛祖保佑，菩萨显灵。"老财主命家人把南边那块地卖了，所得收入全部赈济村民。说来也奇怪，马起发自从得到佛陀点化，身体逐渐硬朗，妻子身怀有孕，十月后得了一个大胖小子，老来得子，老财主高兴地不得了。全体村民感激涕零，为感谢马起发的善行，要为这块地起个名字，叫啥好呢？一起来向马起发请教。他说：“我佛慈悲为怀，佛祖劝我弃恶从善，正当大师念道‘拉哈地’时，我开悟人生真谛，那就叫‘拉哈地’吧！”从此坑南那块地就叫拉哈地了。后来叫白了就叫成喇盒儿地了。后来，这块地被河水冲出一道沟，因此改称拉河地。

隐身草

很早以前，铁官营村有一户大财主，叫汪有德，家有几百亩地，雇用十几名长工为其做活，千方百计克扣长工们的工钱，敲诈勒索，因其家族势力大，大家敢怒不敢言，私下里称其为“枉有德”。家里肥猪满圈，粮食满囤，吃的是鸡鸭鱼肉，穿的是绫罗绸缎，家里妻妾成群，子孙满堂。尽管如此，汪有德还是贪心不足，总感到生活中缺点什么，渐渐地滋生了想当大官儿，过过官瘾的念头。汪有德家院内有一棵高约10丈的大杨树，树上有个喜鹊窝，整天喜鹊叫喳喳，吵得人心烦。有一天，一位南方僧人化缘来到铁官营，见到这家院落宽大，朱漆大门，十分气派，就来给汪有德相面，说道：“汪员外，贫僧听到你家喜鹊叫喳，必有喜事来到。见您前庭饱满，两颊放光，您是大富大贵之相，将来要高官得作，骏马任骑，前途不可限量啊。”又说：“请员外伸出左手来，看看手相。”又让他写了一个字，汪有德顺手写了一个“汪”，惊得僧人乍舌，说道：“员外，‘汪’字，遇水成王，将来必因水而富贵。”等汪有德再问僧人“升官之道”时，僧人微笑着说：“天机不可泄露。”说完，僧人化作一阵清风而去。

汪有德整天思索着僧人的话，怎么也琢磨不透其中的玄机。有一天深夜，汪有德出来查看长工们的活动，只听一位长工说：“咱这东家真是有富贵命，要是我遇到这样的好事，我也不干这苦差事了。”另一位说：“你说这和尚说北院这棵杨树上的隐身草是不是真的？偷人家东西，别人还看不到啊！”“那谁知道啊？反正北院咱也进不去，东家值钱的东西都在那里看管着，听说以前有人误入内院，被送到官府，种种惩罚，谁还敢进去啊。”听到这里，汪有德暗暗高兴。回到屋里，就把刚才听到的话跟大老婆说了一遍，大老婆说：“还真有这样的好事？明天，等这帮臭长工下地干活后，你爬到树上看看不就得了！”汪地主一听媳妇的话有道理。这一夜，地主翻来覆去，怎么也睡不着觉，一直熬到天明，赶紧催促长工们下地干活去。老地主费劲巴乎爬到了喜鹊窝，一看窝中还真有喜鹊叨来的草，但是哪一棵是隐身草呢？他急中生智，一棵一棵拿来让老婆看，问道：“看见了没有？”地主婆说：“看见了！”又拿出一棵，又问：“看见了吗？”地主婆说：“看见了！”一连好几个时辰过去了，地主婆都说看见了。后来地主婆脖子都扬（仰）酸了，一赌气说：“看不见了！”这下可把老地主高兴坏了，一不留神，差一点儿从树上摔下来。这一夜，老地主琢磨老和尚的话：“汪字，遇水而王。”决定到离庄八里多地的北戴河去试试。第二天，正逢北戴河庙会，车水马龙，人来人往，摩肩接踵，熙熙攘攘，好不热闹。他来到一个卖苹果的地摊上，手拿着隐身草一晃悠，偷了一个苹果，没人看见。因为人都知道他有钱有势，没人敢惹。后来又到一个钱庄，见人不备，偷了几两碎银子。正赶上庙会人多，伙计忙不过来，也没看见。地主心想，这隐身草还真灵验。但又一想，光小偷小摸，没什么意思，要想大富大贵，还得到抚宁县衙去，于是来到县衙，正赶上县太爷正在断案子。他走到书案前，拿起官印就走。县太爷一愣，吩咐道：“何人如此大胆，敢偷本官大印，抓来审讯！”没等老地主走出官府大门，就被衙役抓了回来。县官说道：“大胆刁民，焉敢偷印？拉到洋河边上，重打八十大板！”不容分说，衙役们把老地主拖到河边，噼噼啪啪，乱打一顿。汪地主平时欺男霸女，无恶不作，大家早就恨透了。今天可有了县令的话，就你一棍，我一棍拼命地打了起来，不一会儿，老地主气绝身亡，一命呜呼了。后来，人们说，老地主是“遇水而亡”，正应了僧人的话。从此，汪家逐渐衰落，如今铁官营已无汪姓了。

散　文

生我养我的地方

李利峰

每当我听到蒋大为唱的《在那桃花盛开的地方》一歌，“啊！故乡，生我养我的地方，无论我在哪里放哨站岗，总是把你深情地向往！”都不禁使我想起我的家乡。

铁官营村，是榆关镇最东边的一个小村，大约400多人，1000多亩耕地。这是个再平常不过的小村。据乾隆年间《临榆县志》记载，我们村名叫铁匠营。后来因为村子比较小，改叫小营。1982年全县地名标准化处理时，因与留守营镇小营村重名，又改称铁官营。

说铁官营村平常，其实也不平常。父亲生前说，庄南河沿岸原来有铁匠铺，故称铁匠营。铁官营村建村较晚，据1983年12月抚宁县地名办公室编《抚宁县地名志》记载，清顺治年间（1644～1661年）汪、温、袁、马四姓由山东，林天春、林自高叔侄二人由乐亭迁此地落户。嘉庆四年（1799年）《林氏家谱》记载村名为“铁官营”。但是我从周围村名发现，村东为深河乡仓上村，是明朝军队储存粮草的仓库；南边牛头崖镇周营村，是明军驻扎的兵营；东南牛头崖镇张家马坊、郭高马坊、药庙马坊、刘家马坊、马坊店，是明军养马的地方。后来我恍然大悟，原来铁官营是军队打造铁制兵器的地方。所有这些村名都与战争有关。从铁官营东去仓上半路上，北杨各庄东南有一个叫做“红土坑”的地方，周围都是红色的土壤，水坑有三五十米见方，小时候经常和一群小伙伴到这里去洗澡。坑南边有一棵歪脖柳树，小时候经常爬到树上去玩。土壤红色说明含铁量非常高，抑或火烧过的痕迹，也有可能是炼铁的地方。从其地理位置来分析，这一带位于抚宁县中东部地区。从历代战争史看，明代万历以前，抚宁一带防御重点是北部界岭口、台头营一带，主要遭受北元残余势力朵颜、土蛮等部落的侵扰。明代天启年间后，随着后金势力的兴起，抚宁一带防御的重点是东部的后金。因而这些村大约在天启年间以后，这一带是明代后方军用物资生产储存基地。

铁官营在明代历史上没有记载，因为它不临边关，距军事重镇山海关七十里，没有发生过战事。古代历史就是一部战争史，没有战事发生，史册罕载。清乾隆年间《临榆县志》只有地图上有标示，“里市”中仅提到有“铁匠营”这个村名。因为铁官营没有出过历史名人。听说村西头老马家曾出过一个举人，就连马氏后代也不知其名字及中举年代。是铁官营的水土不养人吗？不是。尽管历史上无名人，但是数百年来铁官营人仍然无声无息地生活着，一直延续到今天。

从铁官营地形上看，南部有一个不高的丘陵，与周营、长不老口村接壤，东南方向为丘陵坡地。从仓上村南水库和马坊一带流下的山水经过村南一条小河（村民称之“南河”），蜿蜒向西流去，与由深河北发源的米河（村民称之“西河”）交汇，西南流一直到小米河头，再南流入戴家河，经北戴河村，经戴河口入海。清乾隆二年成立临榆县后，本村一直属于北戴河地方管辖，距离北戴河、榆关、深河大约八里地。铁官营村是南部丘陵区与北部平原区的交界处，地势偏洼，水源充足。村西南有块“大碱地”，春冬季节地里呈现一层白色的盐碱，不适合植物生长。估计远古时代，铁官营为海水浸泡过，后来尽管海水退去，却留下盐碱。我小时候，盐碱地里庄稼长不好，就连我家南门口的吴家堰也有盐碱，长出的高粱也就是一米多高，产量很低，也就是一二百斤。我出生的那一年，也就是1963年村里刚刚上电，当时电力紧缺，有灯却没有电。平常农户都点煤油灯，一般人家点不起蜡烛。

小时候，地里常种植白薯、杂交高粱、苞米，好地种些产量低的粳子，只有过年过节，方能吃上一顿粳米饭。我在家里比较娇惯，吃的最好的就是粳米粥里放一小块荤油，和点酱油，这在当时是很高的待遇了。1969年村里打机井，改盐碱地为水稻田，从此改变了村民的生活质量，可以吃上大米了。1972年“农业学大寨”运动后，又开始种小麦，尽管产量不高，上边下达指令性计划，不种不行，村民或多或少能够吃上白面了。二十世纪七十年代，我们村的大小队的干部思想较为活跃，两个生产队都养马车，从村西河套拉沙子，送到北戴河火车站。一般每个生产队有两三辆大车，最多时达到五六辆。我小时候经常挎着粪篓，跟着大车后边拾粪，回来后积肥，到年底算工分。也不知这种困难的年代是怎么熬过来的。1983年实行家庭联产承包责任制，将过去集体土地承包各户自主经营，每年订出定购粮的数量，剩下的自己自由支配。连续几年的大丰收，使农民的手头宽裕了，生活改善了。后来果树也承包到户，家家户户侍弄果树的积极性非常高，一斤苹果都卖上两三块钱，多的一户收入可达万元，少的也五六千元。望着满园红艳艳、笑弯了腰的苹果，农民的喜悦心情就无法用语言来形容了。到了九十年代末，由于果树年龄老化，病虫害增多，果树渐渐地被砍光了。1985年村里引进了省四建公司在村东南山坡上办起了砖厂，村里的人到砖厂卖小工，一天也能挣十来块钱，村里收入几万元，从此村里的农业税、水电费再也不用向各户摊派了。1991年村里新上了自来水，各家各户结束了挑水吃的历史，农民的日子过得红红火火。

伴随着城市改革，物价频频上涨，城市购买力却大幅下降，农产品价格逐年回落，农户的收入渐渐减少。俗话说，老天饿不死瞎家雀。聪明的铁官营人走出村，到外谋生。有的经商做买卖，有的到外地办修理厂，有的养牛到城里卖牛奶，有的买汽车跑运输，但是更多的年轻人却到北戴河、南戴河、秦皇岛一带搞建设、装修，常年不闲着，收入又有较大增加，大工每天挣百八十元钱，小工挣四五十块钱，腰包又渐渐地鼓了起来，家家户户买起了摩托车、三马车，盖起了新房，彩电、冰箱已经进入寻常百姓家，还有几户买起了小汽车。

在让人喜悦的同时，心里总有一丝的忧虑。我小的时候，村南的一条河“南河”常年流水，我与小伙伴们经常在河里“狗刨”，摸鱼捉虾，捞河蚌，捉王八。村西有一个大坑，叫“大汀（音‘磬’）”。我一直纳闷为啥叫“大汀”？人们常说一个和尚一个令，一个王八一个磬。大汀中有很多王八，夏季里王八到坑西横头子地下蛋。我觉得可能是因为大汀中有王八才叫大磬的。其实大磬是大汀，大水坑的意思。大汀再往南有一更大的水坑叫“光坑”，也叫“南坑”，水坑中鱼虾较多，每到夏季小伙伴们常常到坑里洗澡、捉鱼。坑边上生长着蒲草，蒲笋味甘甜妹。秋季将蒲草割下来，晒干，编成蒲床垫、蒲草席、蒲草鞋、蒲墩垫。小时候，冬季经常穿草鞋，既保暖，又轻便。小伙伴们常常将蒲草捆在一起在河里当作小船来划，优哉优哉，十分惬意。每到秋季，将河从中间拦成一道坝，两个人用柳条编成的簸箕淘水，淘干后逮鱼；冬季冰封地冻，河里结成冰，一群群小伙伴到河里去耍冰猴，用布条作成的鞭子抽打，抽打得越狠，冰猴转动得越快。因为父亲是木匠，我家有木匠工具，我每年都作些冰猴，有的小朋友不会作，我就给他们几个。常常几个人去滑冰，坐在冰车上，双手握住冰扎子，拚命往前滑，看谁划得快。还有到冰上去打出溜，先助跑，然后双脚并拢，看谁滑得远。或是在冰打个窟窿，把水淘干捉鱼。如今水坑干了，河水脏了，鱼虾绝迹了，人们再也不到河里去玩耍了。

村东南“东岭”原来每年都有野鸟栖息，一片片白老鹳，时而飞翔，时而落地，一声声悦耳的鸣叫声令人心旷神怡。村中较高的树上，喜鹊织成一个个巢穴，房檐下燕子筑成一个个泥窝窝。坟地里，地埂边上，野兔生活的一个个洞穴。每到冬季下雪后，拿起猎枪，带着狗，在野地里打野兔，回来后饱餐一顿。每到春季，地里长出一簇簇小蒜、窝食（苦马菜）、羊犄角、芹麦菜，早上小伙伴成群结队到地里挖野菜，回来蘸酱吃。随着机垡地和大量使用农药，这些野菜渐渐离人远去。

俗话说，一方水土养一方人。数百年来，铁官营这个不大的小村落哺育着一代代铁官营人，铁官营人有着很强的生存能力，能够顺势应变，凭借着他们的智慧，依靠着他们勤劳的双手，过上他们心目中想要的生活，循环往复，生生不息。尽管还有不尽人意的地方，但铁官营毕竟比以前更富裕了，人民生活比以前更好了。愿我的家乡明天更美好！

2005年12月2日

村头的那棵老柳树

李利峰

七月十五日鬼节。大妹来电话问我啥时候回家给父亲上坟？说实在的，这段时间工作太忙，好长时间也没有回老家看母亲了，我还是挤出时间回老家一趟。

我家在村子的南街，这条街的最西头有棵老柳树，躯干弯曲，大约有20多米高，胸径约有一搂粗，两个枝杈，东部枝杈有许许多多干枯的树枝，但是依然枝叶繁茂，仍然具有强大的生命力。听道南周兆昌大哥说这棵树是1962年潘振东栽的，比我大一岁。我记得小时候经常在树底下玩耍。我们村有两个生产队，我们第二生产队在此上工，树杈上挂着一段铁轨，每逢上工时，队长都会“敲当当”，不一会儿社员就会聚齐，队长派完活儿，带领着大家下地干活儿。

老柳树在大队部的南侧，成为我们村的“政治文化活动中心”，由于离我家不远，我小时候经常到此和小朋友玩儿，弹玻璃球，爬粪堆儿抢占山头，藏猫猫等等，直到很晚才回家。那时候也没有收音机，只有听到公社广播里乌拉乌拉地喊着“无产阶级文化大革命就是好，就是好呀，就是好”。

原大队部门前的老柳树

村里有位“老庞”，大名叫庞玉安，民国时期随母亲改嫁来到小营，光棍儿一人，夜里经常给人们讲“瞎话儿”，人们都以听到老庞讲故事为自豪。我也曾经几次等着听故事，但是一到夜里十点多钟就困了，所以老庞的故事我连一次也没有听到过。后来听说是讲一些《三国》《水浒》《封神榜》里的故事，当时这些都算是封建迷信，不敢明目张胆地讲。

我们庄大小队干部的头脑还是比较灵活的，小营庄是左近三庄比较富裕的。村西有条河叫米河，河里淤积着很多沙子，我们这里的沙子细腻质轻，很有名气，是良好的天然沙，都卖到天津一带搞建筑用。村里我们二队最富，队里买了几辆马车，每天到北戴河车站卖沙子。我也时常跟着潘森大爷拉沙子的大车拾粪。以前，庄里没有磨米厂，庄里人都到外村磨米磨面，十分不便。后来，大队办起了磨米厂，既方便了群众，还增加了集体收入。

“文化大革命”时期，尽管大小队干部想尽了办法增加集体收入，广大社员终日劳碌，由于受极左路线的影响，广大群众还是吃不饱、穿不暖。到1983年底，大队实行家庭联产承包责任制，生产队散伙了，大家都各忙各的，我们村里的生活才逐步好转。树上的那段铁轨也就派不上了用场，失去了往日的风采，老柳树下再也没有往日的辉煌了。

1984年我大学毕业后，分配到县城工作，每逢星期天都回家帮助父母干些农活。每次回家都经过这棵老柳树，我都好好打量着它，看见斑驳的树皮，树干顶端干枯的树枝，老一辈人都渐渐逝去了，仿佛只有它才是那段不堪回首的岁月的见证。今天我见到它，仿佛看见父亲站在那里，等待着我，回忆起这棵大柳树带给我童年时期的许多欢乐的往事……我心里默默地祝福，多保重吧，老柳树，祝你健康长寿！

2008年9月4日

诗　词

鹧鸪天•感怀

马保安

鹊唱枝头天渐长，寒烟浮影对初阳。
闲云暗霭丝丝冷，浓雪清梅淡淡香。
斟旧梦，赏新章，风携春讯越篱墙。
轻车快马驮诗瘦，几许殷情寄远乡。

鹧鸪天•雪中有梅

马保安

红袖轻风浅浅花，拈来数朵入闲茶。
几回云梦连山外，一段湖光映碧纱。
天远近，影疏斜，冰心归处润芳华。
青阶消得千般念，留与春香一树芽。

蝶恋花•今冬无雪

马保安

忆得当时君巧黠，拟我红梅，招至翩翩蝶。纵是薄衾冰似铁，耳边软语心头热。

已是冬残将近节，依旧横枝，无那琼花绝。寂莫寒山天上月，伊人梦里空飞雪。

七律• 题冰花少年

马保安

家贫少小志雄心，何惧寒霜赴校门。
头顶冰花无怨悔，腮侵皴裂有胸襟。
崎岖山路多怀梦，苦乐年华早见勤。
百炼千锤传自古，当思温室怎成人？

七律•咏梅

马保安

天寒风冷雪飘时，已有梅仙爱意痴。
江北含苞盈浅笑，岭南怒放扮婷姿。
铮铮傲骨冰霜韵，款款清心笔墨诗。
不与百花争妒艳，芳馨归隐报春知。

南乡子

马保安

高阁即仙乡。凭是梦，萦损柔肠？多情不是离人泪，分明夜雨，三星两点，湿了残章。

揽镜理红妆。黄雀鸟，早立雕窗。西园休再邀侬去，这般时节，一丝春雨，半缕微凉。

行香子•黄金山

马保安

风拂松弦，雾绕禅檐。
莲台下，愿祈千千。
梵音袅袅，回荡心间。
涤一身俗，一身累，一身烦。
霞溢云边，鸟悦枝端。
登宝鼎，浩浩天宽。
人情几许，且任随烟。
有灵山静，远山缈，道山妍。

附 录

铁官营村名考 铁官营村地处榆关镇、牛头崖镇和深河乡交界处，距北戴河、深河、榆关4～4.5千米，是一个比较偏僻的村落。清朝乾隆年间村名为“铁匠营”。乾隆二十一年《临榆县志·里市》篇中介绍距临榆县城（山海关）“六十五里者凡十五”，其一曰“铁匠营”，即今铁官营村。

后因庄子小，人口少，改称小营，属北戴河堡管辖。光绪十年《畿辅通志》临榆县地图中标明“小营”。光绪四年《临榆县志》地图中标示“小营庄”，《里市·村堡》篇目中介绍，“小营，（距临榆县城）七十里。”

民国18年《临榆县志·里市·区堡》篇目中介绍，“北戴河堡，小营（七十里）”。

据清嘉庆四年《林氏家谱》记载，乐亭县林天寿、林自亮叔侄“卜居于铁官营庄，其由来旧矣”，说明清朝初年铁官营就已建村了。据1981年村民马世林、马云庆和马俊坡回忆，清朝光绪年间庙钟上铸村名“铁官营”，由于该村人口少，村址面积小，俗称小营。（1981年抚宁县地名办公室普查资料）。

村南有条河流，俗称南河，从仓上村南、张家马坊村西丘陵地带流向铁

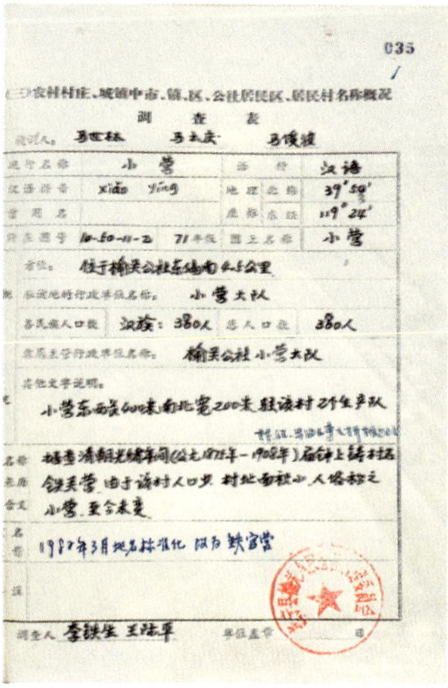
035
（三）农村村庄、城镇中市、镇、区、公社居民区、居民村名称概况
调查表
访问人：马世林 马云庆 马俊坡

通行名称	小营	语种	汉语
汉语拼音	Xiǎo Yíng	地理坐标 北纬	39°50′
曾用名		东经	119°24′
所在图号	10-50-11-乙 71年版	图上名称	小营

方位：位于榆关公社东偏南0.5公里
驻地行政单位名称：小营大队
各民族人口数：汉族：380人　总人口数：380人
隶属主管行政单位名称：榆关公社小营大队
其他文字说明：小营东西长600米，南北宽200米，驻该村2个生产队
名称来历含义：据查清朝光绪年间（公元1875年－1908年）庙钟上铸村名铁关营，由于该村人口少，村址面积小，人们称之小营，至今未变
1982年3月地名标准化 改为铁官营
调查人：李铁生 王际平

村名调查表

官营村南，从东岭流经村南、吴家山北。早年河岸有铁匠铺，村因此而名。从铁官营村周围村名看，东为仓上，南为周营，东南有张家马坊、郭高马坊、药王庙马坊和马坊店等，这些名称都与战争有关，早些年铁官营村为明朝军队打造铁制兵器的铁匠铺，周营为驻扎军队的营寨，仓上村为储藏粮草的仓库，马坊一带为养战马的地方，时间应在明朝天启年间明军与后金对峙时期，这些地方为明军后方辎重所在地，因其地理位置偏僻，不易被后金兵发现。如今经过历代战乱、自然和人为因素破坏，一些有价值的文物早已遭到破坏，已无从考证。

铁官营建村时间考　铁官营村始建于何时？最早的记载是清朝乾隆二十一年（公元1756年）临榆县知县钟和梅主修的《临榆县志》，仅记载“六十五里者凡十五：铁匠营。”没有始建年代。嘉庆四年（公元1799年）林中举修《林氏家谱》称乐亭县林天寿、林自亮叔侄二人“卜居于铁官营庄，其由来旧矣。”也没有具体时间。

1983年12月抚宁县地名办公室编《抚宁县地名志》记载：“据查，清顺治年间（公元1644年～1661年），汪、温、袁、马四姓由山东，林天寿由乐亭迁此地落户。”而且抚宁县地名办公室地名普查档案里有这样一段文字“林、汪、马由山东大柳树迁此”。这是1981年榆关公社地名普查人李铁生、王际平来村采访时，听村民马世林、马云庆、马俊坡说的，除了《林氏家谱》记载是从乐亭县迁来外，汪、温、袁、马四姓从山东大柳树迁来肯定是听老一辈人传下来的。那么，铁官营村到底建于何年呢？村中无记载，但是可以从外地史料中加以参考。辽宁沈阳《宋氏家谱》称其“祖先宋尚礼、宋尚义在清顺治八年（公元1651年）从山东昌乐县大柳树镇宋家庄移民到沈阳”“先祖于清朝顺治八年由山东青州府大柳树宋家庄迁移”。中华刘氏家谱网“辽宁刘姓”文章称“辽宁省海城市王石镇曹石村刘氏，乃清顺治八年奉移民谕，由刘国政公离山东省登州府蓬莱县长山岛大刘庄（一说刘家沟）迁至奉天省海城县戴千屯”，刘惠云“老祖宗刘古城，顺治八年拨民从山东青州府刘家庄来到海城”“始祖刘夔、祖妣金氏生三子承勋、承林、承汉兄弟三人，由顺治八年（山东登州府蓬莱县之东刘家大沟）迁居关东海城县东北艾塔堡居住”。田氏家谱网辽宁本溪市“岫岩县韭菜沟田氏家族来历的考证”一文称“田氏哥仨在清朝顺治八年从山东登州府黄县松树拦子移民来到关外，哥俩入住辽阳、海城，另一支入住岫岩韭菜沟”；“田姓与辽南许多清朝顺治八年山东移民被称为‘小云南人’，清顺治八年移民辽东”。辽宁本溪《屈氏家谱》称“祖籍山东小云南，顺治八年迁居本溪”。辽宁岫岩《王氏谱书》称“祖籍山东小云南大榆树村，顺治八年迁居岫岩”。辽宁营口《曹氏家谱》载：“顺治八年从山东登州府蓬莱县曹家庄闯关东到辽宁”。辽宁《徐氏家谱》说“祖籍山东青州府诸城县大柳树”“清顺治八年移民至现辽宁”。诸如此类的记载很多，人们口口相传“闯关东”是从顺治八年开始的，说明顺治八年朝廷有组织、大规模地从山东向东北移民。

顺治八年（1651年）正月十二日，清世祖福临亲政。年内发生两起大事：一是反清运动。“闰二月庚午（二十三日），命固山额真阿喇善等，率将士往剿山东贼寇。”“六月丁巳（十二日），固山额真阿喇善等报率师攻克山东盈河山等寨洞，斩贼首刘逊、张齐等二十一人，余贼斩杀无算，俘获甚众。”二是秋季发大水。“八月丙午朔（初一日）。辛亥（初六日），刑科给事中赵进美奏言：山东洪水肆虐，民不堪命。”“九月乙亥朔。戊寅（初四日），山东济南、兖州、东昌、青州府属州县及左卫屯水。”

（《清世祖实录》）。正鉴于此，清廷谕令山东灾民移居辽东。《清朝文献通考》记载：“顺治八年，民人愿出关垦地者，山海关造册报部，分地居住。”从顺治八年秋季起开始出现大规模“闯关东”。铁官营的先民们正是随着这股移民潮迁居此地定居的，故铁官营建村时间应该在清朝顺治年间（1644～1661年），迄今已经360多年了。

马举人考　据村中老一辈人回忆，西街马胜林家出过举人，这是铁官营村历史上唯一的一位举人，但是名字、中举年代一概不详。

清初铁官营建村时就有马氏家族，因为迁居时都是在原籍贫困潦倒，被迫迁徙，因而铁官营的举人，时间肯定也不会太早，也不会太晚，官职也不会太高，因为村中上年纪的人早已不记得其名字了。只有富裕家庭才能上得起学。经过几代人的艰苦创业，到清朝中期，家庭经济条件逐步好转，才会供得起孩子上学读书。

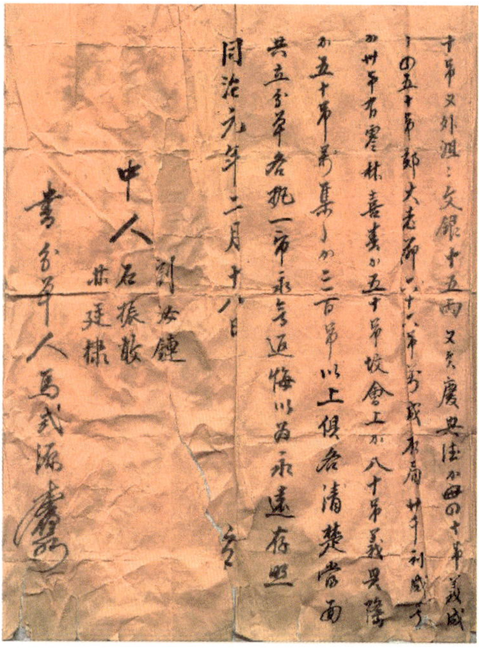
同治元年二月十八日
中人
書字人馬式源

林尚齐家保存的清同治元年林氏分家单中书写人“马式源”

清朝乾隆二年（1737年）以后，铁官营村属于临榆县管辖。乾隆二十一年《临榆县志·选举志》中无马姓举人，可见乾隆年间以前，铁官营村没出过举人。光绪四年《临榆县志》马姓举人有如下五人：

马式游，道光二年（公元1822年）壬午科，选南和县教谕。（光绪五年《永平府志》：马式游，顺德府南和县教谕。查光绪十九年《南和县志》道光年间教谕中并无

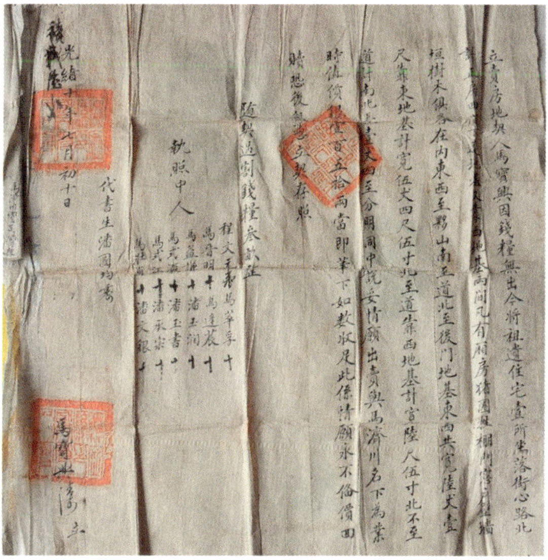
杨纯增家保存的光绪十年房屋契约，
“中人”有马式瀛、马式江

此人，其说明称“自乾隆十四年后至道光二十年历任姓名府县卷宗废毁，无可稽考，仅据耆老传闻登记数人”）。

马学和，道光十四年（公元1834年）甲午科，任山东昌邑县知县，咸丰乙卯（五年，公元1855年）山东同考官。（光绪三十三年《昌邑县续志》：“知县（咸丰五年）：马学和，直隶临榆县举人。”仅任职一年）

马沛昌，咸丰五年乙卯科，国子监学录。

马近思，咸丰十一年（公元1861年）辛酉科，内阁中书衔。

钦赐举人马士超，嘉庆五年（公元1800年）庚申科，六年辛酉会试，钦赐国子监学正（马学和祖父）。

《临榆县志·马士超传》称马学和、马士超祖孙二人“世居海阳”，剩下的马式游、马沛昌、马近思三人皆无籍贯记载，到底何人是铁官营村的？

林尚齐家保存的清同治元年（1862年）二月林廷模、林廷楷兄弟分家单“书分单人”有“马式源”；杨纯增家保存的光绪十年七月马济川买马宝兴房契上“中人”有“马式瀛”“马式江”，说明村中有“马式×”。古人起名按照家族辈分排序，要求非常严格，除同辈唤字“式”外，最后一字偏旁部首也都带“氵”字旁。据1965年4月25日小营大队阶级成分登记表，“马丰（逢）顺”的祖父名为“马士营”，即为“马式瀛”之讹。“瀛”是登瀛洲、科举中式的意思。1960年代，人们文化水平不高，常常写最简单的字。

“游”是游太学的意思，就是到县里上学。“游”“源”“瀛”“江”，都带“氵”字旁。可见，“马式游”为小营庄（今铁官营村）人。

那么，马式游是马胜林的几世祖呢？铁官营村马氏家族没有家谱或者辈份排序流传下来。但是根据林尚齐、杨纯增家保存的几份老房契和1965年小营大队阶级成分登记表可以推测出来。“马丰（逢）顺”父亲为“马廷珍”，祖父为“马士营”（马式瀛）；马云庆的父亲为“马逢时”，祖父为“马壮真”。“马廷珍”“马壮真”应该为同辈，音同字不同。据此推测马氏辈分为：马式×（马式游、马式源、马式瀛、马式江）→马×真、珍（马壮真、马廷珍）→马逢×→马云×→马×林。马胜林，1939年生人，如果按照二三十年一代上推120年，即是嘉庆二十四年（1819年），与道光二年（1822年）极为接近。也就是说马举人当为马胜林的高祖父。

铁官营村更名文件

抚宁县人民政府

关于部分大队和自然村更名、命名的通知

抚政（1982）37号

各办事处，各公社（乡政府）、县直各单位：

遵照《国务院关于地名命名、更名暂行规定》的有关精神，经过从上到下，从领导到群众，反复酝酿、协商，为了达到地名标准化处理的要求，最后经县政府研究决定，将我县部分大队名称和相应的自然村名称进行了更改和调整，现将更改后新命名名称通知各单位，各有关大队自四月一日其即可启用新地名。具体更名的地名如下：

大队原名称	更改后大队名称	更改后村名	所在公社
小营	铁官营	铁官营	榆关

（其他村名略）

抚宁县人民政府

1982年3月25日

铁官营村碑文 清顺治年间，汪、温、袁、马四姓由山东，林天寿由乐亭迁此地建庄，嘉庆年间林家家谱载村名为铁官营。后因人少，面积小，又称小营。一九八二年三月又启用铁官营。抚宁县地名办公室撰文，抚宁县榆关乡于一九八六年五月立。

1986年榆关乡人民政府立的水泥村碑

秦皇岛经济技术开发区立的村牌

铁官营村简介 《抚宁县地名志》，1983年12月抚宁县地名办公室编印。该村位于榆关公社驻地东偏南4.5公里。地处平原，土地1150亩，380人，均为汉族。村内有2个生产队。为铁官营大队驻地。

据查，清顺治年间（公元1644年～1661年），汪、温、袁、马四姓由山东，林天寿由乐亭迁此地落户。嘉庆年间（公元1796年～1820年）的林家家谱载村名为铁官营。后由于该村人口少，面积小，人们习惯称之小营。1982年3月经地名标准化处理，又启用铁官营。

《抚宁县地名志》，抚宁县地名办公室编，1996年3月西安地图出版社出版

铁官营，位于榆关镇人民政府驻地东偏南4.5公里。为铁官营村民委员会驻地。块状聚落，呈长方形。民舍多为石、砖木结构平房。有112户，396人，均为汉族。

清顺治年间（公元1644年～1661年），汪、温、袁、马四姓由山东，林天寿由乐亭迁此地落户。据嘉庆年间（公元1796年～1820年）的林家家谱记载村名为铁官营。后由于该村人口少，面积小，人们习惯称之小营。1982年3月，复原名。

地处平原。经济以农为主，有耕地1043亩，其中水浇地700亩，主要种植玉米、水稻。有林地196亩，果树4900株，年产苹果150.8万斤。村有企业，年产值70万元，年利润3万元。1994年人均收入1550元。

有医疗点1个。

村西有米河流经。

村北侧有（北）京秦（皇岛）电气化铁路通过。

《秦皇岛市地名词典》，秦皇岛市地名办公室编，1994年9月天津人民出版社出版

铁官营，在抚宁县城东偏北14.7公里，属榆关镇。清顺治年间，汪、温、袁、马四姓由山东，林天寿由乐亭迁此建村。嘉庆年间林家家谱载，村名为铁官营。后名小营。1982年复今名。聚落呈长方形。人口400人。耕地1150亩。农作物以玉米、水稻为主。（北）京秦（皇岛）铁路经村北。

编后记

村志，是记述一个村庄历史发展变化的地方文献，具有“存史、资政、教化”的作用。

2010年在铁官营村划归秦皇岛经济技术开发区之前，铁官营籍人、抚宁县档案馆馆长李利峰开始谋划编写一部《铁官营村志》，在村党支部、村委会和部分村民的大力支持下，于2012年年底基本完成了初稿，截至时间为2010年。2018年初，秦皇岛经济技术开发区地方志办公室将《铁官营村志》的编写工作列入议事日程，又组织力量进行了大量的采访调查，对书稿进行了多次补充、修改、完善，充实了2010年10月划属秦皇岛开发区以后的内容，成为一部比较完整的村志，记录了铁官营村300多年的历史变迁。

《铁官营村志》档案材料

《铁官营村志》以图文并茂的形式记述了铁官营村从1949年以前、土地改革、人民公社到改革开放、实行家庭联产承包制以及划入秦皇岛

村志部分撰稿人合影

经济技术开发区等不同阶段的发展变化过程。在资料来源上既有官方档案支撑，也有民间史料佐证；在记述内容上有凭有据，真实可信；在编纂手法上文图兼用，相得益彰；在谋篇布局上突出特色，不拘一格；在版块安排上有升有降，详略得当；在语言表达上平铺直叙，朴实无华。整部村志读起来记述准确，语言流畅，通俗易懂，倍感亲切，透露出浓浓的家乡情怀，是一部难得的乡土教材。这也是秦皇岛开发区和铁官营村向纪念中国共产党建党100周年奉献的一份厚礼！

编写村志是一项严肃认真又艰苦细致的工作，既要对历史负责，又要对全村父老乡亲负责。本志资料来源于抚宁区档案馆馆藏档案史料、抚宁区统计局统计资料以及部分村民保存的个人资料、口述回忆资料。在编写过程中得到了历任村干部李庆雨、林尚齐、潘瑞、李彦吉、马保安、林尚坡、周秉成、潘德新以及周兆兴、潘庆荣、马俊英、王金良、潘作祥、潘少华、周秉政、潘庆章、马俊雨、潘作生、李和平、马俊江、马文同、李国政、潘占伟、马立宾、马俊祥、李春兰等热心人士的大力帮助，在此一并感谢！

由于本志编写时间仓促，资料搜集不全，希望各位读者提出宝贵意见，以便将来改进。

《铁官营村志》编辑部

2021年1月7日